2023年度 ［第１回］

日本留学試験 試験問題

聴解
聴読解問題
CD付

Examination for
Japanese University
Admission for
International
Students
2023 [1st Session]

はじめに

独立行政法人日本学生支援機構は、外国人留学生として、我が国の大学（学部）等に入学を希望する者について、日本語力及び基礎学力の評価を行うことを目的として、年に２回、国内外において日本留学試験（EJU）を実施しており、2023年の第１回目の試験は、６月18日（日）に実施されました。

本書には、日本留学試験の第１回（2023年６月18日実施分）に出題された試験問題が掲載されており、その構成・内容は次のとおりです。

1．本書は、本冊子とCD１枚から成っています。CDには、日本語科目の「聴解・聴読解」の音声が収録されています。

2．日本語科目の「聴解・聴読解」のスクリプト（音声を文章にしたもの）を掲載しています。

3．実際の試験問題冊子と解答用紙は、Ａ４判です。ここに収められている試験問題冊子と解答用紙は、実物より縮小してあります。

4．試験の出題範囲については、本書に「シラバス」として掲載しています。

試験問題の公開は、日本留学試験について受験希望者及び関係機関に広報するとともに、受験希望者の試験勉強の便宜をはかるために行うものであり、本書が国内外の多くの日本留学希望者の助けとなれば幸いです。

2023年８月

独立行政法人　日本学生支援機構（JASSO）

目　次

2023年度

日本留学試験（第１回）

試 験 問 題

The Examination

2023年度　日本留学試験

日本語

（１２５分）

Ⅰ　試験全体に関する注意

1．係員の許可なしに，部屋の外に出ることはできません。

2．この問題冊子を持ち帰ることはできません。

Ⅱ　問題冊子に関する注意

1．試験開始の合図があるまで，この問題冊子の中を見ないでください。

2．試験開始の合図があったら，下の欄に，受験番号と名前を，受験票と同じように記入してください。

3．問題は，記述・読解・聴読解・聴解の四つの部分に分かれています。
それぞれの問題は，以下のページにあります。

	ページ
記述	1～3
読解	5～31
聴読解	33～47
聴解	49～52

4．各部分の解答は，指示にしたがって始めてください。指示されていない部分を開いてはいけません。

5．足りないページがあったら手をあげて知らせてください。

6．問題冊子には，メモなどを書いてもいいです。

Ⅲ　解答用紙に関する注意

1．解答は，解答用紙に鉛筆（ＨＢ）で記入してください。

2．記述の解答は，記述用の解答用紙に日本語で書いてください。
読解・聴読解・聴解の問題には，その解答を記入する行の番号 **1**，**2**，**3**，…がついています。解答用紙（マークシート）の対応する解答欄にマークしてください。

3．解答用紙に書いてある注意事項も必ず読んでください。

※　試験開始の合図があったら，必ず受験番号と名前を記入してください。

受験番号			＊					＊					
名　　前													

記述問題

説明

記述問題は，二つのテーマのうち，どちらか一つを選んで，記述の解答用紙に書いてください。

解答用紙のテーマの番号を○で囲んでください。

文章は横書きで書いてください。

解答用紙の裏（何も印刷されていない面）には，何も書かないでください。

記述問題

以下の二つのテーマのうち，どちらか一つを選んで 400～500字程度で書いてください（句読点を含む）。

1.

留学の後，留学した国で働く人がいます。一方で，自分が生まれたり育ったりした国や地域で働く人もいます。

留学した国で働くことと，自分が生まれたり育ったりした国や地域で働くことには，それぞれどのようなよい点があるか説明しなさい。そして，働く場所の選び方について，あなたの考えを述べなさい。

2.

私たちは，毎日様々(さまざま)なものを店で買って食べています。それらの食料品(しょくりょうひん)は近くで生産(せいさん)されたものもありますが，外国や遠い地域から運(はこ)ばれてきたものもあります。

近くで生産された食料品と，外国や遠い地域から運ばれてきた食料品には，それぞれどのようなよい点があるか説明しなさい。そして，私たちが買う食料品と生産地の関係について，あなたの考えを述べなさい。

問題冊子の表紙など，記述問題以外のページを書き写していると認められる場合は，０点になります。

―――― このページには問題はありません。――――

読解問題

説明

読解問題は，問題冊子に書かれていることを読んで答えてください。

選択肢1，2，3，4の中から答えを一つだけ選び，読解の解答欄にマークしてください。

I　下線部「琵琶湖(びわこ)が呼吸困難になっている」の説明として，最も適当なものはどれですか。 **1**

日本最大の湖，琵琶湖(びわこ)が呼吸困難になっている。

琵琶湖は深いところで水深104メートルある。このような深い湖では，春から秋にかけて湖面近くの水の温度が上がる一方で，湖底近くの水の温度は上がらない。そのため，湖面近くの表層と湖底近くの下層で異なる水の層ができる。表層では，大気からの酸素が水に溶け込んでいるが，下層には，大気の酸素は届かない。湖底に酸素が届かなければ湖底付近の生物は生きられないが，例年，冬になると，表層の水の温度が下がって比重が増し，湖底に沈んで下層の水と混ざり合っていた。「琵琶湖の深呼吸」と呼ばれる現象で，これによって酸素を含んだ水が湖底まで届いていたのである。

しかし，近年は温暖化の影響か，冬に表層の水が十分に冷えなくなった。その結果，湖底に酸素が供給されなくなり，琵琶湖は重い肺炎で体に酸素が行き渡らなくなった患者のようになっている。琵琶湖の呼吸困難である。

（草塩拓郎「琵琶湖が『呼吸不全』」日本経済新聞2020年７月５日　を参考に作成）

1．湖底付近に住む生物が，酸素を含んだ表層に上がってくる。

2．冬に表層の水が十分に沈まず，湖底の酸素が少ないままになっている。

3．温暖化の影響で，湖面近くの水の酸素濃度が低くなっている。

4．湖面に生物が増えたため，湖底に届く酸素が不足している。

II　下線部「一方的な『*矯正』というスタイルが基本になります」とありますが，それはどうしてですか。　**2**

人は常に何らかの常識を持って生きていますが，その自分の持つ常識がどの範囲までの人に共有され，通用するかということについては意識しないのが普通です。…（略）…

仮に教師の側が自分の常識の限界に気づかず，それを相対化できないままである場合には，それとは異質な論理を持つ子どもが現われた時には，単に「逸脱した子ども」としてしか見られなくなります。その場合の対処は，一方的な「矯正」というスタイルが基本になります。ところが子どもは子どもで，それまでの生育環境から自分のやり方が普通で，常識に沿ったものだと感じているわけですから，それを否定されることに戸惑わざるを得ません。

結果的にそのような教師による「善意の矯正」は，子ども自身にとっての自然な感覚に基づいた主体的な価値判断を否定する意味を持ってしまいます。

（山本登志哉『文化とは何か，どこにあるのか』新曜社）

＊矯正：欠点を直し，正しくすること

1．教師が，子どもの生育環境を尊重しているから
2．教師が，自分の常識を客観視できていないから
3．子どもが，親から間違った論理を学んでいるから
4．子どもが，自分の主体的な価値判断に自信がないから

III　筆者によれば，インターネット普及以前のジャーナリズムはどのような状況でしたか。 **3**

従来，「ジャーナリズム」といえば，情報を伝達する「マス・メディア」としての出版社，新聞社，ラジオ局，テレビ局の存在を前提としていた。そうしたマス・メディアの存在があって初めて人々は，「不特定かつ多数の者」に対する情報発信ができたからである。市民団体の発行するビラにどれほど重要な情報が掲載されていたとしても，その情報はマス・メディアに取り上げられて初めて世間一般に対する影響力をもった。

インターネットの普及は，こうしたジャーナリズムと「マス・メディア」との関係を断ち切り，一個人でも「不特定かつ多数の者」への情報発信を可能にしたのである。従来は，影響力のあるマス・メディアは限られた数の報道機関によって支配されていた。このため，限られた数の報道機関が重要と考えない問題，あるいは，それらの報道機関がタブーとした問題は，広く一般大衆に知らされなかった。こうした状況を打ち破る技術的な基礎が，インターネットによって生み出されたのである。

（伊藤高史「オンライン・ジャーナリズム」
鈴木秀美・山田健太編著『よくわかるメディア法［第２版］』ミネルヴァ書房）

1．一般の人々に何を知らせるかは，少数の報道機関が決めていた。
2．市民団体のビラが世間一般に対して強い影響力をもっていた。
3．ジャーナリズムとマス・メディアとの関係が断ち切られていた。
4．一個人でも不特定かつ多数の者に情報発信が可能であった。

IV　下線部「この心理」とありますが，どんな心理を指していますか。　**4**

ヒトは*白目をもって目立つようにできている。顔から1メートル先でだれかが目を動かせば，それがわずか2ミリメートル以下でもわかる。ちょっとした視線の方向が感情的な意味を伝えてしまう。こどもはお菓子のありかに敏感だ。欲しい物には目だけでなく顔を素直に向ける。だが，大人は心を見透かされまいと目を動かさずに見ようとする。そうした演技もむなしく，そのぎこちなさは相手に素早く察知されるところとなる。本能的に人は相手の目の動きが気になってしょうがないのだ。相手が見ている方向につい目がいってしまう。

この心理を手品師はうまく利用する。その手口は，あるトリックを仕込んでいるとき，観客の目をそらすために，たとえば手品師がジェスチャーを交えて大げさに片方の手のトランプを見る。すると観客はいとも簡単にいっせいにつられてトランプを見てしまう。それも二分の一秒遅れで。そのあいだにマジシャンは別の手で流々と細工する。

（三村芳和『カラダの知恵』中央公論新社）

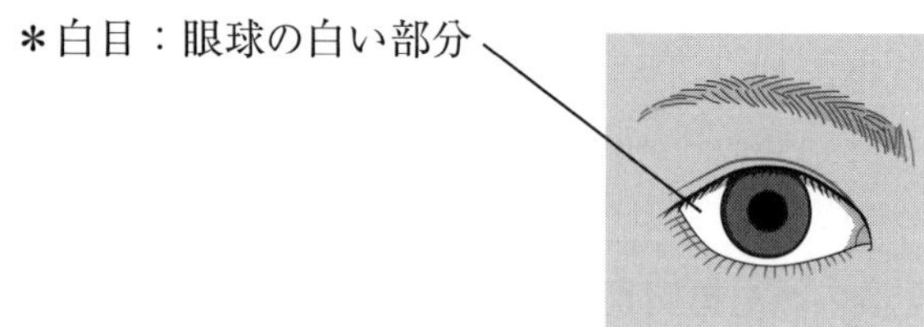

1．心を見透かされないように目を動かさずに相手を見ようとする心理
2．相手の目の動きにつられてその人の目線を追ってしまう心理
3．目の動きの中に相手の感情的な意味を読み取ろうとする心理
4．相手の目の動きに惑わされないように冷静になろうとする心理

V　次の文章は，学生に教える立場の人が書いたものです。下線部「説明した内容を最後まで理解できる，ということはまずありません」と述べていますが，筆者はどうしてそのように考えましたか。 **5**

学生に，なにかの理屈について説明するときに，「ここまではわかったみたいだ」という理解度が，表情や言葉などの反応からわかります。説明した内容を最後まで理解できる，ということはまずありません。どうしてかというと，そもそも質問をしてきたから，それに答えているわけですが，質問してきた「知りたいこと」には説明の半分くらいで到達し，そのあとは，「ついでに，これも知っておくと良いよ」という気持ちで，関連する理屈を説明しているのです。

ほとんどの場合，知りたかったことがわかれば，「もう質問の目的は果たせた」と安心するのでしょう，そのあとの話は，なかなか頭に入りません。そう，これが，人間の理解度に特徴的な傾向なのです。

つまり，「わかろうとするから，わかることができる」「知ろうとするから，知ることができる」ということです。途中からは，先生が余分な話をしている，という意識が働き，そう思っただけで，聞いていない状態になります。

「わからなくなるまで話を聞いた」と思うかもしれませんが，そうではなく，「わかりたいところまでしか聞かない」のです。

（森博嗣『森心地の日々』講談社）

1．筆者が，学生に一度に多くの分量を教えてしまうから
2．筆者が，学生の反応を確かめずに説明を進めてしまうから
3．学生が，知りたいことがわかった時点で筆者の話に集中しなくなるから
4．学生に，筆者の説明をすべて理解するために必要な基礎知識がないから

VI　次の文章は，「数学は役に立つのか」という問いに対して書かれています。筆者が最も言いたいことはどれですか。 **6**

この手の疑問に対して，これまでにも「数学は今すぐには役に立たなくても，ずっと先の未来にはきっと役に立つのだ」とか「役に立つ・立たないという問題を超えたところに，数学の真の価値があるのだ」とか，いろいろな回答がなされてきました。私自身はというと，これらの一般的な回答に，もちろんある程度は賛成できますが，同時に，現在の科学や技術の状況を踏まえると，ちょっとした違和感を感じてもいます。そんな私の回答を簡潔に述べると，次のようになると思います。

> これほど価値が多様化し，数学の「使われ方」も多様化してしまった現代にあっては，もはやどんな数学でも，それが「役に立つ」のは当たり前だとしか言いようがないし，それを疑うのはもはや無意味になってきている。

これは私の個人的な見解ではありますが，数学となんらかの形で関わる，あるいは関わらざるを得ない多くの人々にとって，ある程度共通の認識であるように思われます。

（加藤文元『宇宙と宇宙をつなぐ数学　IUT理論の衝撃』KADOKAWA）

1．数学の価値は，役に立つか立たないかで評価されるものだ。
2．数学は，現在は役に立っていなくても将来必ず役に立つものだ。
3．数学は，価値が多様化してしまった現代においては役に立たない。
4．数学が，現在の科学や技術の役に立つことは言うまでもない。

VII　次の文章の内容と合っているものはどれですか。　**7**

われわれは普段生活している中で多くの「問題」を抱えている。起床して何を食べるかも問題であり，通勤・通学の駅までの歩道が狭くて危険なのも，職場や学校までの電車が混雑しているのも大変な問題である。

朝食の内容はもちろん個人で対応すべき問題である。しかし，歩道の狭さや電車の混雑はどうだろうか。個人で対応するのはなかなか難しい。社会で解決すべき問題として認識され，その対応策が公共政策として検討される。

もっとも，個人で解決すべき（と認識される）問題もそれが常に「私的な」問題とされるわけではない。例えば子供が掛け算をなかなか覚えられない問題は，通常は個人や家庭の私的な問題として扱われる。しかし，多くの子供の計算能力の低下が学力調査等で判明すると，昨日まで私的な問題とされてきたものが突如「公共的な」問題とされる。そして，政府において対策が検討され始める。

（秋吉貴雄『入門　公共政策学』中央公論新社）

1．公共的な問題は，個人個人の協力によって解決されるべきである。
2．個人や家庭の私的な問題に，政府は関与するべきではない。
3．公共的な問題が解決しても，私的な問題の解決にはならない。
4．私的だと認識されていた問題も，多くの人が抱えると公共的な問題になる。

VIII　次の文章で，筆者は，作家の価値を高めるのは何だと述べていますか。 **8**

マンガの絵は，*えてして記号化され単純化されているため，模写が容易です。子供たちでも上手にアンパンマンやドラえもんを描けるし，また描けるような**キャラクターでなければ子供たちの支持は得られないでしょう。

では誰(だれ)でもその作家の絵を真似(まね)すればその作品世界に近づけるかといえば，それはそうではありません。なにかとらえようもない，どこがそうとは明確に言えない，けれどかもしだされているその人らしさ。そういうものが強ければ強いほど，その作家は代替のきかない作家として価値を高めるでしょう。

（しりあがり寿『表現したい人のためのマンガ入門』講談社）

＊えてして：そのようになる傾向があること。たいてい

＊＊キャラクター：小説・漫画・映画などの登場人物

1．絵が簡単で，子供にも理解できること

2．作品に，他にはない個性があること

3．作品のキャラクターが，子供に支持されること

4．作品のキャラクターを，誰(だれ)もが知っていること

IX　次の文章で，筆者は，「観察」とはどのようなことだと言っていますか。　**9**

観察は，観測とはちがう。最近は技術の進歩によって，何でもいいものが出来てきた。カメラをはじめ，微気象を観測する機械にしても，時計でも，何でも，即座にその時の気温，湿度，標高などを出してくれる。そして，数字は，明白に一つの事実を示してくれる。それを見て，ああ今日は暖かいとか，何メートルまで登ったとかいって，人は納得し，満足する。

ところが，こういった観測は，いざ，という時，つまり全く裸になってしまうと何の役にも立たない。むしろ，じっくりとモノを見つめることによって，目の奥に焼き付いた事実を通しての反応（はんのう）のみが生きてくる。…（略）…

観察するというのは，自分の心を観察の対象物にうつして一緒に考え行動することに通ずる。どうして，この虫は，あの木へ移ったのか，何故，もっと別の花に行かないのか，あるいは人間の場合は，どうして，あの人はあんな行動をとったのか，ということを，じっくりと観察することによって洞察する。そうすると，その対象物への理解は，少しずつ広がり，やがて，小さな虫の世界が，一つのまとまりとなって生きてくる。

（山田勇「フィールドワークとは」
山田勇編『フィールドワーク最前線――見る・聞く・歩く――』弘文堂）

1．正確で詳細なデータを集めること
2．対象物の視点にたって行動を理解すること
3．直感に基づいて判断をくだすこと
4．対象物をビデオなどに録画して記録すること

X　次のお知らせの内容と合っているものはどれですか。 **10**

駒場大学 理工学研究所 講演会

人工知能（AI）の発達とこれからの私たちの生活

人工知能の発達によって私たちの生活は大きく変わろうとしています。
今，私たちが知っておくべきこと，将来の活用方法などを皆さんと考えていきたいと思います。

日　時：8月19日　13：00～15：30
会　場：駒場大学　大山キャンパス　3号館205教室
対　象：本学学生／本学教職員，他大学学生／他大学教職員
参加費：500円　当日受付にてお支払いください。
※ただし，本学学生／本学教職員は無料
定　員：100名　※定員になり次第受付を終了させていただきます。
申し込み：下記のウェブサイト，またはお電話での事前予約をお願いします。
予約人数が定員に満たない場合は，当日参加も可能です。
http://komaba.××.××　　TEL：03-××××-××××

1．事前に予約をしていない人も参加できる場合がある。
2．インターネットでしか事前申し込みはできない。
3．人工知能が専門でも他大学の学生は参加できない。
4．予約をした人は，事前に料金を振り込む必要がある。

このページには問題はありません。
次のページに進んでください。

XI　次の文章を読んで後の問いに答えなさい。

ホームセンターには，必ずと言っていいほどDIY（Do It Yourself）コーナーが配置され，お洒落（しゃれ）な工具や園芸用品などが置かれている。DIYとは日曜大工や家庭園芸などに代表されるように専門家に任せず自分自身の手で身の回りのものをつくることや，補修などを行う活動のことである。…（略）…

DIYが次第に拡大しているのは，ものをつくるプロセスや手応（てごた）えが楽しいこと，最終的にオリジナルなものができることにあると考えられる。また自宅のちょっとした隙間（すきま）に配置する家具を必要とする場合，既製品では適当なサイズやデザインが見当たらなくても，DIYによって満足のいくものをつくり出すことができる。自分自身にオーダーをして自分にふさわしいものをつくることができるのである。

自分でつくり出すわけであるから，DIYの作品については少々の傷や失敗も気にならず，使い込むことで次第に愛着が増していくことも多い。DIYに取り組む過程では時としてミスはあるかも知れないが，楽しく取り組むことで<u>失敗作にはならない</u>。DIYに関わらなかった第三者から見れば既製品のように見栄えが良くなくても，製作者自身が納得するものであれば，それは立派な成功作である。すなわち関わっている人の評価がもっとも重要なものとなる。

既存のものではなく，オリジナルなものを持ちたい人たち，ものをつくるプロセスを楽しみたい人たち，ものをつくり上げることで達成感を得ることを期待する人たちなど，様々な動機でDIYを行う人たちが増えている。

（土井勉「まちづくりとDIY（Do It Yourself）」
土井勉他『まちづくりDIY　愉しく！続ける！コツ』学芸出版社）

問１　DIYが拡大している理由として，筆者が挙げているものはどれですか。 **11**

1．既製品のようにきれいなものがつくれるから
2．今はホームセンターで，お洒落（しゃれ）で便利な道具が安く買えるから
3．自分独自のものがつくれ，ものづくりの過程に喜びが感じられるから
4．身の回りのものがどのようにつくられているか，わかるから

問２　下線部「失敗作にはならない」とありますが，その理由として，最も適当なものはどれですか。 **12**

1．つくった本人が満足すれば成功と言えるから
2．手先が器用な人だけがつくるから
3．途中で失敗をしても完成までに修復できるから
4．専門家の指導を受けてから行うものだから

XII　次の文章を読んで後の問いに答えなさい。

畑の土は，養分をどのくらい含んでいるかだけではなく，水との相性も重要である。水がたまりやすい土だと，作物の根がいたんでしまう。また，粘土のような性質の土は，水を含むとねばねばし，乾くと石のように固くなってしまい，畑には向いていない。しかし，稲を作る*水田では，水をためることができればよいので，これらに関してはあまり問題にならない。粘土質の土でも，水をためると耕すことができるようになり，稲の苗を植えることができる。

さらに，水田では，土の養分が失われる恐れがない。台地や山の斜面にある畑では，養分のある上層の土が雨で流されたり，強い風で飛ばされたりしてしまう危険性が高い。リン酸やカリといった植物の養分になる要素は上層の土に多く含まれているので，天候によって上層の土が失われると，貧しい下層の土だけになってしまう場合がある。しかし水田は周囲を**畔（あぜ）で囲み，表面に水をはっているので，土が流されたり，風で飛ばされたりする心配が少ない。むしろ，低い場所に作られることが多い水田は，他の場所の豊かな表土が流されてきてたまり，養分が増えることもあるのである。

（久馬一剛『土とは何だろうか？』京都大学学術出版会　を参考に作成）

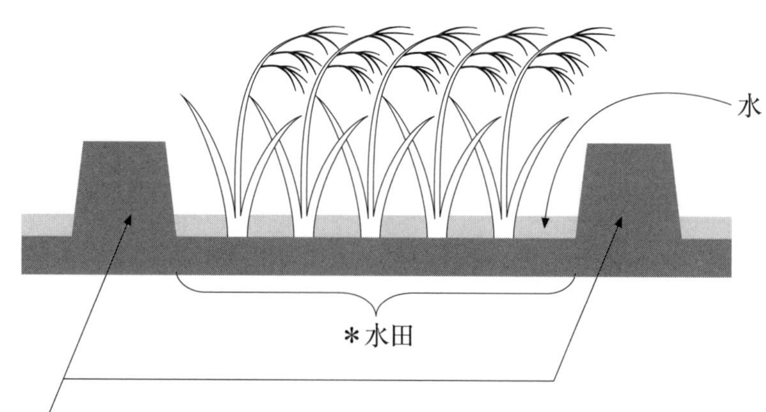

＊＊畔：土を盛って作られた，水田の境

問1　第1段落で述べられている，畑と比較した場合の水田の特徴として，最も適当なものはどれですか。 13

1．気候のよくない土地でも作物が作れること
2．養分が少ない土でも作物が作れること
3．どのような性質の水でも問題がないこと
4．畑では使えないような土でも使えること

問2　筆者は，水田の土の養分が，畑に比べて失われにくいのはなぜだと述べていますか。 14

1．水田は土が流出しにくく，外から流入することもあるから
2．水田では，上層の土の養分が下層までいきやすいから
3．水田は，養分を含んだ雨水をためることができるから
4．水田は，風や雨が少ないところに作られているから

XIII　次の文章を読んで後の問いに答えなさい。

現在の情報社会では，通信の安全性を確保するために暗号技術が使われています。たとえば，スマホの通信は無線で空中を飛んでいくわけですが，それが何者かに*傍受(ぼうじゅ)されても通信内容が漏れたりしないように，必ず暗号化がされています。

暗号は推理小説などにも出てきますが，そこでの暗号は，すこぶる賢い人（たとえば怪盗ナントカ）が巧妙に情報を隠し，特別な知力をもった人（たとえば探偵ダレソレ）だけがその情報を得ることができます。でも現実の世界では，特別な人でなくてもスマホの通信は暗号化したいし，自分に送られてきた暗号化メールは読みたい。そこで，現在使われている暗号は，特別な能力が無くても誰にでも暗号が使えるように作られています。

誰でも使える暗号を作るために使われているのは，主に，整数論と呼ばれる数学です。そして，その〈暗号を作るために使われている数学〉は，暗号だけでなく，他のいろいろな「ネット上での困りごと」の解決に使えることが分かっています。たとえば，メールの内容なんて他人に見られても構わないよ，という人であっても，友だちからメールで知らされた待ち合わせ場所が，メールの伝送中に書き換えられていたら困りますね。そこで，伝送中に内容が書き換えられていないかをチェックする仕組みが使われています。これは「メッセージ認証」と呼ばれ，メールの後ろに短い確認用コードを付加することで実現します。

（尾形わかは「今日も楽しく暗号研究しています！」
伊藤由佳理編著『研究するって面白い！』岩波書店）

＊傍受：本来の通信相手ではない者が無線を受信すること

問１　下線部「安全性」の意味として，最も適当なものはどれですか。　**15**

1．通信機器が人体に与える悪影響が最小限になること
2．時間と場所を問わずに通信できるようになっていること
3．不正な行為をした人を処罰する法制度があること
4．伝えたい情報が伝えたい相手にだけ伝えられること

問２　この文章の内容と合っているものはどれですか。　**16**

1．今日，多くの人が暗号を解く能力を身につけられるようになった。
2．現在では，通信のためのさまざまな技術に数学が用いられている。
3．第三者がメールの内容を変更しても，受信者は元の内容を復元できる。
4．通信の暗号化は，メールが使われるようになってから始まった。

XIV　次の文章を読んで後の問いに答えなさい。

日本人は*議論ベタだと言われていますが，慣れの問題以前に，「絶対正しい意見（正解）」を言わなければならないという思い込みが強いのではないでしょうか。正解を言おうとすると，自分の意見に大きな自信がある人間以外は，とたんに何も言えなくなってしまいます。

でも実際は，何が正しいかなんてよくわからないんです。

教科書に出てくるような科学理論ですら，実は学会でいろいろと議論した結果，ある人（もしくは学派）が勝利して，とりあえず正しいということにしておこう，といった話であって，正解ではなく現状の最善解にすぎません。

定説ではなくあくまで仮説なので，より優れた仮説が出てくれば，あっという間に覆（くつがえ）ります（天動説しかり，ニュートン力学しかり）。

（　A　），科学の世界ですら，客観的に正しい真理なんてないわけです。

これは，私たちが生きている社会でも同じことです。

政治・行政みたいな大きな話から，会議を開いてビジネスの方向性を決めていこうといったビジネスの話，そして，夫婦で「持ち家を買うか，賃貸のままでいくか」を考えたり，ひとりで自分はこれからどうやって生きていこうかと悩んだりするような日常的な話まで，最初から正解なんてものはありません。

でも，正解がないからといって，何も考えないわけにはいかない。なんらかの「結論」を出さなければなりません。

そのときに必要になってくるのが議論です。

議論によって意識的に違う視点，複数の視点を持ち込み，ぶつけ合うことで，「いまの最善解」を出すことができるようになるのです。

（瀧本哲史『武器としての決断思考』星海社）

＊議論ベタ：議論が下手だということ

問１　（　Ａ　）に入るものとして，最も適当なものはどれですか。　17

1．もちろん
2．しかし
3．つまり
4．さらにいえば

問２　筆者は，議論で最も重要なことは何だと言っていますか。　18

1．現状で考えうる，一番よい方法を見つけること
2．正解を裏付ける説得力を身につけること
3．客観的視点に立って答えを導き出すこと
4．他人の意見に振り回されず，自分の意見を持つこと

XV　次の文章を読んで後の問いに答えなさい。

夕食後の夫婦の会話です。

妻「コーヒー飲む？」
夫「明日ね，出張で朝が早いんだ。」

妻は夫に，コーヒーを飲むかどうかを尋ねるイエス・ノー疑問文を発しています。でも，夫は，飲む（イエス）とも，飲まない（ノー）とも言っていません。それでも妻は，夫はコーヒーを飲まないのだ（ノー）と理解するでしょう。そうすると，「明日，出張で朝が早い」という発言に，「（　A　）」という「*含意」があったことになります。どうも私達には「コミュニケーション＝言葉」と考える癖があって，相手に伝えたいことは当然言葉で表現していると思い込むところがあります。でも日常会話では，相手に伝えたいことの一部分しか言葉にせず，意図を含意として遠回しに伝えることが大変多いのです。

…（略）…

「明日」や「出張」「朝」「早い」の意味に「コーヒー」や「飲まない」の意味は含まれていないでしょうから，言葉の意味は話し手の意図を理解するためのきっかけだと考えるしかありません。ここで確かなことは，私達が話し手の意図を推測するときに，前後関係や，その場の状況を手がかりにしていることです。この前後関係・状況のことを文脈と呼びます。

同じ言葉でも，文脈が違うと，違った意図が伝達されます。「明日は出張で朝が早い」も，「明日，午前中に荷物が来るから，受け取ってくれる？」に対する返答なら「受け取れない」の意思表示になるでしょう。…（略）… つまり，言葉と話し手の意図は一対一に結びついていないのです。

（時本真吾『あいまいな会話はなぜ成立するのか』岩波書店）

＊含意：表面的には見えないような別の意味あいをもたせること

問1　（　A　）に入るものとして，最も適当なものはどれですか。　**19**

1．コーヒーは明日飲む
2．コーヒーは好きじゃない
3．コーヒーはもう飲んだ
4．コーヒーは飲まない

問2　この文章の内容に合っているものとして，最も適当なものはどれですか。　**20**

1．夫婦でも，相手の会話の意図を簡単に理解することは難しい。
2．伝えたいことは，言葉で表現しないと相手に伝わらない。
3．言葉によってどんな意図が伝達されるかは文脈によって変わる。
4．自分が伝えたいことは遠回しに言ったほうが丁寧な表現になる。

XVI　次の文章は，教育学の研究者である筆者が，教育実践現場をビデオによって記録することについて書いたものです。読んで後の問いに答えなさい。

私たちは教育実践を観察するとき，「ここはちょっと気になる」「あれ，この発言って何だろう」「この子どもはおもしろいことをしているな」，など見えてくるものを切り取って見ている。その場で起きていることは他にたくさんあっても，焦点化して出来事として見えていることと見えていないことがある。

筆者は学生のころから，教育実践をビデオによって観察記録してきた。このとき筆者が記録をした目的は，保育者が対応に悩んでいたある子どもが*園にどのように参加しているのかを明らかにするためであった。しかしビデオ観察をはじめたばかりのころは何をどう撮れば，目的に合う撮りかたになるのかよくわからず，また，どの場面が重要だ，あるいは重要になりそうだということもわからないため，ある子どもとその子どもに関係する周りの子どもたちを視野に入れ，録画を切ることなくビデオを回しつづけた。このような撮りかたは，いま考えてみれば，観察中にその場で重要な「場面」とそう発展する可能性の少ないと思われる「場面」を判断するだけの読み取りもできないために，できるかぎり録画をしつづけておき，あとから分析をして「重要な場面」を探りあてる撮りかただった。

このようなビデオ記録は記録後，見なおすだけでも大変な労力がかかった。実践の観察を週に一度二時間程度行うのだが，そこで何が起きていたのかもう一度見なおして把握するためには，録画時間と同じく二時間以上見なおすことになる。ようやく，ここが重要だと見えてきたあとは，何度も巻き戻してその場面を見なおす。子どもと保育者とのやりとり，子ども同士のやりとりの詳しい解明のためには，数秒ごとにテープを止めて行為を文字化することもある。小さな子どもの場合，ことばが明瞭（めいりょう）でなく聞きとれないことも多い。ことばだけを拾っていては何が起きているのかわからないので，非言語的な行為も含めて文字にして記録化する。そのため作業は困難を極める。このようなビデオによる分析作業を繰りかえし，**実践者の方たちに結果を報告するまでに，録画時間の約10倍の時間がかかるという状況であった。

(刑部育子「3章　リフレクションのためのビデオ・ツール　CAVSceneの開発をとおして」
佐伯胖他『ビデオによるリフレクション入門　実践の多義創発性を拓く』東京大学出版会)

＊園：ここでは，幼稚園（満３歳から小学校入学までの幼児のための教育機関）

＊＊実践者：ここでは，教育活動を実際に行っている人

問１　筆者が学生時代に行ったビデオの撮りかたの特徴として，最も適当なものはどれですか。 **21**

1．重要な場面だけを絞って撮る撮りかた
2．注目した子どもが行動を起こしたときだけ撮る撮りかた
3．その場で起きたことすべてを撮っておく撮りかた
4．後に重要になりそうな場面だけを選んで撮る撮りかた

問２　筆者によるビデオ記録の問題点として，最も適当なものはどれですか。 **22**

1．記録を分析して観察者が実践者に話すまでに時間がかかりすぎること
2．長い時間をかけて作った記録が色あせて見られなくなってしまうこと
3．実践者が忙しくて実践者と観察者で記録を共有する機会がとれないこと
4．観察者が役に立たない情報ばかりを記録して実践者に伝えてしまうこと

XVII　次の文章を読んで後の問いに答えなさい。

＊ツバメのように頭が小さい鳥は，音のやってくる方向を捉えるのがあまり得意ではないことも知られています。＊＊フクロウのように頭が大きく，両耳が離れていれば，耳に到達する音の大きさや音の到達時間の差を利用して音源方向を特定できるのですが，右耳と左耳の位置が近い小鳥には，これが利用できません …（略）…。

実際に鳥の行動を調べると，フクロウの仲間は例外的に音源探知に優れていて，角度としてだいたい3度くらいの幅で正確に感知できますが，一般的な小鳥はせいぜい20度ぐらいの幅でしか音の方向を知覚できないようです。このため，音源から10m離れると横幅3mぐらいの範囲のどこかで音がしているぐらいにしか分からなくなってしまいます。…（略）…

小鳥の音源定位能力の低さに驚いた方もいることでしょう。「これでは，どこで誰が鳴いているかも分からないじゃないか」と思った方もいるかもしれません。この精度ではたとえば求愛のためにオスが自分の巣からメスを呼んでも，道路の反対側にいるメスはオスがどこで呼んでいるかよく分からないということになります。当然，メスがあきらめてどこかへ飛び去ってしまえば，求愛は失敗です。

ここまで聞いて，「そんな聴覚でやっていけるのか」と心配される方もいると思いますが，実際のところ心配は無用です。1回のさえずりで位置が分からなくとも，鳥類は音声を何度も繰り返して使うため，これらの音声を比較することで，音の方向を知ることができます。ツバメもオスが同じ場所で何度も繰り返しさえずりますが，さえずりが繰り返されている間にメスが移動して聞こえ方の変化を感じ取ることで，オスの位置が分かります。これで無事にオスの場所を突き止め，（メスが望めば）次の求愛段階に進むことができます。単にありあまるエネルギーを発散するためにやたらめったら鳴いているように思われがちですが，さえずりが繰り返されること自体が効果的なコミュニケーションにつながっているようです。

（長谷川克『ツバメのせかい』緑書房）

＊ツバメ 

＊＊フクロウ 

問１　フクロウについて，この文章で述べられていることはどれですか。 23

1．小鳥より音源の方向がよくわかる。
2．左右の耳で違う音を聞き分けられる。
3．二羽の違うメスの声を聞き分けられる。
4．オスが移動しながらさえずりを繰り返す。

問２　下線部「よく分からない」とありますが，この場合，メスはどうなりますか。 24

1．エサを見つけられない。
2．繁殖相手を見つけにくい。
3．自分の巣に帰れない。
4．敵から逃げられない。

問３　筆者は，ツバメのオスが繰り返して鳴くことについて，何と述べていますか。 25

1．鳴き声が小さいという欠点を補っている。
2．仲間に危険が迫っていることを知らせている。
3．余っているエネルギーを発散させている。
4．メスが見つけやすいように何度も鳴いている。

―――― このページには問題はありません。――――

聴読解問題

説明

聴読解問題は，問題冊子に書かれていることを見ながら，音声を聴いて答える問題です。

問題は一度しか聴けません。

それぞれの問題の最初に，「ポーン」という音が流れます。これは，「これから問題が始まります」という合図です。

問題の音声の後，「ポーン」という，最初の音より少し低い音が流れます。これは，「問題はこれで終わりです。解答を始めてください」という合図です。

選択肢１，２，３，４の中から答えを一つだけ選び，聴読解の解答欄にマークしてください。

１番の前に，一度，練習をします。

聴読解問題

練習

学生がコンピュータの画面を見ながら先生の説明を聞いています。学生は今，画面のどの項目を選べばいいですか。

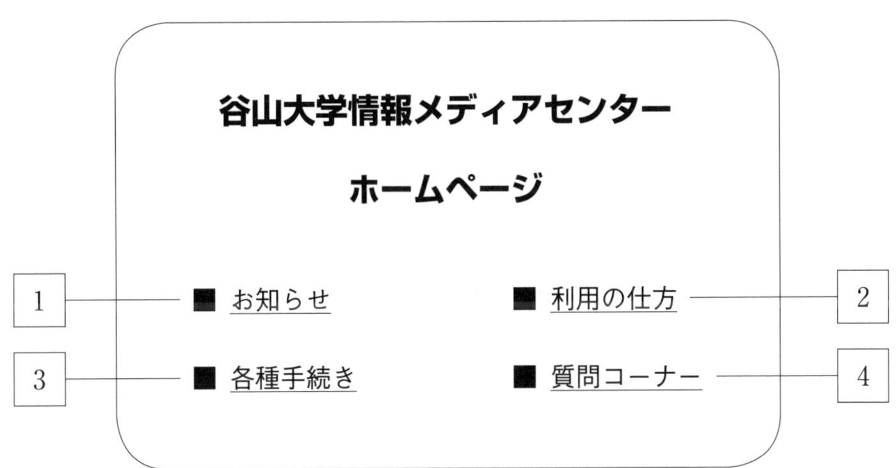

1番

先生が，公衆衛生学の授業で，設備の殺菌方法について話しています。この先生が最後にする質問の答えはどれですか。 **1**

各素材と殺菌剤の適性

素材	殺菌剤		
	A エタノール（中性）	B エタノール（弱酸性）	C 次亜塩素酸ナトリウム
ステンレス	○	○	△
アルミニウム	○	△	△
銅	○	×	△
ポリエチレン	○	○	○
アクリル樹脂	×	×	△
天然ゴム	○	○	×

○：使用可

△：条件によって使用可

×：使用不可

（「８章　殺菌剤とはどんなもの？」新名史典編著　隈下祐一他著
『最新版　ビジュアル図解　洗浄と殺菌のはなし』同文舘出版　を参考に作成）

1．Aのみ
2．AとB
3．BとC
4．Cのみ

2番

先生が授業で，人間の子どもとチンパンジーを対象にした実験について話しています。透明な箱Bを用いた実験で，人間の子どもとチンパンジーがそれぞれ最初に行った動作はどれですか。 **2**

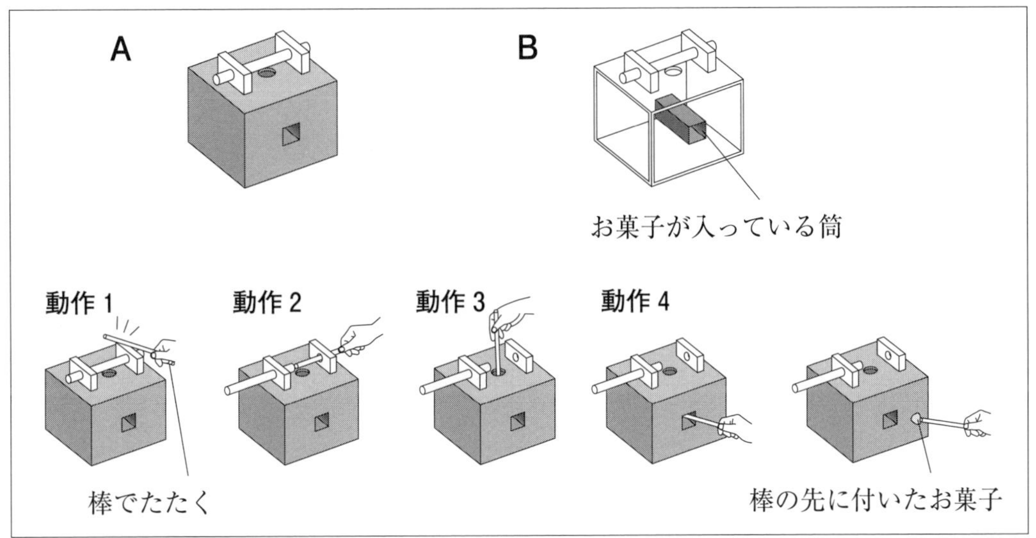

（石川幹人『人はなぜだまされるのか』講談社　を参考に作成）

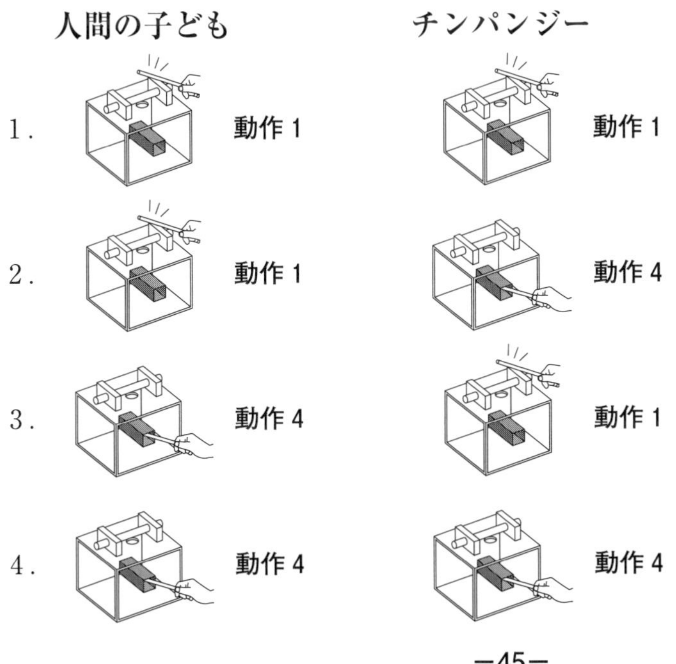

3番

気象学の授業で，先生が図を見ながら話しています。この先生が最後にする質問の答えはどれですか。 **3**

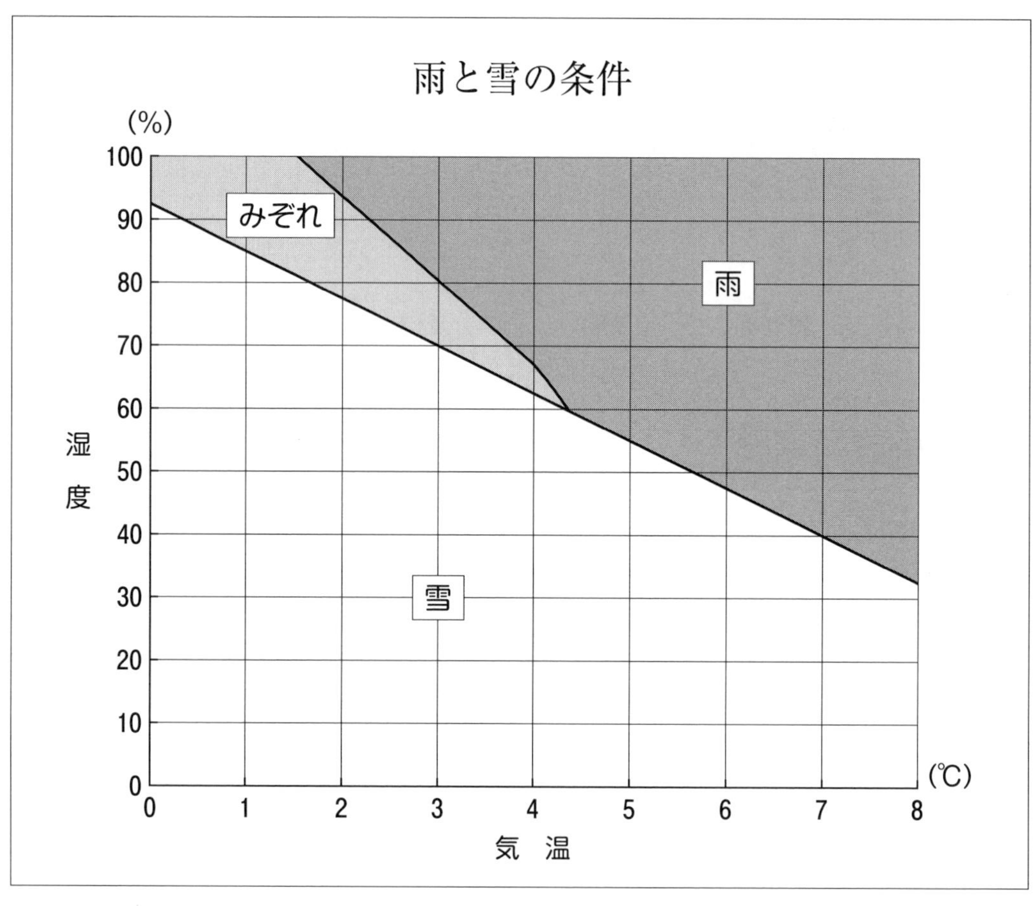

（尾張一宮お天気センター「雨と雪の境目（雨雪判別表）」
http://ngy.sakura.ne.jp/kisyo/sakai.html　を参考に作成）

1．午後9時：雪　　午後11時：雪
2．午後9時：雨　　午後11時：雪
3．午後9時：みぞれ　　午後11時：雪
4．午後9時：雨　　午後11時：みぞれ

4番

児童心理学の先生が，子供のストレスへの対処の仕方について説明しています。この先生が特に重要だと言っているのは，資料のどの部分ですか。 **4**

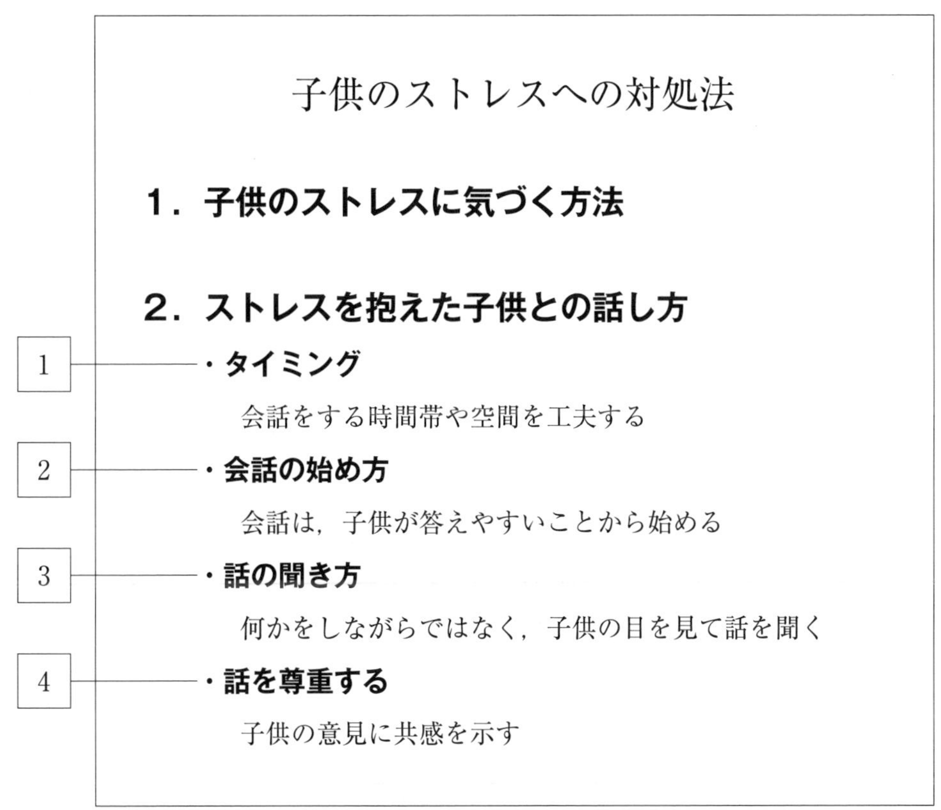

（表西恵『アメリカ人は気軽に精神科医に行く』ワニブックス　を参考に作成）

5番

先生が授業で，認識の三つの領域について話しています。この先生が重要だと言っているのは，どうすることですか。 **5**

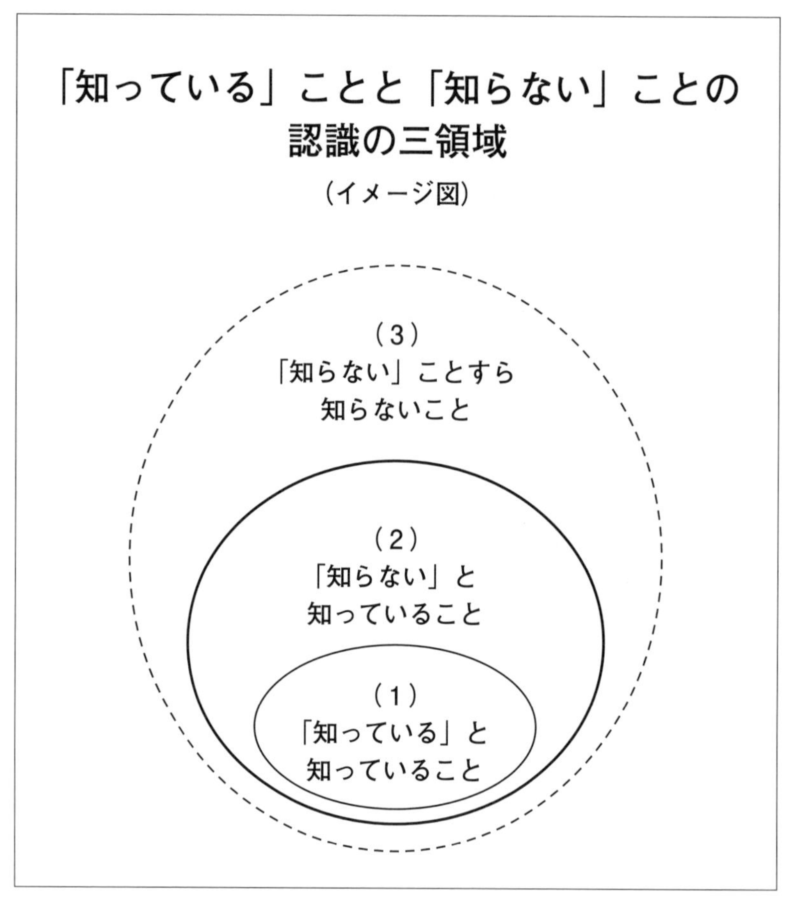

（細谷功『考える練習帳』ダイヤモンド社　を参考に作成）

1．（1）を（2）にすること
2．（1）を（3）にすること
3．（2）を（1）にすること
4．（3）を（2）にすること

6番

先生が授業で，プラスチックについて話しています。この先生が，このあと詳しく取り上げることは，資料のどの部分と関係がありますか。 **6**

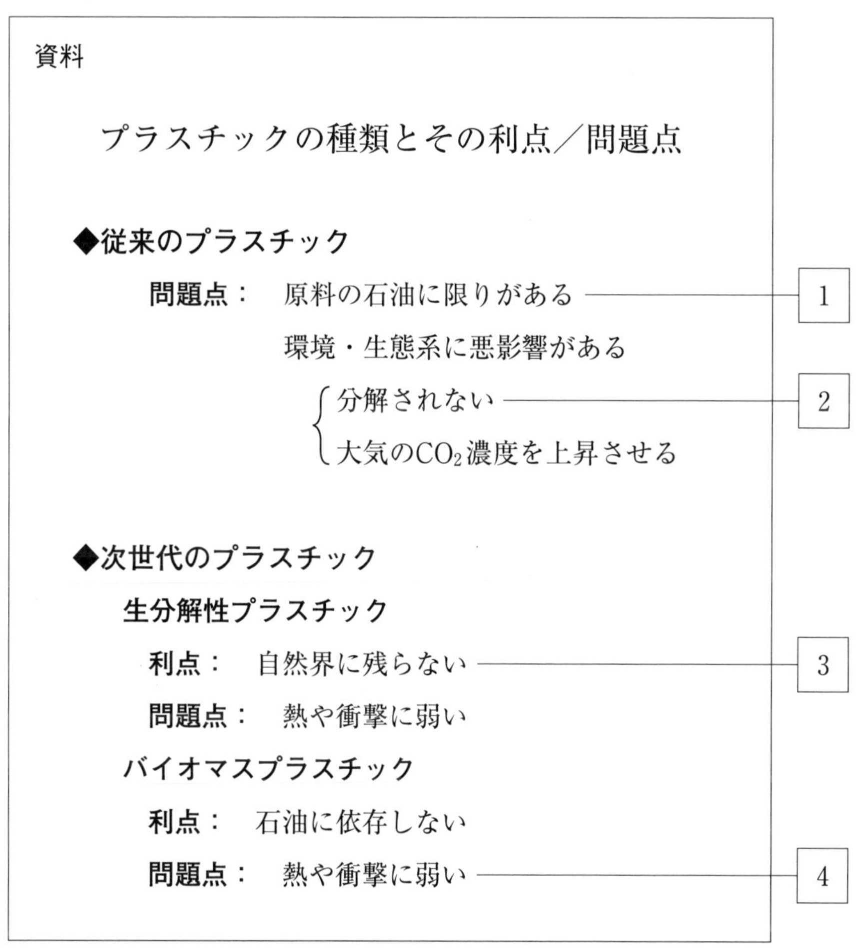

資料

プラスチックの種類とその利点／問題点

◆従来のプラスチック

問題点： 原料の石油に限りがある ―― 1

環境・生態系に悪影響がある

分解されない ―― 2

大気のCO_2濃度を上昇させる

◆次世代のプラスチック

生分解性プラスチック

利点： 自然界に残らない ―― 3

問題点： 熱や衝撃に弱い

バイオマスプラスチック

利点： 石油に依存しない

問題点： 熱や衝撃に弱い ―― 4

（神田明美「バイオプラスチック」朝日新聞2015年４月11日土曜版／経済産業省ホームページ　を参考に作成）

7番

先生が，コミュニケーション・ツールについて話しています。この先生が最後に話している新しいツールは，図のどの部分に位置しますか。 7

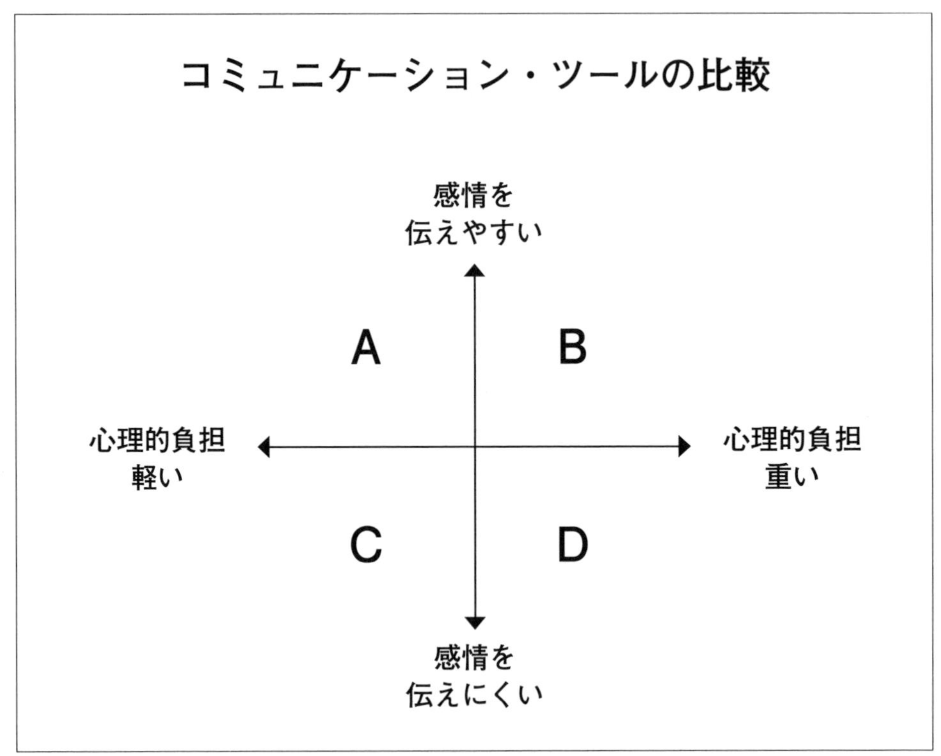

（岡田達也「非接触を乗り切る新常識　アバターは本当の自分？」
日経BP『日経ビジネス』2079号　を参考に作成）

1．A
2．B
3．C
4．D

8番

先生が，労働時間について話しています。この先生が最後に挙げる例についてする質問の答えはどれですか。 **8**

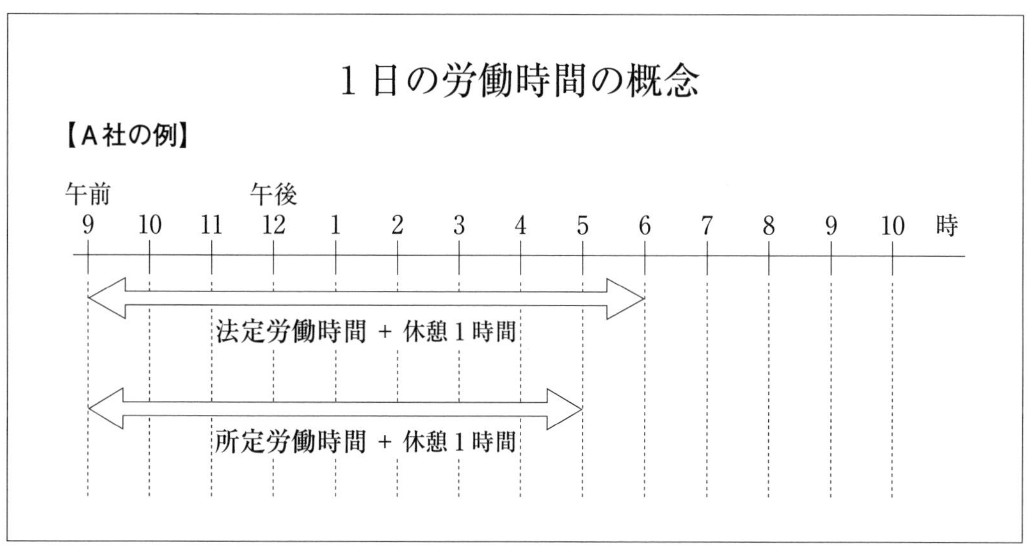

（金野美奈子「第8章　働く時間と個人の時間」
小川慎一他『「働くこと」を社会学する　産業・労働社会学』有斐閣　を参考に作成）

1．１時間
2．２時間
3．３時間
4．７時間

9番

先生が授業で，モモンガという動物を使った実験について話しています。この先生が話す実験結果の①から④について，正しく表した組合せはどれですか。 **9**

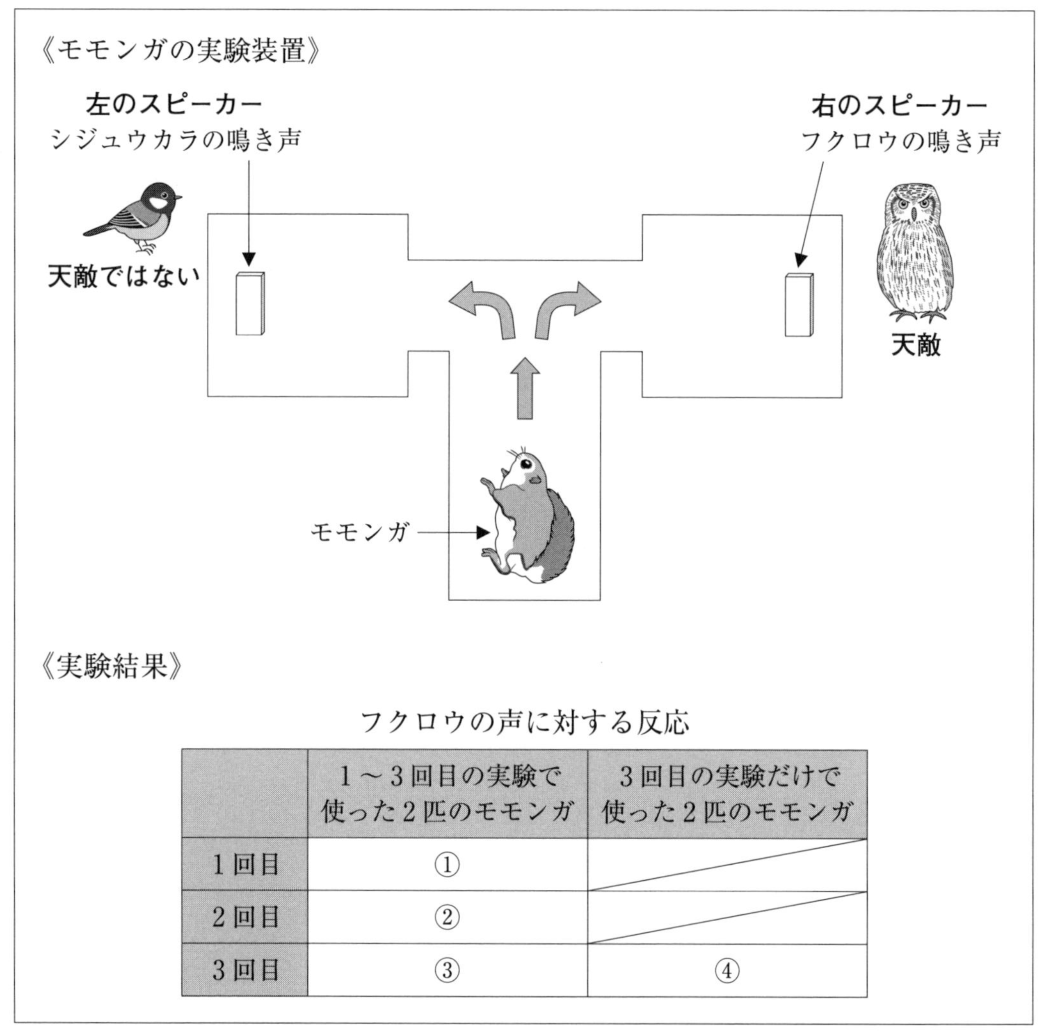

フクロウの声に対する反応

	1～3回目の実験で使った2匹のモモンガ	3回目の実験だけで使った2匹のモモンガ
1回目	①	
2回目	②	
3回目	③	④

（小林朋道『先生，モモンガがお尻でフクロウを脅しています？』築地書館　を参考に作成）

1．①　避けない　②　避けない　③　避ける　④　避けない
2．①　避けない　②　避けない　③　避ける　④　避ける
3．①　避けない　②　避ける　③　避ける　④　避ける
4．①　避ける　②　避ける　③　避ける　④　避ける

10番

先生が，コミュニケーションの授業で異文化適応について話しています。この先生の説明にしたがって心理的な適応度の変化を図にすると，どうなりますか。 **10**

1.

文化に対する適応過程

心理的適応度

高い

低い

外国に到着　帰国　時間

2.

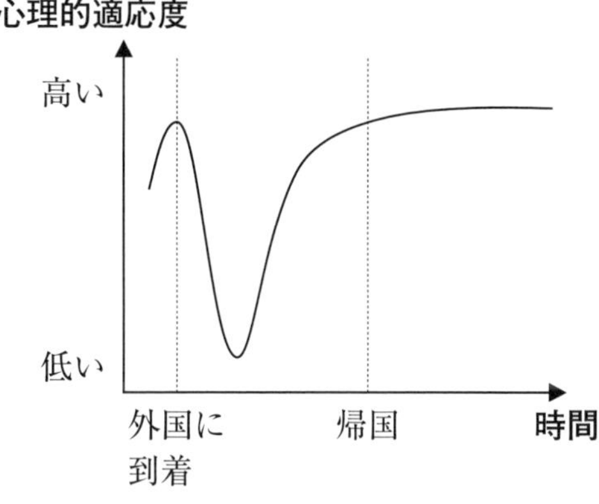

3.

文化に対する適応過程

心理的適応度

高い

低い

外国に到着　帰国　時間

4.

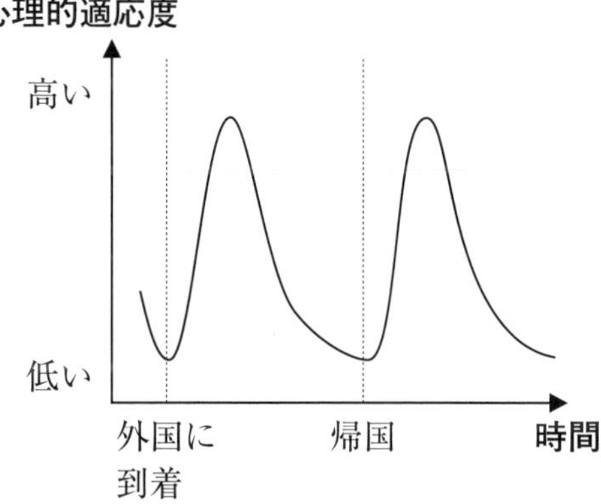

（原沢伊都夫『異文化理解入門』研究社　を参考に作成）

11番

先生が，アンケート調査の質問文について解説しています。この先生が最後にする質問の答えはどれですか。 **11**

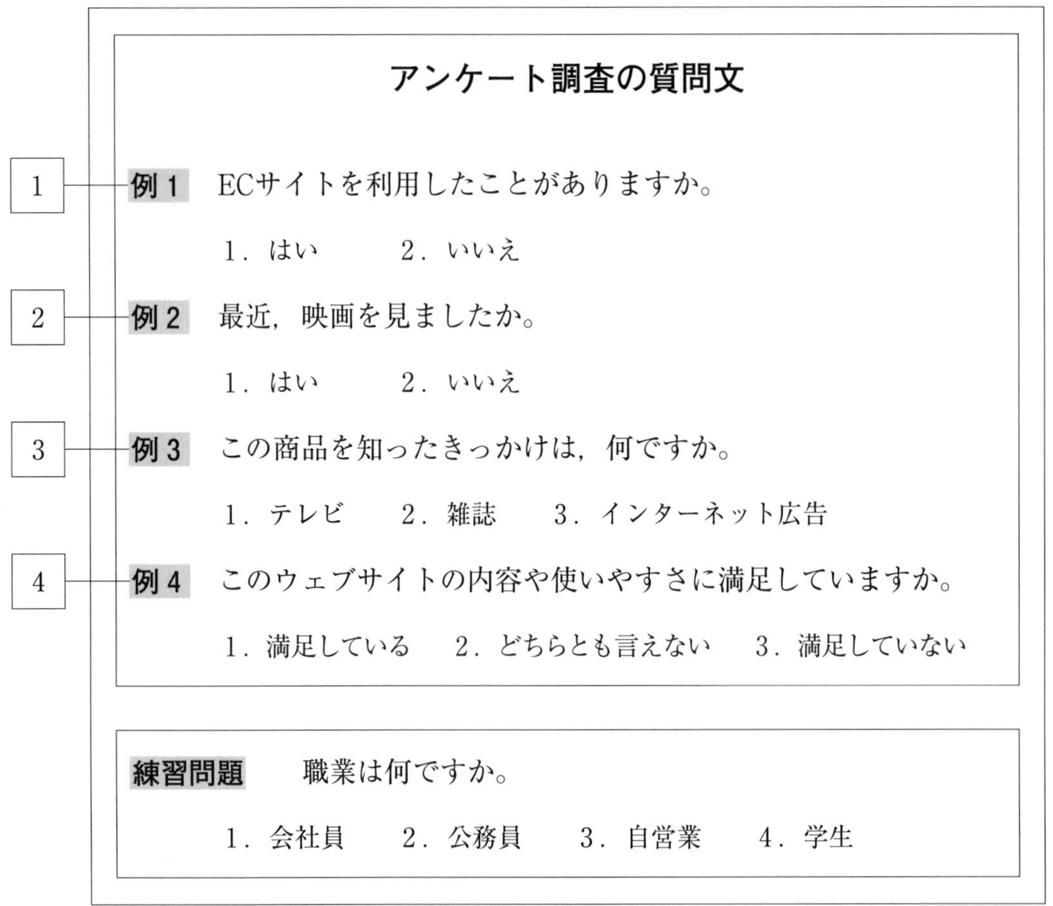

アンケート調査の質問文
1
例１ ECサイトを利用したことがありますか。
1．はい　2．いいえ
2
例２ 最近，映画を見ましたか。
1．はい　2．いいえ
3
例３ この商品を知ったきっかけは，何ですか。
1．テレビ　2．雑誌　3．インターネット広告
4
例４ このウェブサイトの内容や使いやすさに満足していますか。
1．満足している　2．どちらとも言えない　3．満足していない
練習問題　職業は何ですか。
1．会社員　2．公務員　3．自営業　4．学生

（ネオマーケティング「リサーチの苦労が水の泡…じゃ悲しすぎる！初めてのアンケート作成，成功に導く４つの作り方ポイント」
https://column.neo-m.jp/column/marketing-research/-/2321　を参考に作成）

12番

女子学生と男子学生が，ある実験の結果について話しています。この男子学生が意外だと言っているのは，グラフのどの期間についてですか。 **12**

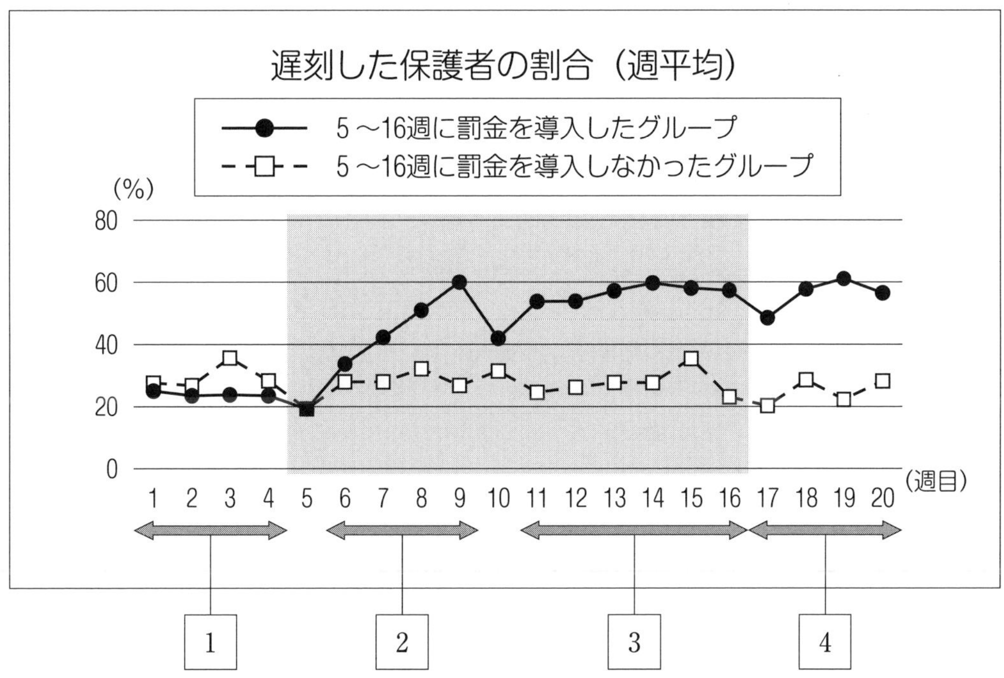

（Uri Gneezy et al.「A Fine is a Price」*The Journal of Legal Studies* vol.29 No.1　を参考に作成）

―――― このページには問題はありません。――――

聴解問題

説明

聴解問題は，音声を聴いて答える問題です。問題も選択肢もすべて音声で示されます。問題冊子には，何も書かれていません。

問題は一度しか聴けません。

このページのあとに，メモ用のページが3ページあります。音声を聴きながらメモをとるのに使ってもいいです。

聴解の解答欄には，『正しい』という欄と『正しくない』という欄があります。選択肢1，2，3，4の一つ一つを聴くごとに，正しいか正しくないか，マークしてください。正しい答えは一つです。

一度，練習をします。

この問題冊子を持ち帰ることはできません。

−メ モ−

2023年度　日本留学試験

理　科

（８０分）

【物理・化学・生物】

※　３科目の中から，２科目を選んで解答してください。

※　１科目を解答用紙の表面に解答し，もう１科目を裏面に解答してください。

Ⅰ　試験全体に関する注意

1．係員の許可なしに，部屋の外に出ることはできません。

2．この問題冊子を持ち帰ることはできません。

Ⅱ　問題冊子に関する注意

1．試験開始の合図があるまで，この問題冊子の中を見ないでください。

2．試験開始の合図があったら，下の欄に，受験番号と名前を，受験票と同じように記入してください。

3．各科目の問題は，以下のページにあります。

科目	ページ
物理	1　～　21
化学	23　～　41
生物	43　～　58

4．足りないページがあったら，手をあげて知らせてください。

5．問題冊子には，メモや計算などを書いてもいいです。

Ⅲ　解答用紙に関する注意

1．解答は，解答用紙に鉛筆（ＨＢ）で記入してください。

2．各問題には，その解答を記入する行の番号 **1**，**2**，**3**，…がついています。解答は，解答用紙（マークシート）の対応する解答欄にマークしてください。

3．解答用紙に書いてある注意事項も必ず読んでください。

※　試験開始の合図があったら，必ず受験番号と名前を記入してください。

受験番号			*					*						
名　　前														

物理

「解答科目」記入方法

解答科目には「物理」,「化学」,「生物」がありますので，この中から2科目を選んで解答してください。選んだ2科目のうち，1科目を解答用紙の表面に解答し，もう1科目を裏面に解答してください。

「物理」を解答する場合は，右のように，解答用紙にある「解答科目」の「物理」を○で囲み，その下のマーク欄をマークしてください。

科目が正しくマークされていないと，採点されません。

＜解答用紙記入例＞

解答科目 Subject		
物理 Physics	化学 Chemistry	生物 Biology
●	○	○

I

次の問い **A**（問1），**B**（問2），**C**（問3），**D**（問4），**E**（問5），**F**（問6）に答えなさい。ただし，重力加速度の大きさを g とし，空気の抵抗は無視できるものとする。

A

質量 m の一様な薄い円板の円周上に3点A，B，Cが等間隔で並んでいる。次の図のように，A，B，Cのそれぞれに，伸び縮みしない軽い糸をつけ，天井の1点からつるしたところ，円板が水平な状態で静止した。円板の半径は ℓ，3本の糸の長さはどれも 2ℓ である。このとき，それぞれの糸と鉛直方向のなす角は30°である。3本の糸の張力の大きさは互いに等しい。1本の糸の張力の大きさを T とする。

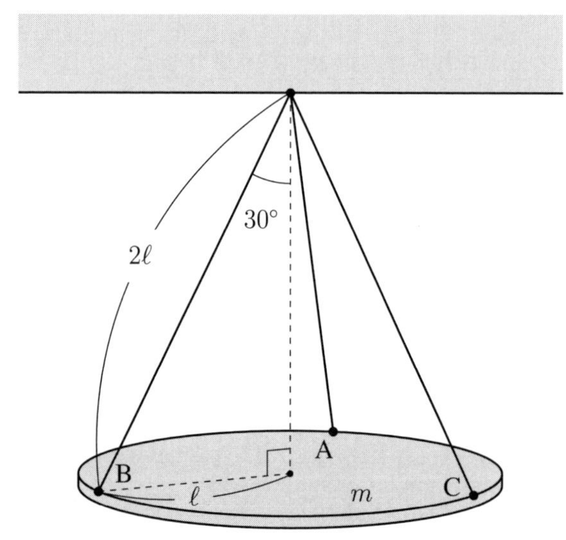

問1　T はどのように表されるか。正しいものを，次の①～⑤の中から一つ選びなさい。 **1**

① $\frac{1}{3}mg$　② $\frac{2\sqrt{3}}{9}mg$　③ $\frac{2}{3}mg$

④ $\frac{2\sqrt{3}}{3}mg$　⑤ $2mg$

B　次の図のように，質量 m の物体を水平でなめらかな台の上面に置いて，物体を手で固定した。物体に伸び縮みしない軽い糸をつけ，これを台の端に固定したなめらかに回転する軽い滑車に通し，糸の他端に質量 M のおもりをつけ，つるした。物体から滑車までの間の糸は水平である。このとき，糸の張力は T_0 であった。次に，物体を静かにはなすと，物体は台の上を右方向に移動して，おもりは下方向に移動した。移動の間，糸の張力は T_1 であった。台は固定されていて運動しない。

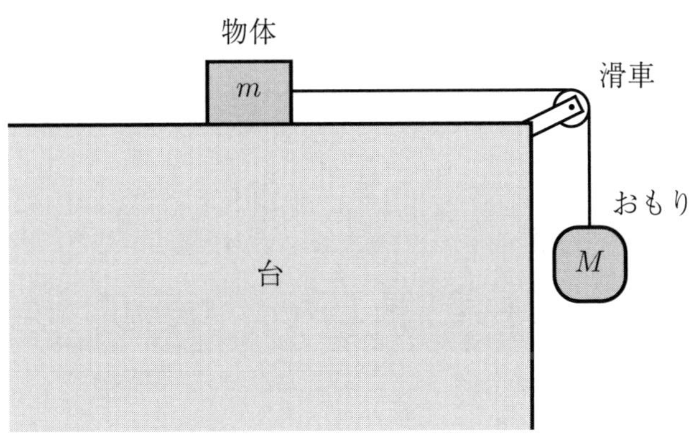

問2　$\dfrac{T_1}{T_0}$ はどのように表されるか。正しいものを，次の①～⑥の中から一つ選びなさい。 **2**

① $\dfrac{m}{M}$　　② $\dfrac{M}{m}$　　③ $1+\dfrac{m}{M}$

④ $1+\dfrac{M}{m}$　　⑤ $\dfrac{m}{m+M}$　　⑥ $\dfrac{M}{m+M}$

C　次の図のように，質量 m の小物体に伸び縮みしない軽い糸をつけ，粗い水平な床の上に置く。糸と水平面とのなす角を 30° に保ちながら外力 F で糸を引くと，小物体は床面から離れずに距離 ℓ だけ移動した。このとき，動摩擦力が小物体にした仕事は W であった。小物体と床面との間の動摩擦係数を μ' とする。

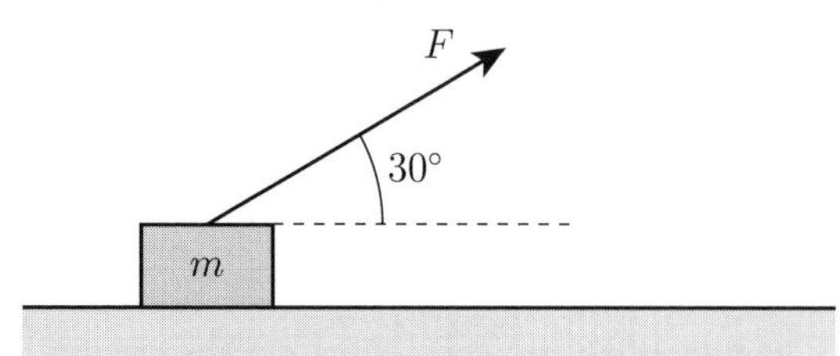

問3　W はどのように表されるか。正しいものを，次の①～④の中から一つ選びなさい。 **3**

① $\mu'\ell\left(mg-\dfrac{1}{2}F\right)$　　② $\mu'\ell\left(mg-\dfrac{\sqrt{3}}{2}F\right)$

③ $-\mu'\ell\left(mg-\dfrac{1}{2}F\right)$　　④ $-\mu'\ell\left(mg-\dfrac{\sqrt{3}}{2}F\right)$

D　次の図のように，水平な床に固定された台の水平でなめらかな上面に質量mの小物体Aを置く。台と天井の距離はℓであり，台の床からの高さは$\frac{3}{2}\ell$である。長さℓの伸び縮みしない軽い糸の一端に質量mの小物体Bをつけ，他端をAの真上の天井に固定する。糸がたるまないようにして，糸と鉛直方向とのなす角が60°になる位置までBを持ち上げてから静かにはなしたところ，AとBは弾性衝突し，Aは直進して台から飛び出した。Aが床に達する直前の速さをvとする。

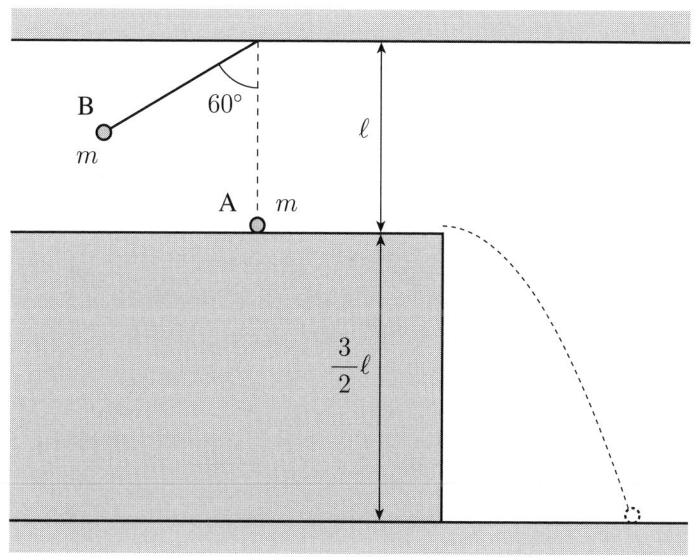

問4　vはどのように表されるか。正しいものを，次の①～⑤の中から一つ選びなさい。 **4**

①　$\sqrt{g\ell}$　　②　$\sqrt{2g\ell}$　　③　$\sqrt{3g\ell}$

④　$2\sqrt{g\ell}$　　⑤　$\sqrt{5g\ell}$

E　次の図のように，長さ$5L$の伸び縮みしない軽い糸の一端におもりをつけ，他端を天井の点Cに固定した。水平面内で，おもりに半径$3L$の等速円運動をさせた。円運動の中心OはCの真下にある。この等速円運動の周期をTとする。

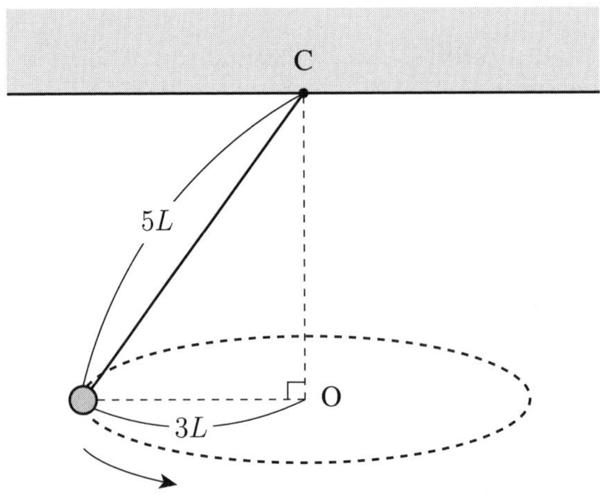

問5　Tはどのように表されるか。正しいものを，次の①～⑤の中から一つ選びなさい。 **5**

①　$2\pi\sqrt{\dfrac{L}{g}}$　　②　$2\pi\sqrt{\dfrac{2L}{g}}$　　③　$2\pi\sqrt{\dfrac{3L}{g}}$

④　$4\pi\sqrt{\dfrac{L}{g}}$　　⑤　$2\pi\sqrt{\dfrac{5L}{g}}$

F　図1のように，水平な板の上に小物体を置き，板を鉛直方向に単振動させることで小物体を鉛直線上で単振動させる。振動の中心を高さの基準点とすると，小物体の高さ h は最大値 h_0 ($h_0 > 0$) と最小値 $-h_0$ の間を板から離れることなく振動している。図2は h と時刻 t の関係を示したグラフである。時刻 t が 0.1 s から 1.1 s までの間で，小物体が板から受ける垂直抗力の大きさ N が最小となる時刻を t_1，N が小物体に働く重力の大きさと等しくなる時刻を t_2 とする。

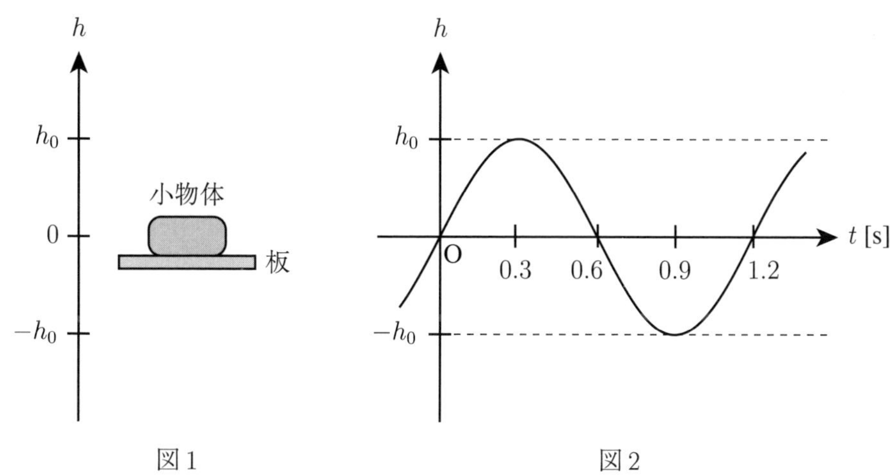

図1　　　図2

問6　t_1 は何 s か。また，t_2 は何 s か。最も適当な組み合わせを，次の①～⑥の中から一つ選びなさい。 **6**

	①	②	③	④	⑤	⑥
t_1 (s)	0.3	0.3	0.6	0.6	0.9	0.9
t_2 (s)	0.6	0.9	0.3	0.9	0.3	0.6

II　次の問い **A**（問1），**B**（問2），**C**（問3）に答えなさい。

A　熱容量が160 J/Kの容器に200 gの水を入れた。じゅうぶん時間がたった後，容器と水の温度が80 °Cになった。次に，容器の中の水の中に0 °Cの氷100 gを入れた。氷の融解熱を330 J/g，水の比熱を4.2 J/(g·K)とし，外部との熱の出入りはないものとする。

問1　じゅうぶん時間がたった後，全体の温度は何 °Cになるか。最も適当な値を，次の①～⑥の中から一つ選びなさい。　**7** °C

①　15　　②　19　　③　24　　④　33　　⑤　42　　⑥　51

B　一端を閉じた一様な断面の円筒内に，なめらかに移動できるピストンに仕切られて，一定量の空気が閉じ込められている。円筒とピストンは熱を良く伝える物質でできている。円筒の向きを変えてじゅうぶん時間がたった後，空気が閉じ込められている部分の長さをLとする。最初，図1のように，円筒を水平に置いたところ，Lは15 cmとなった。次に，図2のように，この円筒を閉じた端を下にして鉛直に立てたところ，ピストンの重さのために，Lは10 cmとなった。ただし，じゅうぶん時間がたった後の円筒内の空気の温度は円筒の向きによらず一定であり，空気を理想気体とする。

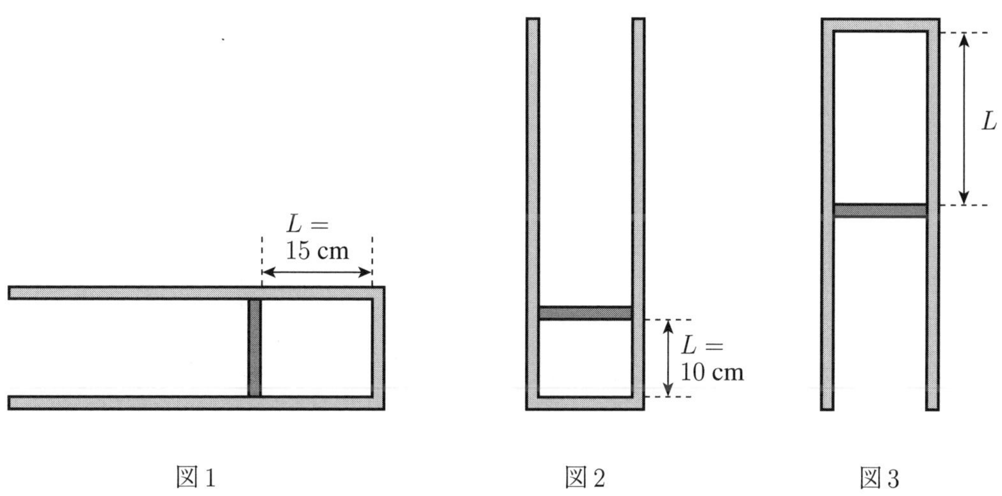

図1　　図2　　図3

問2　図3のように，この円筒を閉じた端を上にして鉛直に立てたとき，Lは何cmになるか。最も適切な値を，次の①～⑤の中から一つ選びなさい。　**8** cm

①　20　　②　25　　③　30　　④　35　　⑤　40

C　一定量の理想気体をなめらかに動くピストンでシリンダー内に閉じ込めた。最初，理想気体の圧力は p_0，体積は V_0 であった。この状態から，理想気体に次の3通りの状態変化をさせる。

(a) 断熱的に体積を減少させて，体積を $\dfrac{V_0}{2}$ にする。

(b) 温度を一定に保ちながら体積を減少させて，体積を $\dfrac{V_0}{2}$ にする。

(c) 圧力を一定に保ちながら体積を減少させて，体積を $\dfrac{V_0}{2}$ にする。

これらの状態変化を行うとき，外部から理想気体にする仕事を W とする。

問3　3つの状態変化 (a)，(b)，(c) のうち，W が最大となる状態変化はどれか。また，W が最小となる状態変化はどれか。正しい組み合わせを，次の①〜⑥の中から一つ選びなさい。　**9**

	①	②	③	④	⑤	⑥
W が最大	(a)	(a)	(b)	(b)	(c)	(c)
W が最小	(b)	(c)	(a)	(c)	(a)	(b)

III 次の問い **A**（問1），**B**（問2），**C**（問3）に答えなさい。

A 次の図は，x 軸の正の向きに伝わる縦波について，ある時刻における媒質の変位 y（x 軸の正の向きの変位のとき正）と位置 x との関係を表したグラフである。

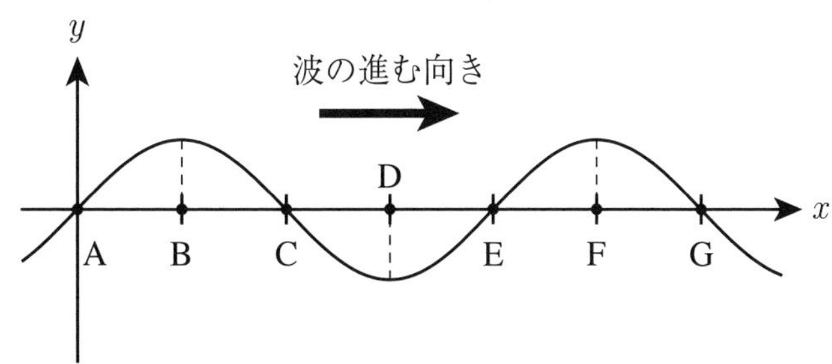

問1 媒質の密度が最も高いのは図中の点A～Gのどれか。また，媒質の密度が最も低いのは図中の点A～Gのどれか。最も適当な組み合わせを，次の①～⑥の中から一つ選びなさい。 **10**

	密度が最も高い	密度が最も低い
①	A，C，E，G	B，D，F
②	B，D，F	A，C，E，G
③	A，E	C，G
④	C，G	A，E
⑤	B，F	D
⑥	D	B，F

B　空気中の音の速さは温度が高くなるほど大きくなる。次の図のように，空気中で，長さ 34 cm の開管の管口付近にスピーカーを置いて音を出す。気温が t_0 のとき，スピーカーから出る音の振動数を 0 Hz から徐々に大きくしていったところ，500 Hz で最初の共鳴が起きた。気温が t_1（$> t_0$）のとき，同じ開管に対して同様の実験を行ったところ，520 Hz で最初の共鳴が起きた。気温が t_0 のときの音の速さを V_0，気温が t_1 のときの音の速さを V_1 とする。開口端補正は無視できるものとする。

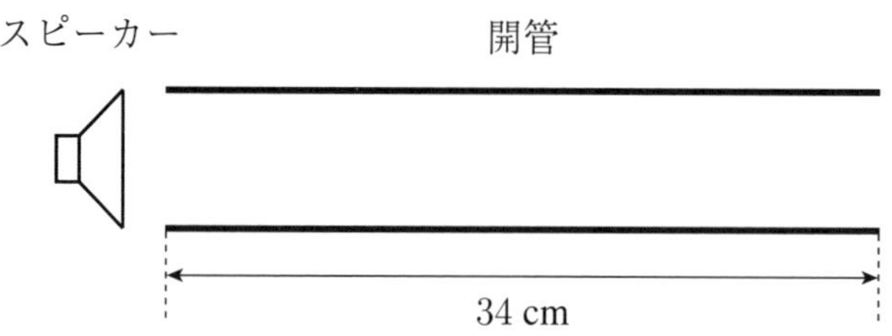

問2　2つの音の速さの差 $V_1 - V_0$ は何 m/s か。最も適当な値を，次の①～④の中から一つ選びなさい。　**11** m/s

①　6.8　　②　14　　③　20　　④　27

C　光源L，回転できる鏡R，固定された鏡Mを用いて，光の速さcを測定することを考える。図1のように，Rをある角度で固定したとき，LからRの回転中心に向けた光はRM間を往復し，Lに戻る（経路L→R→M→R→L）。RM間の距離をDとする。次に，Rを角速度ωで回転させたところ，図2のように，反射光はLへの向きからθだけ回転したL′への向きに進むようになった（経路L→R→M→R→L′）。これは，光がRM間を往復する時間$\dfrac{2D}{c}$の間に，Rが角度$\dfrac{\theta}{2}$だけ回転したためである。

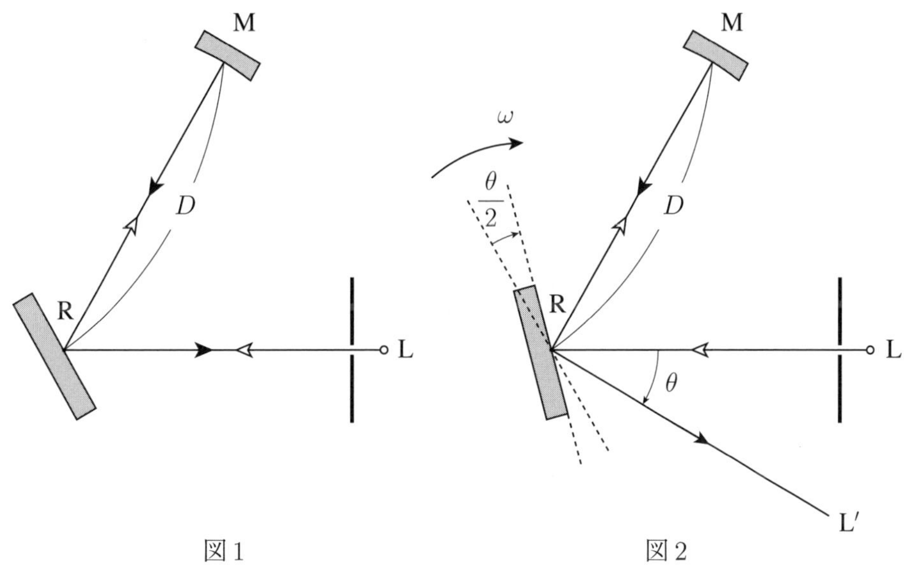

図1　　　　図2

問3　cはどのように表されるか。正しいものを，次の①～⑤の中から一つ選びなさい。 **12**

① $\dfrac{D\omega}{4\theta}$　② $\dfrac{D\omega}{2\theta}$　③ $\dfrac{D\omega}{\theta}$　④ $\dfrac{2D\omega}{\theta}$　⑤ $\dfrac{4D\omega}{\theta}$

IV

次の問い **A**（問1），**B**（問2），**C**（問3），**D**（問4），**E**（問5），**F**（問6）に答えなさい。

A

次の図のように，xy 平面上の点 $(a, 0)$（$a > 0$）に電気量 $-3q$（$q > 0$）の点電荷Aを固定し，点 $(0, -2a)$ に電気量 q の点電荷Bを固定する。原点Oに電気量 q の点電荷Cを置いたところ，CはAとBから静電気力を受けた。この静電気力の合力の向きと x 軸の正の向きとのなす角度を θ とする。

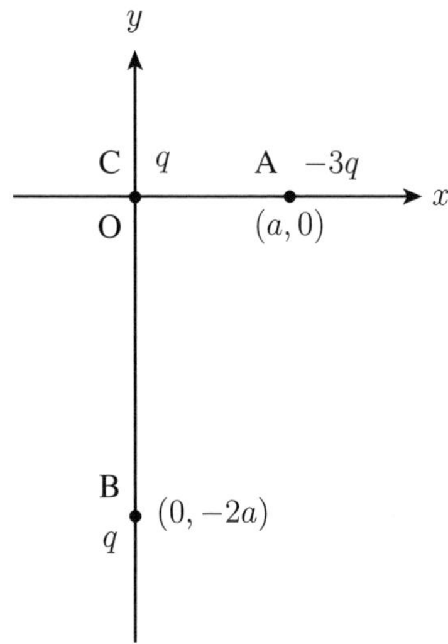

問1　$|\tan\theta|$ はいくらか。正しい値を，次の①～⑧の中から一つ選びなさい。　**13**

① $\frac{1}{12}$　② $\frac{1}{6}$　③ $\frac{2}{3}$　④ $\frac{3}{4}$

⑤ $\frac{4}{3}$　⑥ $\frac{3}{2}$　⑦ 6　⑧ 12

B　次の図のように，起電力 V の電池，抵抗，電気容量 C のコンデンサー，電気容量 $\frac{1}{2}C$ のコンデンサー，電気容量 $\frac{1}{3}C$ のコンデンサー，スイッチSを接続した。点Pは接地されている。最初，Sは開いていて，3つのコンデンサーに電荷は蓄えられていなかった。次に，Sを閉じてじゅうぶん時間がたった後，点Aの電位が V_A になった。

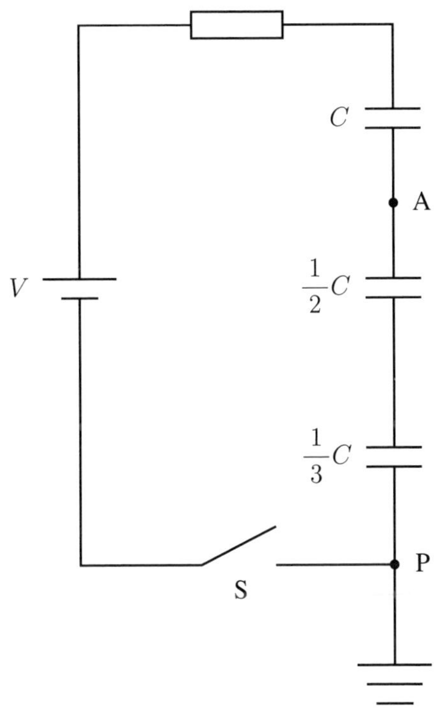

問2　$\frac{V_A}{V}$ はいくらか。正しい値を，次の①～⑥の中から一つ選びなさい。　**14**

①　$\frac{1}{6}$　　②　$\frac{1}{4}$　　③　$\frac{1}{3}$　　④　$\frac{2}{3}$　　⑤　$\frac{3}{4}$　　⑥　$\frac{5}{6}$

C　次の図のように，抵抗値が 1 kΩ の抵抗，抵抗値が 2 kΩ の抵抗，抵抗値が 4 kΩ の 2 つの抵抗と起電力 10 V の電池を接続した。点 P は接地されている。電池の内部抵抗は無視できるものとする。

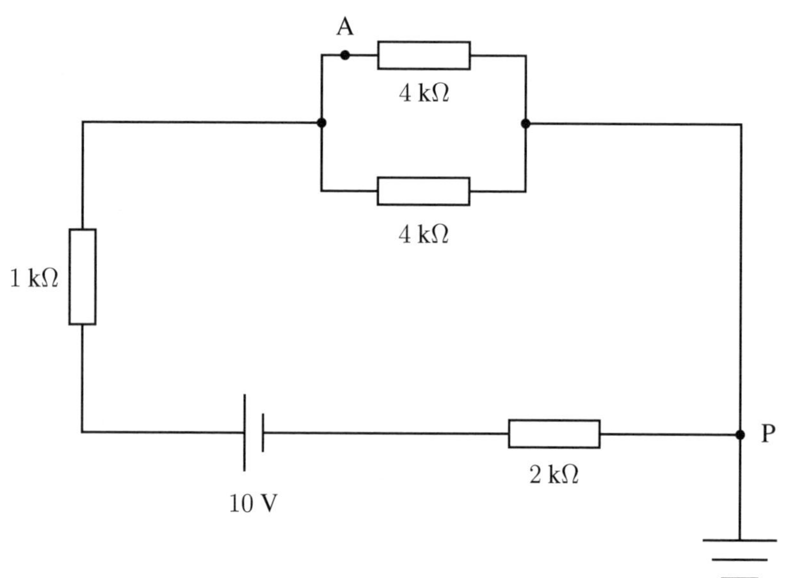

問 3　図中の点 A の電位は何 V か。最も適当な値を，次の①～⑧の中から一つ選びなさい。 **15** V

①　−8　　②　−6　　③　−4　　④　−2

⑤　2　　⑥　4　　⑦　6　　⑧　8

D　図1のように，xy 平面（紙面）に垂直でじゅうぶんに長い2本の平行な直線導線が，xy 平面上の点 A$(0,0)$，点 B$(d,0)$ を通っている。A を通る導線には大きさ I_A の電流が，B を通る導線には大きさ I_B の電流がそれぞれ流れている。A と B を結ぶ x 軸上の $0.1d \leqq x \leqq 0.9d$ の範囲で磁場の向きと大きさを測定したところ，磁場は y 軸に平行で，y 成分 H_y のみを持っていた。図2は H_y と x の関係を示したグラフである。

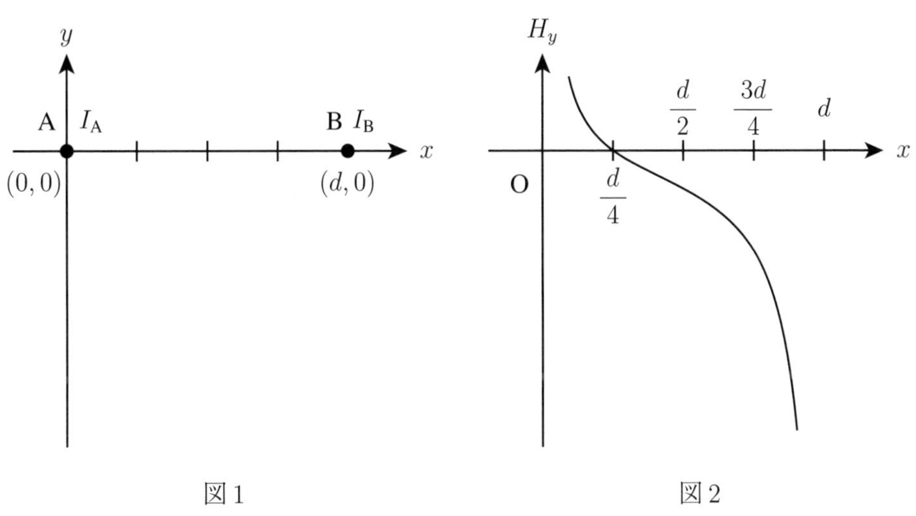

図1　　　　図2

問4　B を通る導線に流れる電流の向きは紙面の裏から表の向きか，表から裏の向きか。また，$\frac{I_B}{I_A}$ はいくらか。最も適当な組み合わせを，次の①～⑥の中から一つ選びなさい。 **16**

	①	②	③	④	⑤	⑥
Bを通る電流の向き	裏から表の向き	裏から表の向き	裏から表の向き	表から裏の向き	表から裏の向き	表から裏の向き
$\frac{I_B}{I_A}$	2	3	4	2	3	4

E　次の図のように，じゅうぶんに長い３本の平行な直線導線A，B，Cが紙面に垂直な平面内で1 m間隔に並んでいる。Aには紙面の裏から表の向きに大きさ2.0 Aの電流が，Bには紙面の裏から表の向きに大きさ3.0 Aの電流が，Cには紙面の表から裏の向きに大きさ4.0 Aの電流がそれぞれ流れている。AとCを流れる電流が，紙面内のBの位置に磁場 $\vec{H}$ をつくる。Bを流れる電流は $\vec{H}$ から力 $\vec{F}$ を受ける。

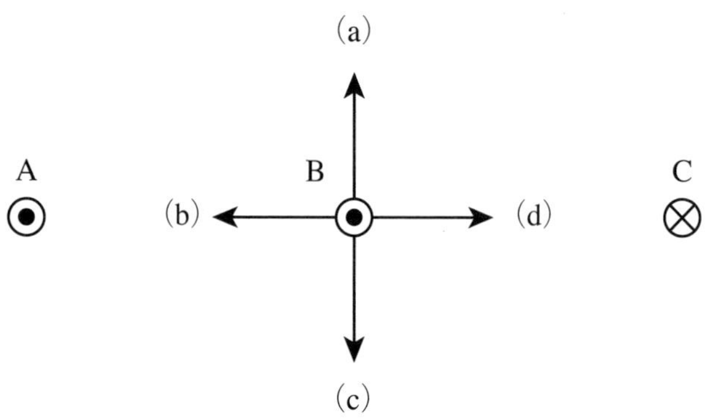

問５　$\vec{H}$ の向きは図中に矢印で示した（a）～（d）のどれか。また，$\vec{F}$ の向きは図中に矢印で示した（a）～（d）のどれか。最も適当な組み合わせを，次の①～⑧の中から一つ選びなさい。　**17**

	①	②	③	④	⑤	⑥	⑦	⑧
$\vec{H}$ の向き	(a)	(a)	(b)	(b)	(c)	(c)	(d)	(d)
$\vec{F}$ の向き	(b)	(d)	(a)	(c)	(b)	(d)	(a)	(c)

F　図1のように，一定の角速度で回転している長方形のコイル（頂点A，B，C，D）がある。コイルの回転軸の矢印の向きは，コイルが回る向きに右ねじを回したときに右ねじの進む向きを示している。一様な磁場 $\vec{H}$ のある空間で，コイルをいろいろな向きに向けて，コイルに発生する誘導起電力を調べたところ，次の結果を得た。

(1) 図2のように，コイルの回転軸を表す矢印の向きが y 軸の正の向きのとき，誘導起電力は生じなかった。

(2) 図3のように，コイルの回転軸を表す矢印の向きが z 軸の正の向きで，コイルの面が xz 平面に平行で辺AB が手前側（x 座標が大きい側）にある向きから，コイルの面が yz 平面 に平行な向きに向かうとき，誘導起電力がA→B→C→D の向きに生じた。

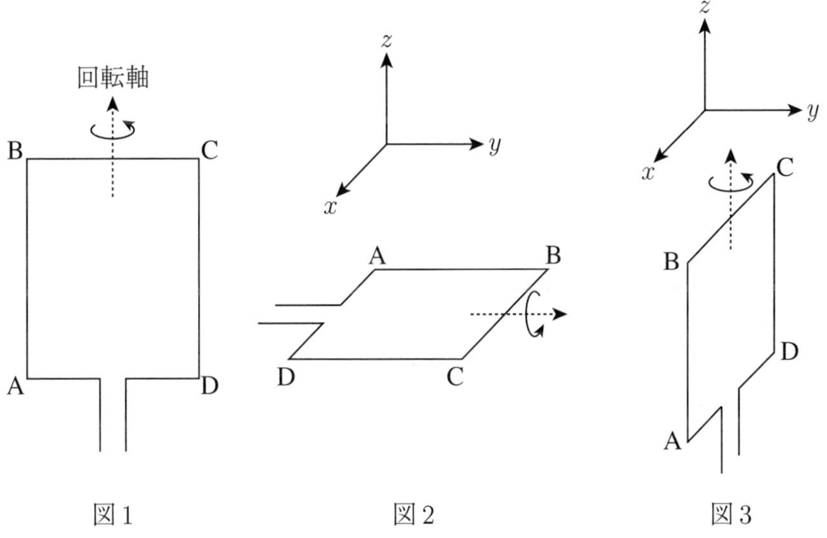

図1　　図2　　図3

問6　$\vec{H}$ の向きはどの向きか。最も適当な向きを，次の①～⑥の中から一つ選びなさい。 **18**

① x 軸の正の向き　　② x 軸の負の向き

③ y 軸の正の向き　　④ y 軸の負の向き

⑤ z 軸の正の向き　　⑥ z 軸の負の向き

V　次の問い **A**（問 1）に答えなさい。

A　質量数 A，原子番号 Z の原子核 X を $^{A}_{Z}\mathrm{X}$ と表す。トリウムの原子核 $^{232}_{90}\mathrm{Th}$ が，α 崩壊を［a］回，β 崩壊を［b］回起こして，ラドンの原子核 $^{220}_{86}\mathrm{Rn}$ になった。

問 1　上の文章で，［a］，［b］に入る数字は何か。正しい組み合わせを，次の①～④の中から一つ選びなさい。　**19**

	①	②	③	④
a	3	3	4	4
b	2	3	2	3

物理の問題はこれで終わりです。解答欄の **20** ～ **75** はマークしないでください。
解答用紙の科目欄に「物理」が正しくマークしてあるか，もう一度確かめてください。

この問題冊子を持ち帰ることはできません。

化学

「解答科目」記入方法

解答科目には「物理」,「化学」,「生物」がありますので，この中から2科目を選んで解答してください。選んだ2科目のうち，1科目を解答用紙の表面に解答し，もう1科目を裏面に解答してください。

「化学」を解答する場合は，右のように，解答用紙にある「解答科目」の「化学」を○で囲み，その下のマーク欄をマークしてください。

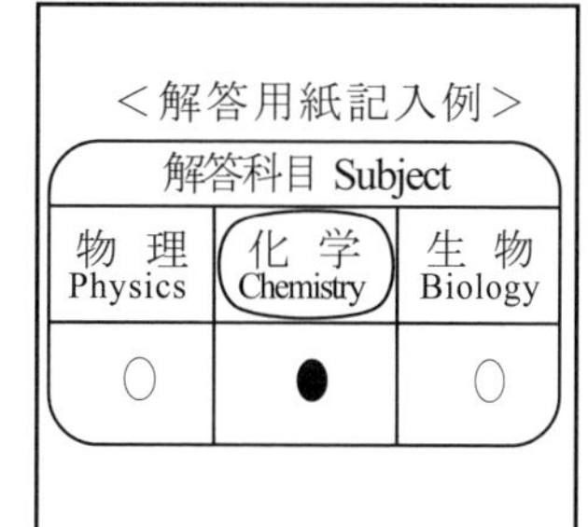

科目が正しくマークされていないと，採点されません。

気体は，ことわりがない限り，理想気体（ideal gas）として扱うものとする。

計算には次の数値を用いること。また，体積の単位リットル（liter）はLで表す。

標準状態（standard state）： 0 ℃，1.01×10^5 Pa（1 atm）

標準状態における理想気体のモル体積（molar volume）： 22.4 L/mol

気体定数（gas constant）： $R = 8.31 \times 10^3$ Pa·L/(K·mol)

アボガドロ定数（Avogadro constant）： $N_A = 6.02 \times 10^{23}$ /mol

ファラデー定数（Faraday constant）： $F = 9.65 \times 10^4$ C/mol

原子量（atomic weight）： H : 1.0 He : 4.0 C : 12 N : 14 O : 16 S : 32 Ni : 59

この試験における元素（element）の族（group）と周期（period）の関係は下の周期表（periodic table）の通りである。ただし，**H** 以外の元素記号は省略してある。

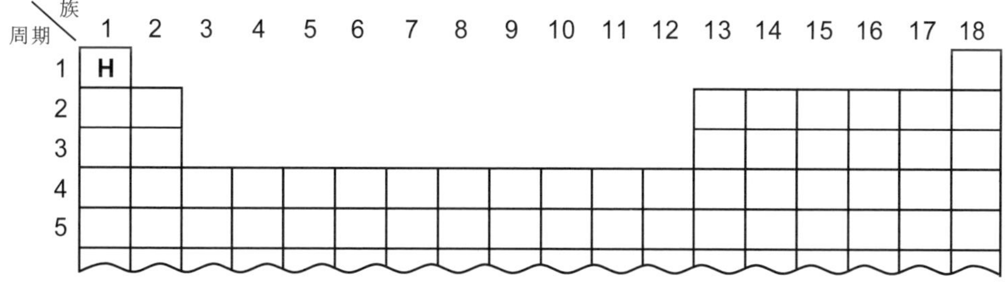

問 1　次の分子またはイオン（ion）**a**～**d** のうちには，電子（electron）の総数が同じものが二つある。その組み合わせを，下の①～⑥の中から一つ選びなさい。 **1**

a　F_2　　**b**　NH_3　　**c**　Li^+　　**d**　OH^-

①　**a**，**b**　　②　**a**，**c**　　③　**a**，**d**　　④　**b**，**c**　　⑤　**b**，**d**　　⑥　**c**，**d**

問2　2種の元素 **A**, **B** からなる化合物を元素分析(elemental analysis)したところ, 質量(mass)の割合が元素 **A** が 71 %, 元素 **B** が 29 %であった。原子量は **A** が **B** の 1.21 倍である。この化合物の組成式（compositional formula）として正しいものを，次の①〜⑦の中から一つ選びなさい。　**2**

① $\mathbf{AB}$　② $\mathbf{AB_2}$　③ $\mathbf{AB_3}$　④ $\mathbf{A_2B}$

⑤ $\mathbf{A_2B_3}$　⑥ $\mathbf{A_3B}$　⑦ $\mathbf{A_3B_2}$

問3 次の分子 **a**～**e** のうち，極性のある結合（polar bond）をもつが，無極性分子（nonpolar molecule）であるものが二つある。その組み合わせを，下の①～⑥の中から一つ選びなさい。

a 水（water）

b 窒素（nitrogen）

c アンモニア（ammonia）

d 二酸化炭素（carbon dioxide）

e テトラクロロメタン（tetrachloromethane）

① **a**，**c**　② **a**，**e**　③ **b**，**d**　④ **b**，**e**　⑤ **c**，**d**　⑥ **d**，**e**

問4　同温同圧で，体積比（volume ratio）1：1のメタン CH_4 とエタン C_2H_6 の混合気体がある。これにじゅうぶんな量の酸素 O_2 を混合して完全に燃焼（combustion）させたところ，水 H_2O が 36 g 生成した。混合気体の全物質量（total amount of substance in mol）および発生した二酸化炭素 CO_2 の質量〔g〕として最も近い値の正しい組み合わせを，次表の①～⑥の中から一つ選びなさい。 **4**

	混合気体の全物質量〔mol〕	二酸化炭素の質量〔g〕
①	0.40	18
②	0.40	35
③	0.40	53
④	0.80	18
⑤	0.80	35
⑥	0.80	53

問5　分液ろうと（separatory funnel）を用いた分離操作に関する次の記述において，空欄 **A**，**B** にあてはまる用語の組み合わせとして最も適当なものを，下表の①～⑥の中から一つ選びなさい。 **5**

分液ろうとに，ヨウ素（iodine）とヨウ化カリウム（potassium iodide）の混合水溶液とヘキサン（hexane）を加え，よく振り混ぜ，静置すると，ヘキサンと水溶液は二層（two layers）に分かれる。ヨウ素は水よりもヘキサンに溶けやすいので，大部分のヨウ素がヘキサンに溶け込む。この溶解度（solubility）の差を利用した分離操作を **A** といい，ヘキサン溶液は次の図の **B** に相当する。

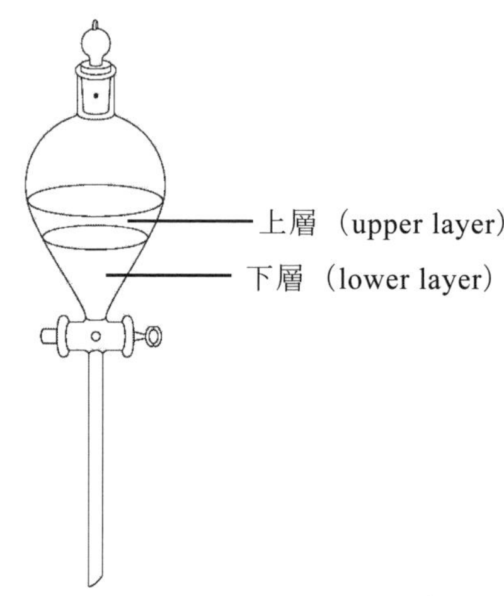

	A	B
①	再結晶	上層
②	抽出	上層
③	ろ過	上層
④	再結晶	下層
⑤	抽出	下層
⑥	ろ過	下層

注）　再結晶（recrystallization），抽出（extraction），ろ過（filtration）

問6　次のグラフは，400 K における 10 g のメタン CH_4 の圧力と体積の関係を示したものである。圧力と体積の関係がこのグラフと同じになる気体を，下の①～④の中から一つ選びなさい。　**6**

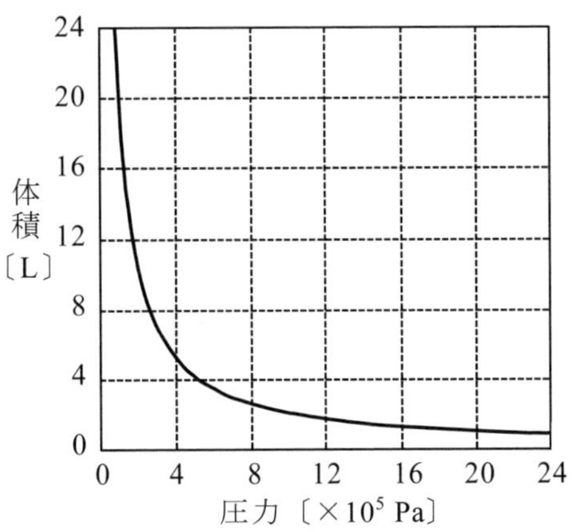

① 200 K における 10 g のヘリウム He

② 800 K における 10 g のヘリウム

③ 200 K における 10 g の酸素 O_2

④ 800 K における 10 g の酸素

問 7　シュウ酸水和物 $(COOH)_2 \cdot nH_2O$ 2.52 g を水に溶かして，1.0 L の水溶液にした。この水溶液から 50 mL を取り，0.050 mol/L の水酸化バリウム水溶液 $Ba(OH)_2$ aq を滴下（add dropwise）したところ，20 mL で中和点（neutralization point）に達した。n の値として最も適当なものを，次の①～⑥の中から一つ選びなさい。 **7**

① 0.5　② 1　③ 2　④ 3　⑤ 4　⑥ 5

問 8　次の反応①～⑥のうち，下線をつけた原子が還元（reduction）されたものの中で，その酸化数（oxidation number）の変化の絶対値（absolute value）が最小のものを一つ選びなさい。　**8**

① $\underline{S}O_2 + 2H_2S \longrightarrow 2H_2O + 3S$

② $\underline{Cu} + 2H_2SO_4 \longrightarrow CuSO_4 + 2H_2O + SO_2$

③ $CuCl_2 + H_2\underline{S} \longrightarrow CuS + 2HCl$

④ $H_2O_2 + \underline{S}O_2 \longrightarrow H_2SO_4$

⑤ $\underline{Mn}O_2 + 4HCl \longrightarrow MnCl_2 + 2H_2O + Cl_2$

⑥ $2K\underline{Mn}O_4 + 5H_2O_2 + 3H_2SO_4 \longrightarrow 2MnSO_4 + 5O_2 + 8H_2O + K_2SO_4$

問 9　銅板（copper plate）を陰極（cathode），ニッケル板（nickel plate）を陽極（anode）に用いて，硫酸ニッケル(II)水溶液（aqueous nickel(II) sulfate）に 0.40 A の電流（electric current）を 4800 秒流した。銅板の両面（both surfaces）をあわせた表面積（surface area）を 40 cm^2 とすると，銅板上に生成したニッケルめっき（nickel plating）の平均の厚さは何 cm か。最も近い値を，次の①～⑥の中から一つ選びなさい。ただし，金属ニッケル（metallic nickel）の密度（density）は 8.9 g/cm^3 とする。また，銅板の四つの側面の面積は無視できるものとする。　**9** cm

① 3.3×10^{-4}　② 1.7×10^{-3}　③ 3.3×10^{-3}

④ 6.6×10^{-3}　⑤ 1.7×10^{-2}　⑥ 6.6×10^{-2}

問 10　気体 **A** から気体 **B** と **C** が生成する可逆反応（reversible reaction）を反応式（reaction formula）(i) で表す。ここで，a，b，c はこの反応式における係数（coefficient）である。

$$a\mathbf{A} \rightleftarrows b\mathbf{B} + c\mathbf{C} \qquad \text{(i)}$$

一定量の **A** から **B** と **C** が生成し，平衡状態（equilibrium state）に達したものとする。次のグラフにおける曲線は，平衡状態における混合気体中の **A** の体積百分率（volume percentage）〔%〕の圧力依存性を異なる温度ごとにプロット（plot）したものである。このグラフから反応 (i) の正反応（forward reaction）は **X** ，a，b，c の関係は **Y** であることがわかる。空欄 **X**，**Y** にあてはまるものの組み合わせとして正しいものを，下表の①～⑥の中から一つ選びなさい。 **10**

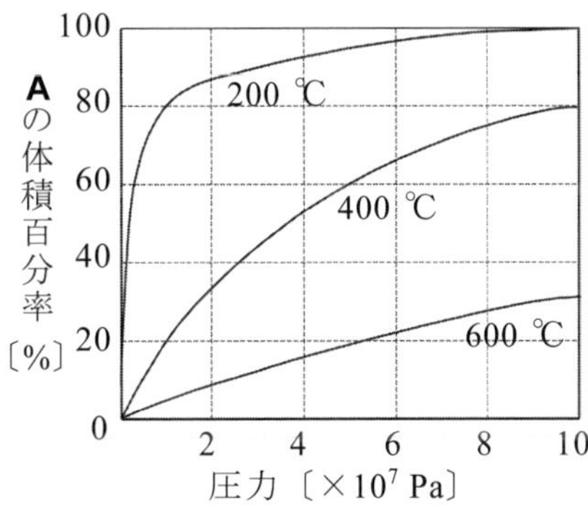

	X	Y
①	吸熱反応（endothermic reaction）	$a > b + c$
②	吸熱反応	$a = b + c$
③	吸熱反応	$a < b + c$
④	発熱反応（exothermic reaction）	$a > b + c$
⑤	発熱反応	$a = b + c$
⑥	発熱反応	$a < b + c$

問 11 周期表の 18 族に属するヘリウム（helium），ネオン（neon）およびアルゴン（argon）に関する次の記述 **a**～**d** の中には，正しいものが二つある。その組み合わせを，下の①～⑥の中から一つ選びなさい。 **11**

a これらの元素の原子は，いずれも最外殻電子（outermost shell electron）の数が 8 である。

b ヘリウムの沸点（boiling point）は，すべての物質の中で最も低い。

c 常温･常圧（normal temperature and pressure）でのネオンの密度（density）は，フッ素（fluorine）より大きく，塩素（chlorine）よりも小さい。

d ヘリウム，ネオン，アルゴンのうち，大気中に最も多く含まれているものは，アルゴンである。

① **a**，**b**　② **a**，**c**　③ **a**，**d**　④ **b**，**c**　⑤ **b**，**d**　⑥ **c**，**d**

問 12 次の化合物①～⑥のうち，酸性酸化物（acidic oxide）で水に溶けにくいものを，一つ選びなさい。 **12**

① SiO_2　② Al_2O_3　③ SO_2　④ MgO　⑤ Li_2O　⑥ P_4O_{10}

問 13　次の気体①～⑤のうち，下方置換（downward delivery）で捕集（collect）するのが最も適当なものを一つ選びなさい。 **13**

① 硫化鉄(II) FeS に希硫酸 dil. H_2SO_4 を加えて発生する気体

② 銅 Cu に希硝酸 dil. HNO_3 を加えて発生する気体

③ 酢酸ナトリウム CH_3COONa に水酸化ナトリウム NaOH を加え，加熱して発生する気体

④ ギ酸 HCOOH に濃硫酸 conc. H_2SO_4 を加え，加熱して発生する気体

⑤ エタノール C_2H_5OH に濃硫酸を加え，170 ℃に加熱して発生する気体

問 14　次の記述①～⑤のうち，すべての金属にあてはまるものとして正しいものを一つ選びなさい。 **14**

① 濃硝酸（concentrated nitric acid）と反応して，水素（hydrogen）を発生する。

② 室温（room temperature）で結晶（crystal）として存在する。

③ 電気伝導性（electrical conductivity）を示す。

④ 塩基性水溶液（basic aqueous solution）と反応する。

⑤ 容易に電子（electron）を受け取り，陰イオン（anion）に変化する。

問 15　金属イオン（metal ion）として Ag^{+}，Cu^{2+}，Zn^{2+}を含む水溶液から，各金属イオンを分離するため，次の図に示す実験を行った。図中の **A** および **B** にあてはまる試薬（reagent）の組み合わせとして正しいものを，下表の①～⑥の中から一つ選びなさい。　**15**

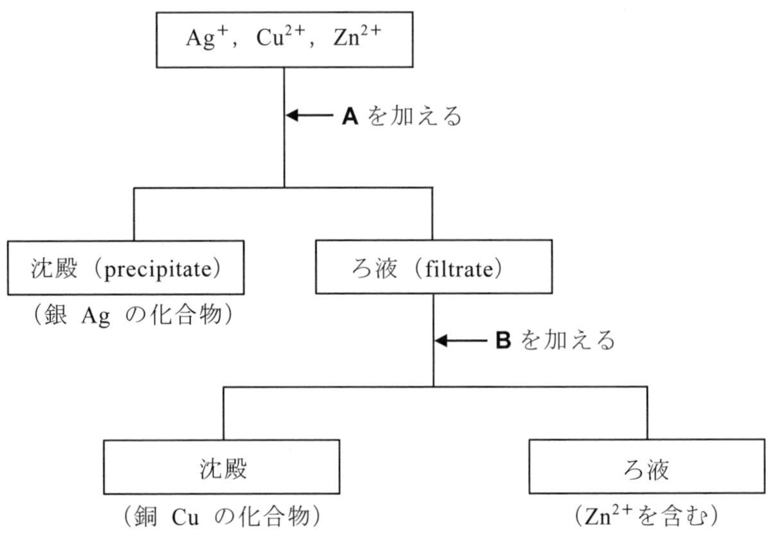

	A	B
①	アンモニア水（過剰量） （aqueous ammonia）	硫化水素 （hydrogen sulfide）
②	アンモニア水（過剰量）	希塩酸 （dilute hydrochloric acid）
③	水酸化ナトリウム水溶液（少量） （aqueous sodium hydroxide）	硫化水素
④	水酸化ナトリウム水溶液（少量）	希塩酸
⑤	希塩酸	アンモニア水（過剰量）
⑥	希塩酸	硫化水素

注）過剰量（excess amount），少量（small amount）

問 16 炭素 C，水素 H，酸素 O からなる化合物 **X** は，常温・常圧（normal temperature and pressure）で白色の粉末（powder）である。3.0 mg の **X** を完全燃焼（complete combustion）させたところ，4.4 mg の二酸化炭素（carbon dioxide）と 1.8 mg の水（water）が生じた。**X** として最も適当なものを，次の①～⑤の中から一つ選びなさい。 **16**

① メタノール（CH_4O）

② 酢酸（$C_2H_4O_2$）

③ フマル酸（$C_4H_4O_4$）

④ グルコース（$C_6H_{12}O_6$）

⑤ フタル酸（$C_8H_6O_4$）

問 17　分子式（molecular formula）C_4H_8 で表される化合物の取り得る異性体（isomer）の数はいくつか。次の①～⑥の中から，正しいものを一つ選びなさい。ただし，立体異性体（stereoisomer）がある場合にはそれらを別々に数えるものとする。　17

①　4　　②　5　　③　6　　④　7　　⑤　8　　⑥　9

問 18　次の図は，炭化カルシウム CaC_2 を原料として合成される化合物 **A**～**F** の反応経路図（reaction pathway diagram）である。化合物 **A**～**F** についての下の記述①～⑥のうち，**誤っているもの**を一つ選びなさい。 **18**

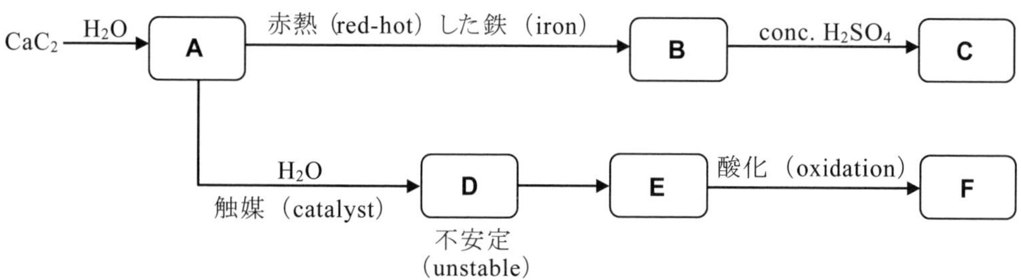

① **A** は分子内に C≡C 結合をもつ。

② **B** は芳香族化合物（aromatic compound）である。

③ **C** は水に溶けて酸性（acidic）を示す。

④ **D** はヒドロキシ基（hydroxy group）をもつ。

⑤ **E** はメタノール（methanol）を酸化（oxidation）して得られる化合物と同じである。

⑥ **F** に炭酸水素ナトリウム（sodium hydrogencarbonate）を加えると，気体を発生しながら塩となって溶解（dissolve）する。

問 19　3 種の芳香族化合物（aromatic compound）**X**，**Y**，**Z** について，次の実験結果 **a**，**b** を得た。

a　炭酸水素ナトリウム水溶液（aqueous sodium hydrogencarbonate）を加えると，**X** と **Y** は反応して気体を発生したが，**Z** は反応しなかった。

b　塩化鉄(III)水溶液（aqueous iron(III) chloride）を加えると，**Y** と **Z** は呈色（coloring）したが，**X** は呈色しなかった。

X，**Y**，**Z** は次の **A**，**B**，**C** のいずれかである。その組み合わせとして正しいものを，下表の①～⑥の中から一つ選びなさい。　**19**

A　*o*-クレゾール　　**B**　サリチル酸 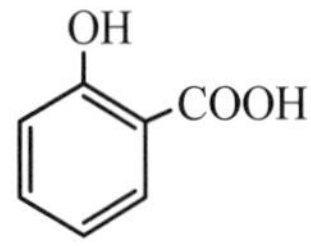　　**C**　フタル酸

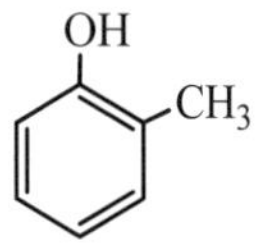

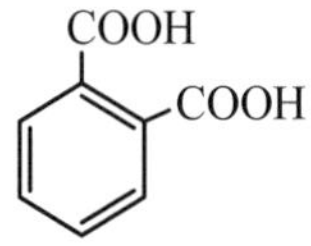

	X	Y	Z
①	A	B	C
②	A	C	B
③	B	A	C
④	B	C	A
⑤	C	A	B
⑥	C	B	A

問 20　次表の **a**〜**f** は高分子（polymer）とその単量体（monomer）を示したもので，このうち縮合重合（condensation polymerization）によって得られる高分子が二つある。その組み合わせを，下の①〜⑥の中から一つ選びなさい。　**20**

	高分子	単量体
a	アクリロニトリル－ブタジエンゴム （acrylonitrile-butadiene rubber）	$CH_2{=}CH{-}CN$　　$CH_2{=}CH{-}CH{=}CH_2$
b	ナイロン 66 （nylon 6,6）	$HOOC(CH_2)_4COOH$　　$H_2N(CH_2)_6NH_2$
c	スチレン－ブタジエンゴム （styrene-butadiene rubber）	$C_6H_5{-}CH{=}CH_2$　　$CH_2{=}CH{-}CH{=}CH_2$
d	ナイロン 6 （nylon 6）	環状：CH_2 に $CH_2{-}CH_2{-}NH$ と $CH_2{-}CH_2{-}C({=}O)$ が結合し，NH と C が結合（ε-カプロラクタム）
e	ポリエチレンテレフタラート （poly(ethylene terephthalate)）	$HOOC{-}C_6H_4{-}COOH$（p-位）　　$HO(CH_2)_2OH$
f	ポリ酢酸ビニル （poly(vinyl acetate)）	$CH_2{=}CH{-}OCOCH_3$

①　**a**，**d**　　②　**a**，**f**　　③　**b**，**c**　　④　**b**，**e**　　⑤　**c**，**e**　　⑥　**d**，**f**

化学の問題はこれで終わりです。解答欄の **21** ～ **75** はマークしないでください。
解答用紙の科目欄に「化学」が正しくマークしてあるか，もう一度確かめてください。

この問題冊子を持ち帰ることはできません。

生物

「解答科目」記入方法

解答科目には「物理」,「化学」,「生物」がありますので,この中から２科目を選んで解答してください。選んだ２科目のうち,１科目を解答用紙の表面に解答し,もう１科目を裏面に解答してください。

「生物」を解答する場合は,右のように,解答用紙にある「解答科目」の「生物」を○で囲み,その下のマーク欄をマークしてください。

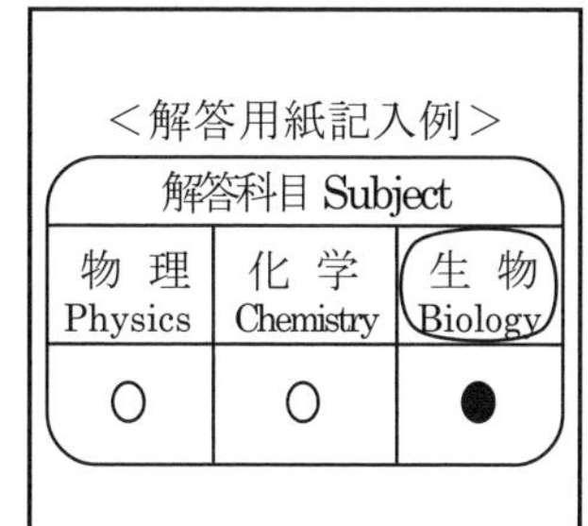

科目が正しくマークされていないと,採点されません。

問１ 酵素（enzyme）について述べた次の文ａ～ｄのうち,正しいものを二つ選んだ組み合わせを,下の①～⑥の中から一つ選びなさい。 **1**

ａ 酵素には,活性をもつために補酵素（coenzyme）と呼ばれる小さな分子を必要とするものがある。

ｂ 多くの酵素は熱に強く,95℃前後でも失活（inactivation）しない。

ｃ 酵素反応は,溶液の pH によって影響を受けない。

ｄ 酵素反応は,基質（substrate）と似た構造の物質により阻害（inhibition）されることがある。

① ａ,ｂ　② ａ,ｃ　③ ａ,ｄ　④ ｂ,ｃ　⑤ ｂ,ｄ　⑥ ｃ,ｄ

問 2　次の図は，植物細胞と動物細胞の構造を模式的に表したものである。図中の構造 A～F は，核（nucleus），葉緑体（chloroplast），ミトコンドリア（mitochondria），細胞膜（cell membrane），細胞壁（cell wall），液胞（vacuole）のいずれかを示している。これに関する下の問い(1)，(2)に答えなさい。

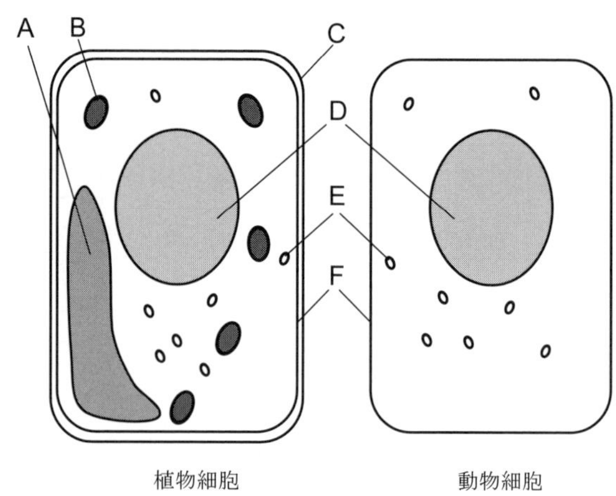

植物細胞　　動物細胞

(1) 構造 A～C の名称の正しい組み合わせを，次の①～⑥の中から一つ選びなさい。　**2**

	A	B	C
①	核	葉緑体	細胞壁
②	核	ミトコンドリア	細胞膜
③	液胞	葉緑体	細胞壁
④	液胞	ミトコンドリア	細胞膜
⑤	葉緑体	液胞	細胞壁
⑥	葉緑体	液胞	細胞膜

(2) 構造 A～F のうち，原核細胞（prokaryotic cell）に含まれない構造はどれか。正しいものをすべて選んだ組み合わせを，次の①～⑥の中から一つ選びなさい。　**3**

① A，B，D　② A，B，E　③ A，B，D，E　④ A，B，D，F
⑤ B，C，D　⑥ C，D，E，F

問 3　アミノ酸（amino acid）の構造や性質について述べた次の文 a～d のうち，正しいものを二つ選んだ組み合わせを，下の①～⑥の中から一つ選びなさい。　**4**

a　アミノ酸の基本構造は，一つの窒素原子（N）にアミノ基（$-NH_2$），カルボキシ基（$-COOH$），水素原子（$-H$），および側鎖（side chain）が結合したものである。

b　アミノ酸どうしは，一方の分子のアミノ基と，もう一方の分子のカルボキシ基から，1 分子の水が取れて結合する。この結合をペプチド結合（peptide bond）という。

c　アミノ酸の側鎖はいずれも中性で，正（＋）や負（－）の電荷（charge）をもつものはない。

d　アミノ酸の側鎖には，親水性（hydrophilic）のものも，疎水性（hydrophobic）のものもある。

①　a，b　　②　a，c　　③　a，d　　④　b，c　　⑤　b，d　　⑥　c，d

問 4　生体内でおこなわれる次の過程 a～d の中で，ATP の合成がおこなわれるものはどれか。正しいものを二つ選んだ組み合わせを，下の①～⑥の中から一つ選びなさい。　**5**

a　リボソーム（ribosome）でのタンパク質の合成

b　呼吸（respiration）

c　DNA の複製（replication）

d　光合成（photosynthesis）

①　a，b　　②　a，c　　③　a，d　　④　b，c　　⑤　b，d　　⑥　c，d

問5 次の文は，DNA の複製（replication）について述べたものである。文中の空欄［ a ］～［ d ］にあてはまる語句の正しい組み合わせを，下の①～⑧の中から一つ選びなさい。［ 6 ］

DNA の複製は，二本鎖 DNA が一本鎖にほどけることから始まり，それぞれの鎖を鋳型（template）として新たなヌクレオチド鎖（nucleotide chain）が合成される。

新たな鎖の伸長は，鋳型となる鎖と相補的（complementary）なプライマー（primer）と呼ばれる短い［ a ］が合成されることで始まる。このプライマーに続いて DNA ポリメラーゼ（DNA polymerase）が新たな鎖を伸長していく。

DNA ポリメラーゼは 5'→3'方向にだけ鎖を伸長できるため，連続的に鎖が合成される［ b ］と，断片的に合成される［ c ］が存在する。［ c ］の断片は，［ d ］という酵素（enzyme）によってつながれる。

	a	b	c	d
①	DNA	リーディング鎖 (leading strand)	ラギング鎖 (lagging strand)	DNA リガーゼ (DNA ligase)
②	DNA	ラギング鎖	リーディング鎖	DNA リガーゼ
③	DNA	リーディング鎖	ラギング鎖	DNA ヘリカーゼ (DNA helicase)
④	DNA	ラギング鎖	リーディング鎖	DNA ヘリカーゼ
⑤	RNA	リーディング鎖	ラギング鎖	DNA リガーゼ
⑥	RNA	ラギング鎖	リーディング鎖	DNA リガーゼ
⑦	RNA	リーディング鎖	ラギング鎖	DNA ヘリカーゼ
⑧	RNA	ラギング鎖	リーディング鎖	DNA ヘリカーゼ

問 6　遺伝子の突然変異（mutation）について述べた次の文①～④の中から，**誤っているもの**を一つ選びなさい。　**7**

① 塩基配列（base sequence）に変化があっても，コドン（codon）が指定するアミノ酸（amino acid）は変化しないことがある。

② 突然変異によってコドンが指定するアミノ酸が変化すると，合成されるタンパク質の立体構造（conformation）が変化することがある。

③ 一つの塩基が別の塩基に置き換わっても，その遺伝子からつくられるタンパク質のアミノ酸の数が変化することはない。

④ 一つの塩基が挿入（insertion）された場合，コドンの読み枠（reading frame）がずれることがある。

問7 次の図は，大腸菌（*Escherichia coli*）のラクターゼ（lactase）などの酵素（enzyme）の遺伝子群と，その発現調節に関わるDNA上の領域を模式的に示したものである。これについて述べた下の文中の空欄［A］～［C］にあてはまる語句の正しい組み合わせを，下の①～⑥の中から一つ選びなさい。ただし，図中の［A］～［C］は，文中の［A］～［C］と同じ語句を示している。 **8**

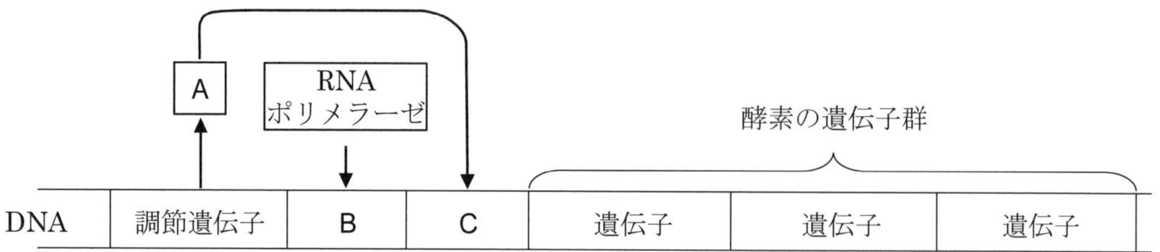

RNAポリメラーゼ（RNA polymerase），調節遺伝子（regulatory gene）

大腸菌がラクトース（lactose）を利用するためには，ラクトースの分解にはたらく複数の酵素をつくる必要がある。これらの酵素の遺伝子は隣り合って存在し，酵素の遺伝子群を構成している。

培地（medium）にグルコース（glucose）がありラクトースがないときは，調節遺伝子からつくられる［A］と呼ばれるタンパク質が［C］に結合するため，RNAポリメラーゼが［B］に結合できず，酵素の遺伝子群の転写（transcription）が阻害（inhibition）される。

しかし，培地にグルコースがなくラクトースがあるときは，ラクトースの代謝産物（metabolite）が［A］に結合し，立体構造（conformation）を変化させる。このため，［A］は［C］に結合できなくなり，転写がおこる。

	A	B	C
①	オペレーター（operator）	リプレッサー（repressor）	プロモーター（promoter）
②	オペレーター	プロモーター	リプレッサー
③	リプレッサー	オペレーター	プロモーター
④	リプレッサー	プロモーター	オペレーター
⑤	プロモーター	オペレーター	リプレッサー
⑥	プロモーター	リプレッサー	オペレーター

問 8　ある生物の 3 組の対立遺伝子 (allele) A (a), B (b), D (d) に関して，遺伝子型 (genotype) が *AABBDD* の個体と遺伝子型が *aabbdd* の個体を交配 (cross) して F_1 をつくり，この F_1 に *aabbdd* の個体を交配して多数の次世代を得た。この次世代の個体について，2 組の遺伝子の組み合わせごとに，表現型 (phenotype) の分離比 (segregation ratio) を示すと次のようになった。

F_1 の体細胞 (somatic cell) において，3 組の対立遺伝子は，染色体 (chromosome) 上にどのように配置されているか。正しいものを，下の①～⑤の中から一つ選びなさい。 **9**

遺伝子の組み合わせ	表現型の分離比
A (a) と B (b)	〔AB〕:〔Ab〕:〔aB〕:〔ab〕＝1：1：1：1
B (b) と D (d)	〔BD〕:〔Bd〕:〔bD〕:〔bd〕＝1：1：1：1
A (a) と D (d)	〔AD〕:〔Ad〕:〔aD〕:〔ad〕＝8：1：1：8

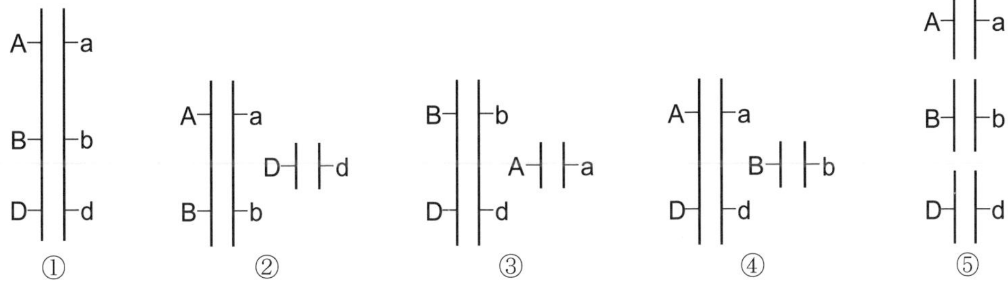

問 9　次の図は，ある被子植物（angiosperms）の成熟した花粉（pollen）の模式図である。図中のＡについて述べた文として正しいものを，下の①～⑥の中から一つ選びなさい。 **10**

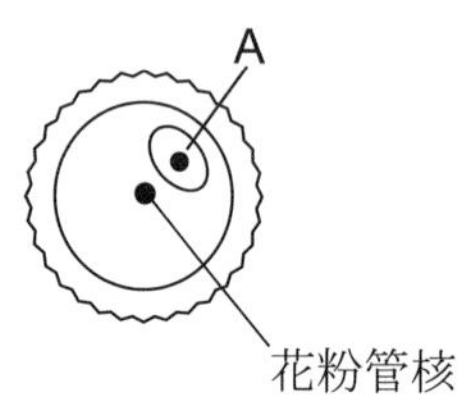

花粉管核（pollen tube nucleus）

① Ａは精細胞（sperm cell）で，減数分裂（meiosis）の第一分裂（meiosis Ⅰ）が終了した直後である。

② Ａは精細胞で，減数分裂の第二分裂（meiosis Ⅱ）が終了した直後である。

③ Ａは精細胞で，受粉（pollination）後に花粉管（pollen tube）の中で染色体（chromosome）数が同じ二つの細胞に分裂する。

④ Ａは雄原細胞（generative cell）で，減数分裂の第一分裂が終了した直後である。

⑤ Ａは雄原細胞で，減数分裂の第二分裂が終了した直後である。

⑥ Ａは雄原細胞で，受粉後に花粉管の中で染色体数が同じ二つの細胞に分裂する。

問 10 次の表は，ある健康な人の血しょう（blood plasma），原尿（primitive urine）および尿（urine）中に含まれるいくつかの成分の重量%濃度を示したものである。A～C にあてはまる数値として最も適当なものを，下の①～⑧の中から一つ選びなさい。 **11**

	血しょう	原尿	尿
タンパク質	8	A	0
グルコース (glucose)	0.1	B	0
尿素 (urea)	0.03	C	2
ナトリウムイオン (Na^{+})	0.3	0.3	0.35

	A	B	C
①	0	0	0.03
②	0	0	2
③	0	0.1	0.03
④	0	0.1	2
⑤	8	0	0.03
⑥	8	0	2
⑦	8	0.1	0.03
⑧	8	0.1	2

問 11 次の文は，ヒトの自律神経系（autonomic nervous system）とホルモン（hormone）について述べたものである。文中の空欄［ a ］～［ c ］にあてはまる語句の正しい組み合わせを，下の①～⑧の中から一つ選びなさい。 **12**

ヒトが寒冷刺激を受けると，この刺激は脳に伝達され，交感神経（sympathetic nerve）を介して副腎髄質（ふくじん）（adrenal medulla）からの［ a ］の分泌（secretion）が促進される。その結果，血糖濃度（blood glucose level）が［ b ］し，体全体の代謝（metabolism）が盛んになる。同時に交感神経は，皮膚（ひふ）の血管（blood vessel）を［ c ］させ，放熱を抑制する。

	a	b	c
①	アドレナリン (adrenaline)	上昇	拡張
②	アドレナリン	上昇	収縮
③	アドレナリン	低下	拡張
④	アドレナリン	低下	収縮
⑤	インスリン (insulin)	上昇	拡張
⑥	インスリン	上昇	収縮
⑦	インスリン	低下	拡張
⑧	インスリン	低下	収縮

問 12 次の文 a～f は，体液性免疫（humoral immunity）でおこる現象を述べたものである。これらの現象のおこる順序として正しいものを，下の①～⑥の中から一つ選びなさい。ただし，f が最後の現象である。 **13**

a　抗原提示（antigen presentation）によってヘルパーT 細胞（helper T cell）が活性化（activation）する。

b　抗体産生細胞〔antibody-forming cell，形質細胞（plasma cell）〕が抗体（antibody）を産生する。

c　B 細胞が増殖し分化（differentiation）する。

d　樹状細胞（dendritic cell）が異物を食作用（phagocytosis）によって細胞内に取り込む。

e　ヘルパーT 細胞によって B 細胞が活性化する。

f　抗原（antigen）と抗体が結合する。

① a → d → e → c → b → f

② a → b → d → e → c → f

③ a → e → d → c → b → f

④ d → a → e → c → b → f

⑤ d → a → c → e → b → f

⑥ d → e → a → c → b → f

問 13 次の文は，アメフラシ（sea hare）のえら（gill）を引っ込める反射（reflex）について述べたものである。文中の空欄 a ～ c にあてはまる語句の正しい組み合わせを，下の①～⑥の中から一つ選びなさい。 **14**

軟体動物（mollusk）の一種であるアメフラシには，次の図のように，背側に呼吸器（respiratory organ）のえらと，海水を出し入れしている水管（siphon）がある。アメフラシの水管に物理的刺激を与えると，えらを体の内部に引っ込める動作がみられる。この水管に同じ刺激を繰り返し与え続けると，徐々にえらを引っ込める程度が小さくなり，やがてえらを引っ込めなくなる。これは感覚ニューロン（sensory neuron）の末端部で，シナプス小胞（synaptic vesicle）の数や神経伝達物質（neurotransmitter）の放出量が a したり，カルシウムチャネル（calcium channel）が b したりするためである。このような行動の変化を c と呼ぶ。

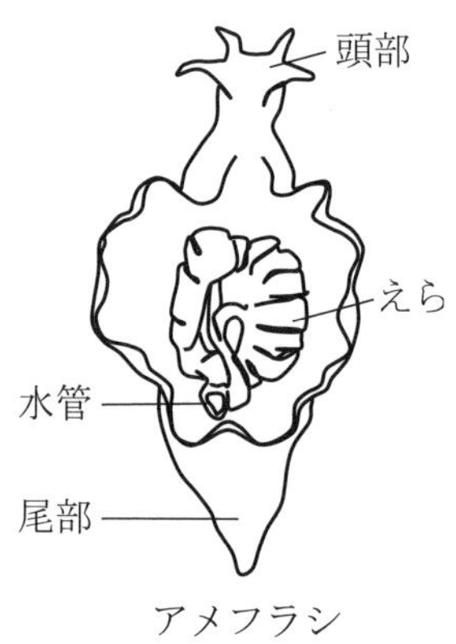

アメフラシ

	a	b	c
①	増加	活性化 (activation)	脱慣れ (dishabituation)
②	増加	不活性化 (inactivation)	脱慣れ
③	増加	不活性化	慣れ (habituation)
④	減少	活性化	慣れ
⑤	減少	不活性化	脱慣れ
⑥	減少	不活性化	慣れ

問 14 次の図は，短日植物（short-day plant）のオナモミ（common cocklebur）を用いて，花芽形成（flower bud formation）するかどうかを調べた実験 X～Z を模式的に示したものである。全体を長日条件（long-day condition）にして，四角で囲んだ部分を短日処理して生育させた。

図の枝 A～F の中で，花芽（flower bud）が形成される枝はどれか。正しいものの組み合わせを，下の①～⑤の中から一つ選びなさい。 **15**

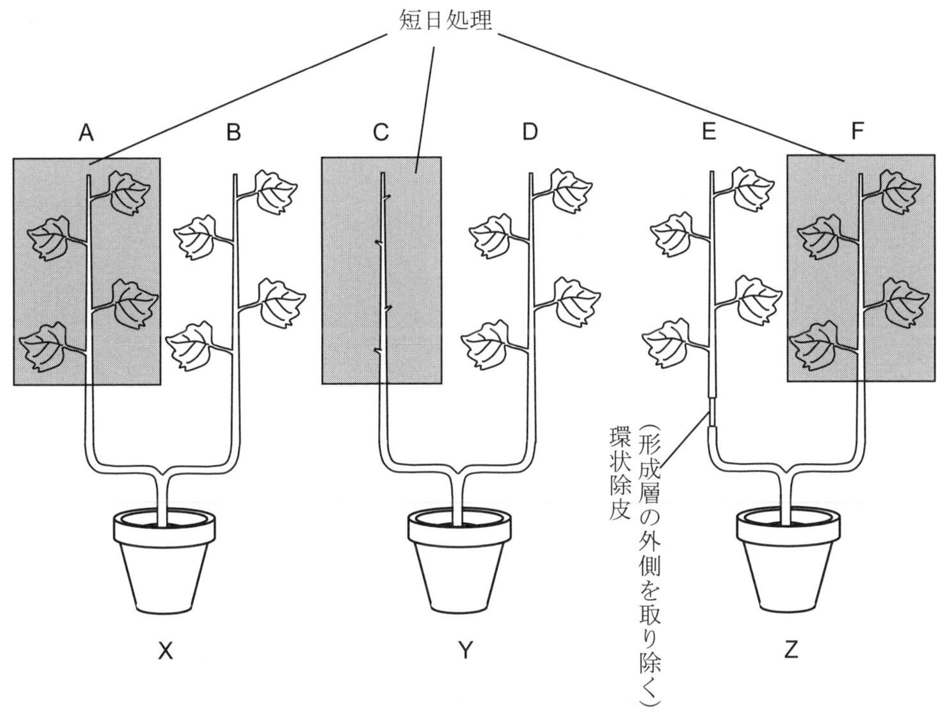

形成層（cambium），環状除皮（girdling）

X　片方の枝に短日処理をおこなった。

Y　片方の枝の葉をすべて取り除き，短日処理をおこなった。

Z　片方の枝のつけ根に茎の形成層の外側を取り除く環状除皮をおこない，もう片方の枝に短日処理をおこなった。

① A, B, C　② A, B, C, F　③ A, B, E, F　④ A, B, F
⑤ B, D, F

問 15 次の文 a～d は，光発芽種子（photoblastic seed）の発芽（germination）について述べたものである。正しいものを二つ選んだ組み合わせを，下の①～⑥の中から一つ選びなさい。

16

a　発芽には，フィトクロム（phytochrome）という光受容体（photoreceptor）が関わっている。

b　発芽を促進するのは，ジベレリン（gibberellin）である。

c　発芽を促進するのは，遠赤色光（far-red light）である。

d　発芽を抑制するのは，赤色光（red light）である。

①　a，b　　②　a，c　　③　a，d　　④　b，c　　⑤　b，d　　⑥　c，d

問 16 次の図は，世界各地の陸上バイオーム（terrestrial biome）における年平均降水量（mean annual precipitation）と年平均気温（mean annual temperature）との関係を示したものである。

図中の A～E のうち，夏緑樹林（summer green forest），照葉樹林（evergreen forest），雨緑樹林（rain green forest）のバイオームはそれぞれどれか。正しい組み合わせを，下の①～⑤の中から一つ選びなさい。 **17**

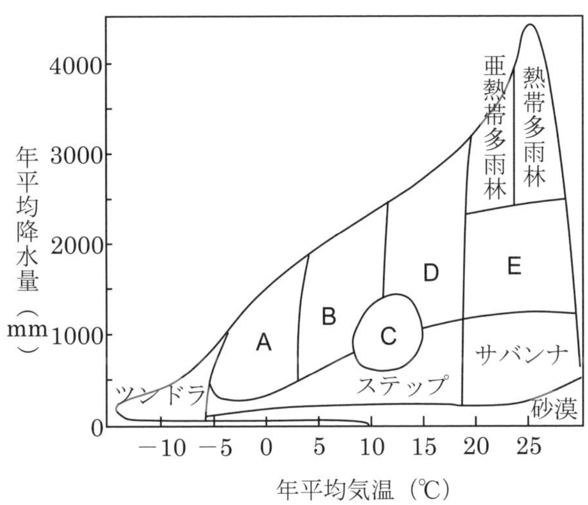

亜熱帯多雨林（subtropical rain forest），熱帯多雨林（tropical rain forest），ツンドラ（tundra），ステップ（steppe），サバンナ（savanna），砂漠（desert）

	夏緑樹林	照葉樹林	雨緑樹林
①	A	B	C
②	A	D	E
③	B	C	A
④	B	C	D
⑤	B	D	E

問 17 次の文は，3 ドメイン（domain）説について述べたものである。文中の空欄 [a] ～ [c] にあてはまる語句の正しい組み合わせを，下の①～④の中から一つ選びなさい。 **18**

すべての生物が共通してもつ [a] の塩基配列（base sequence）をもとにした分子系統樹（molecular phylogenetic tree）では，[b] が細菌（バクテリア，Bacteria）と古細菌（アーキア，Archaea）の二つのドメインに分かれ，さらに [c] がもう一つのドメインを形成している。これらを 3 ドメインと呼ぶ。

	a	b	c
①	rRNA	原核生物 (prokaryote)	真核生物 (eukaryote)
②	rRNA	真核生物	原核生物
③	ヘモグロビン (hemoglobin)	原核生物	真核生物
④	ヘモグロビン	真核生物	原核生物

生物の問題はこれで終わりです。解答欄の **19** ～ **75** はマークしないでください。
解答用紙の科目欄に「生物」が正しくマークしてあるか，もう一度確かめてください。

この問題冊子を持ち帰ることはできません。

2023年度　日本留学試験

総合科目

（８０分）

Ⅰ　試験全体に関する注意

1．係員の許可なしに，部屋の外に出ることはできません。

2．この問題冊子を持ち帰ることはできません。

Ⅱ　問題冊子に関する注意

1．試験開始の合図があるまで，この問題冊子の中を見ないでください。

2．試験開始の合図があったら，下の欄に，受験番号と名前を，受験票と同じように記入してください。

3．この問題冊子は，25ページあります。

4．足りないページがあったら，手をあげて知らせてください。

5．問題冊子には，メモや計算などを書いてもいいです。

Ⅲ　解答用紙に関する注意

1．解答は，解答用紙に鉛筆（ＨＢ）で記入してください。

2．各問題には，その解答を記入する行の番号 **1**，**2**，**3**，…がついています。解答は，解答用紙（マークシート）の対応する解答欄にマークしてください。

3．解答用紙に書いてある注意事項も必ず読んでください。

※　試験開始の合図があったら，必ず受験番号と名前を記入してください。

受験番号			*				*						
名　前													

問1　次の先生（あきら）と学生（きょうこ）との会話を読み，下の問い(1)～(4)に答えなさい。

きょうこ：イギリス（UK）のエリザベス女王（Queen Elizabeth）が亡くなり，ロンドン（London）にある 1ウェストミンスター寺院（Westminster Abbey）で厳（おごそ）かに国葬がおこなわれました。

あきら先生： 2数多くの参列者の姿がありましたね。また多くの国民が悲しんでいたのも印象的でした。

きょうこ：父親であるジョージ6世（George VI）が急に亡くなり，エリザベス2世として1952年に即位して以来，70年間も君主の座にあったのですね。

あきら先生：そうです。エリザベス女王が即位したのは 3冷戦の対立が激しい時代でしたが，その終結，さらには冷戦後の世界を見守ってきたと言えます。また，この間に 4イギリスは外交上のみならず経済的にもその軸足を旧植民地諸国からヨーロッパ（Europe）諸国へと移しました。このことは世界の貿易構造にも少なからず影響を与えました。王室のスキャンダルなどもありましたが，それでもエリザベス女王は，国家元首として国民に敬愛され続けてきました。偉大な女王を失ったイギリスの今後に注目しましょう。

(1)　下線部1に関して，ロンドンのウェストミンスター地区は古くからイギリスの政治の中心であり，イギリス型の議院内閣制をウェストミンスター・モデルと言うことがある。ウェストミンスター・モデルに関する記述として最も適当なものを，次の①～④の中から一つ選びなさい。　**1**

①　首相は，議会に議席を持たない者の中から議会によって選出される。

②　通常は議会で過半数の議席を有する政党の党首が内閣を組織する。

③　議会は内閣不信任決議権を有さず，内閣も議会の解散権を有さない。

④　議会は二院から構成され，一般に首相は各議院から交互に選出される。

⑵　下線部2に関して，この中には，イギリスとその旧植民地や海外領土の大部分を中心に構成されるコモンウェルス・オブ・ネーションズ（Commonwealth of Nations）の加盟国からの参列者もあった。コモンウェルス・オブ・ネーションズの加盟国として最も適当なものを，次の地図中の①～④の中から一つ選びなさい。　**2**

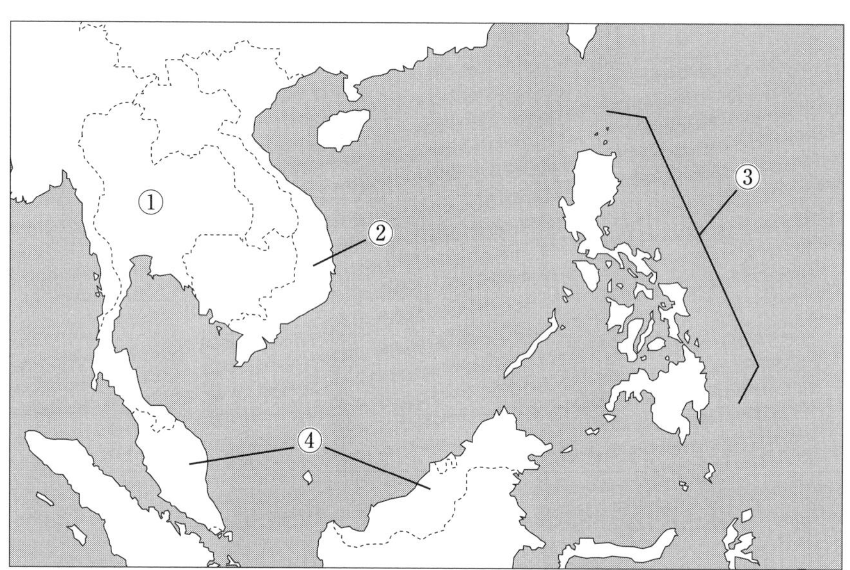

(3) 下線部**3**に関して，エリザベス２世の在位中に起こった，冷戦に関する次の出来事A～Cを年代順に並べたものとして正しいものを，下の①～④の中から一つ選びなさい。 **3**

A：イギリス，アメリカ（USA），ソ連（USSR）の３か国間で，部分的核実験禁止条約（PTBT）が調印された。

B：イギリス，アメリカ，フランス（France），ソ連の４か国の協定調印を受けて，東西ドイツ（Germany）が国際連合（UN）に同時加盟した。

C：イギリスはアメリカ，フランスやアジア太平洋（Asia-Pacific）諸国とともに東南アジア条約機構（SEATO）を結成した。

① B → A → C
② B → C → A
③ C → A → B
④ C → B → A

(4) 下線部４に関して，次の表は，1952年と2020年におけるイギリスの輸出額および輸入額の上位４か国を示したものである。表中のＸとＹに当てはまる国名の組み合わせとして正しいものを，下の①～④の中から一つ選びなさい。 **4**

	輸出（1952年）	輸入（1952年）
1位	X	カナダ
2位	アメリカ	アメリカ
3位	南アフリカ	X
4位	カナダ	ニュージーランド

『国際連合貿易統計年鑑』より作成

	輸出（2020年）	輸入（2020年）
1位	アメリカ	中国
2位	Y	Y
3位	アイルランド	アメリカ
4位	オランダ	オランダ

『世界国勢図会　2022/23』より作成

① Ｘ：フランス　Ｙ：日本

② Ｘ：フランス　Ｙ：ドイツ

③ Ｘ：オーストラリア　Ｙ：日本

④ Ｘ：オーストラリア　Ｙ：ドイツ

注）南アフリカ（South Africa），カナダ（Canada），ニュージーランド（New Zealand），
アイルランド（Ireland），オランダ（Netherlands），中国（China），オーストラリア（Australia）

問2　次の文章を読み，下の問い(1)～(4)に答えなさい。

トルコ共和国（Republic of Türkiye）は，1923年にムスタファ・ケマル（Mustafa Kemal）を初代大統領として建国された。その首都は [1]アンカラ（Ankara）に置かれている。ムスタファ・ケマルは，政教分離をはじめとする改革を進め，近代国家の建設に取り組んだ。

第二次世界大戦後のトルコは，西側陣営に属した。1947年にアメリカ大統領が「トルコの国家的一体性は，[2]中東（Middle East）の秩序維持に不可欠だ」と述べたように，冷戦期においてトルコは地政学上重要な位置にあった。1948年に設立されたOEEC（欧州経済協力機構），これが改組された [3]OECD（経済協力開発機構）の原加盟国である。また，1952年には [4]NATO（北大西洋条約機構）に加盟した。一方，統合が進むヨーロッパとの関係では1987年にEC（欧州共同体）に加盟申請し，2005年からEU（欧州連合）と交渉を続けているが，加盟には至っていない。

注）トルコ共和国は，2022年に英語での正式名称がRepublic of TurkeyからRepublic of Türkiyeに変更された。

(1)　下線部**1**に関して，アンカラの位置として正しいものを，次の地図中の①～④の中から一つ選びなさい。　**5**

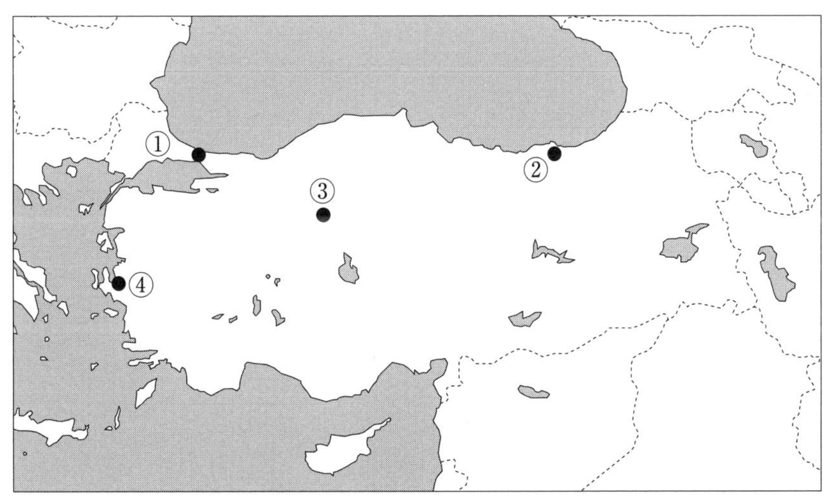

(2) 下線部２に関して，中東地域に関する記述として最も適当なものを，次の①～④の中から一つ選びなさい。 **6**

① イスラエル（Israel）建国に周辺のアラブ（Arab）諸国が反発し，第一次中東戦争（1948 Arab-Israeli War）が始まった。

② シリア（Syria）は，アラブ諸国で最初にイスラエルと平和条約を締結した。

③ イラン革命（Iranian Revolution）は，ソ連の支援を受けた共産主義革命であった。

④ アフガニスタン（Afghanistan）では1970年代末にクーデターが起き，クルド人（Kurds）が実権を握った。

(3) 下線部**3**に関して，次のグラフは，1990年から2021年までの日本，トルコ，オーストラリア，ギリシャ（Greece）の一人当たり実質GDP（国内総生産）の成長率の推移を示したものである。トルコに当てはまるものを，下の①～④の中から一つ選びなさい。 **7**

世界銀行ウェブサイトより作成

① A

② B

③ C

④ D

(4) 下線部4に関して，NATOに関する記述として最も適当なものを，次の①〜④の中から一つ選びなさい。 8

① NATO軍はこれまで軍事介入をおこなったことはない。

② アメリカと対立した西ドイツは，NATOの軍事機構から一時的に脱退していた。

③ NATOを形作る条約は，締約国に対する武力攻撃を全締約国に対する攻撃とみなすと規定している。

④ 冷戦終結後，ワルシャワ条約機構（Warsaw Treaty Organization）の解散にともない，NATOから脱退する国が相次いだ。

問3 資本主義経済の発展に対応して，さまざまな経済学説が生み出されてきた。それぞれの経済学者の主張に関する記述として最も適当なものを，次の①～④の中から一つ選びなさい。 **9**

① リスト（Friedrich List）は，国内産業を保護するための輸入制限を批判し，自由貿易を主張した。

② マルクス（Karl Marx）は，資本主義の発展の末，重商主義的な植民地支配が生み出されたと考えた。

③ シュンペーター（Joseph Schumpeter）は，企業家によるイノベーションが経済発展の原動力であると考えた。

④ ケインズ（John Maynard Keynes）は，政府による市場介入を批判し，政府は国防と治安維持に専念すべきだと主張した。

問 4　次の図は，石油の国際市場における需要曲線Dと供給曲線Sを示したものである。1970年代初頭の石油危機（Oil Crisis）の際に発生した現象の説明として最も適当なものを，下の①～④の中から一つ選びなさい。 **10**

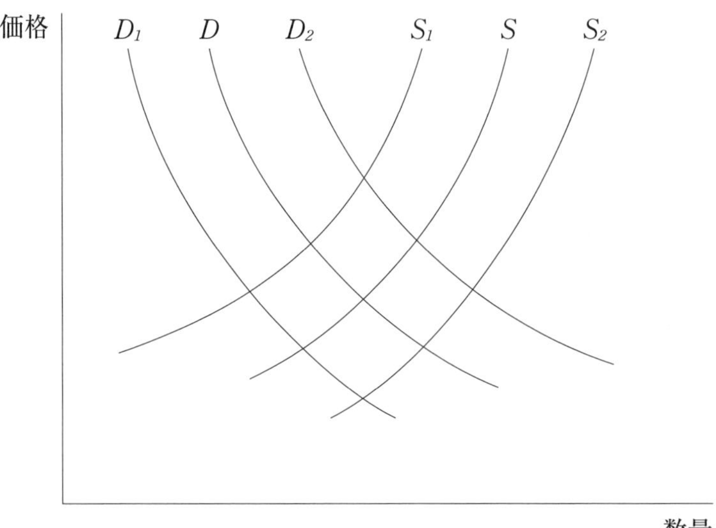

① 石油の需要が急増して，需要曲線がDからD_1へ左方シフトした。

② 石油の需要が急増して，需要曲線がDからD_2へ右方シフトした。

③ 産油国が生産量を減らして，供給曲線がSからS_1へ左方シフトした。

④ 産油国が生産量を減らして，供給曲線がSからS_2へ右方シフトした。

問5　ある自動車販売会社が１年間に以下のような事業をおこなったとする。すなわち，海外から中古車を総額800万円で輸入するとともに，総額200万円分の自動車部品を仕入れた。整備士２人に一人当たり300万円の給与を支払い，これらをもって整備した当該の中古車を総額2,400万円で販売したとする。この事業によって生産された付加価値，つまりGDPに計上されるべき額はいくらになるか。正しいものを，次の①～④の中から一つ選びなさい。 **11**

① 800万円
② 1,400万円
③ 1,600万円
④ 2,400万円

問6　日本の株式会社に関する記述として最も適当なものを，次の①～④の中から一つ選びなさい。 **12**

① 株式会社を設立するには，１億円以上の資本金が必要とされる。
② 株主総会での議決権は，株主一人につき一票付与される。
③ 代表取締役には，最も多くの株式を保有する株主が就任する。
④ 株式会社が倒産した場合，株主は自身の出資額の範囲内で責任を負う。

問7　国際的な銀行システムを強化するとともに，国際業務に携わる銀行間の不平等を軽減するため，国際的に活動する銀行に対する統一基準の適用が合意されており，これをバーゼル合意（Basel Accords）と呼ぶ。1993年3月末に，日本の銀行にも本格的に適用された。この基準が定めているものとして最も適当なものを，次の①～④の中から一つ選びなさい。　**13**

① 貸出額の上限

② 預金金利の上限

③ 預金準備率の下限

④ 自己資本比率の下限

問8　日本の国債に関する記述として最も適当なものを，次の①～④の中から一つ選びなさい。　**14**

① 国債を日本銀行が直接引き受けることは，原則として法律で禁止されている。

② 国債の発行残高は，法律で上限が定められている。

③ 国債の購入者は法律上，日本国内でのみ活動する個人と法人に限られている。

④ 公共事業の財源に充てるために国債を発行することは，法律で禁止されている。

問 9　日本の租税に関する記述として最も適当なものを，次の①～④の中から一つ選びなさい。 **15**

① 個人所得税は，景気変動に対する自動安定化効果が大きい。

② 法人税は，民間投資を促進する効果が大きい。

③ 関税は，税率が高いほど貿易促進効果が大きい。

④ 消費税は，高所得層から低所得層への所得再分配効果が大きい。

問10　日本の公的医療保険制度の原則に関する記述として最も適当なものを，次の①～④の中から一つ選びなさい。 **16**

① 加入は義務であり，加入者は診療を受ける際，医療費負担がない。

② 加入は義務であり，加入者は診療を受ける際，医療費の一部を負担する。

③ 加入は任意であり，加入者は診療を受ける際，医療費負担がない。

④ 加入は任意であり，加入者は診療を受ける際，医療費の一部を負担する。

問11 国際金融システムの歴史に関する記述として最も適当なものを，次の①～④の中から一つ選びなさい。 **17**

① 1960年代に，アメリカの貿易黒字が拡大し，アメリカに大量の金が流入した。

② 1970年代に，イギリスや日本などの主要国は，変動為替相場制に移行した。

③ 1980年代に，プラザ合意（Plaza Accord）でドル安の是正が図られた。

④ 1990年代に，アジア通貨危機（Asian currency crises）への対応としてIMF（国際通貨基金）が設立された。

問12 国際収支表の中で第一次所得収支が恒常的に黒字である国に関する記述として最も適当なものを，次の①～④の中から一つ選びなさい。 **18**

① 海外に支払う利子や配当よりも，海外から受け取る利子や配当の方が大きい。

② 海外で働く自国民の給与よりも，国内で働く外国人の給与の方が大きい。

③ 海外に住む自国民への仕送り額よりも，国内に住む外国人への仕送り額の方が大きい。

④ 国内企業による海外企業の買収額よりも，海外企業による国内企業の買収額の方が大きい。

問13　2015年に開催された気候変動枠組条約第21回締約国会議で採択されたパリ協定 (Paris Agreement) に関する記述として最も適当なものを，次の①～④の中から一つ選びなさい。　**19**

① 発効に必要な条件を満たしていないため，未発効となっている。

② 将来的な石炭の使用禁止を規定している。

③ 京都議定書で認められた国家間の排出量取引を禁止している。

④ 途上国を含むすべての参加国に温室効果ガスの削減努力を求めている。

問14　次の図は，日本のある地域の地形図である。この地形図に**見られない**土地利用を，下の①～④の中から一つ選びなさい。　**20**

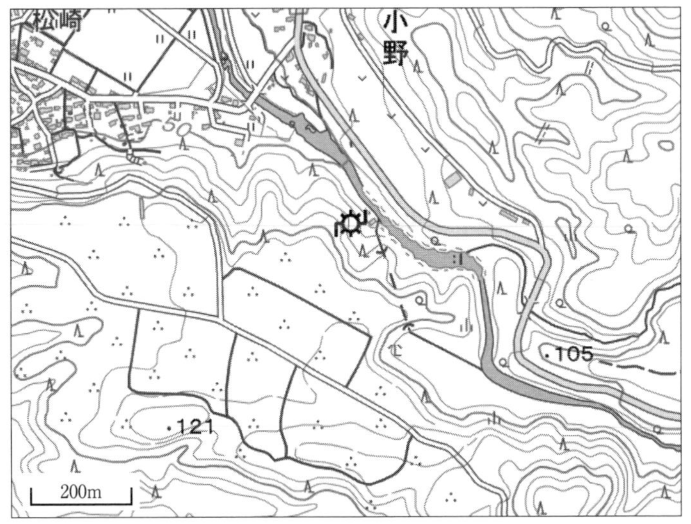

地理院地図より作成

① 田

② 茶畑

③ 果樹園

④ 針葉樹林

問15 大気大循環に関する次の文章を読み，文章中の空欄 a ， b に当てはまる語の組み合わせとして最も適当なものを，下の①～④の中から一つ選びなさい。 **21**

赤道付近であたためられた大気は上昇し，高緯度方向に向かい，中緯度で亜熱帯高圧帯を形成する。その地表は a となる。その後，低緯度方向に向かう大気の流れは b と呼ばれる。

	a	b
①	少雨	偏西風
②	少雨	貿易風
③	多湿	偏西風
④	多湿	貿易風

問16 次の文を読み，文中の空欄 a に当てはまる語として最も適当なものを，下の①～④の中から一つ選びなさい。 **22**

a は，アルゼンチン（Argentina）のブエノスアイレス（Buenos Aires）を中心に広がる草原で，農牧業が盛んな地域である。

① パンパ（Pampas）

② セルバ（Selvas）

③ リャノ（Llanos）

④ カンポ（Campos）

問17 次の表は，2019年における日本，イギリス，フランス，ドイツの農産物自給率を示したものである。日本に当てはまるものを，下の①～④の中から一つ選びなさい。なお，自給率は重量ベースに基づき算出されている。 **23**

単位：%

国名	穀類	いも類	豆類	肉類
A	187	138	118	102
B	101	124	78	120
C	98	89	103	75
D	33	85	43	61

『世界国勢図会　2022/23』より作成

① A

② B

③ C

④ D

問18 次のグラフは1960年を１とした場合のアジア，アフリカ（Africa），ヨーロッパ，北アメリカ（North America），ラテンアメリカ（Latin America），オセアニア（Oceania）の人口の推移を10年ごとに示したものである。この中で，アジアと北アメリカの組み合わせとして正しいものを，下の①～④の中から一つ選びなさい。 **24**

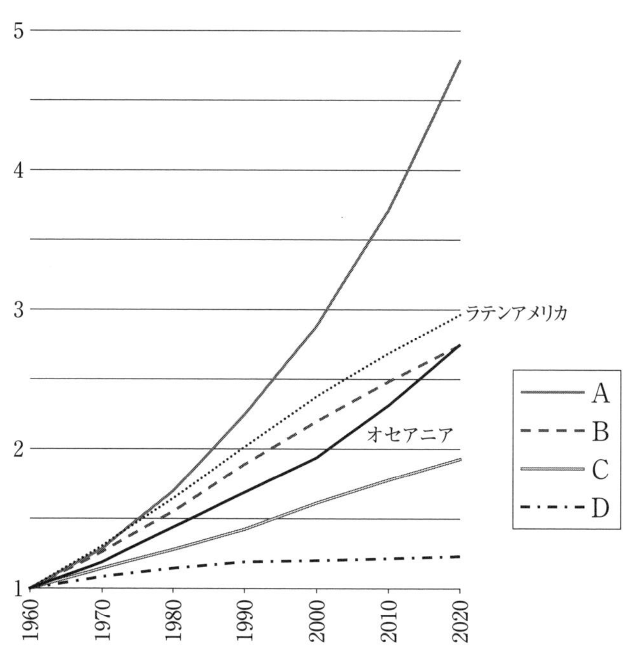

『世界国勢図会　2022/23』より作成

	アジア	北アメリカ
①	A	C
②	A	D
③	B	C
④	B	D

問19 「王は何人(なんぴと)の下にも立つことはない。しかし，神と法の下には立たなければならない」という言葉は13世紀に生まれた。17世紀，イギリス国王ジェームズ1世（James I）に対してある法律家がこの言葉を引いて忠告を与えたと言われ，その後，この言葉は「法の支配」を示す格言とみなされるようになった。この法律家の名前を，次の①～④の中から一つ選びなさい。 **25**

① エドワード・コーク（Edward Coke）

② ジョン・ロック（John Locke）

③ トマス・ホッブズ（Thomas Hobbes）

④ シャルル・ド・モンテスキュー（Charles-Louis de Montesquieu）

問20 次の日本国憲法第41条の条文の空欄 a に当てはまる語として正しいものを，下の①～④の中から一つ選びなさい。 **26**

「国会は，国権の最高機関であつて， a 。」

① 国務大臣を任命する

② 国の唯一の立法機関である

③ 日本国民統合の象徴である

④ 最高裁判所の長たる裁判官を任命する

問21 日本国憲法では司法権の独立を確保するため，裁判官の身分保障が規定されている。裁判官が罷免される場合として最も適当なものを，次の①～④の中から一つ選びなさい。 **27**

① 有権者の３分の１以上の罷免を求める署名が集まった場合

② 行政機関により，懲戒処分を受けた場合

③ 弾劾裁判により，罷免の判決を受けた場合

④ 最高裁判所大法廷において，裁判官の資質に欠けると判断された場合

問22 現代日本における刑事裁判に関する記述として最も適当なものを，次の①～④の中から一つ選びなさい。 **28**

① 過去に適法であった行為を，事後に制定した法律で処罰できない。

② 被告人は，例外なく公開の裁判を受ける権利を有する。

③ 自白以外に証拠がない場合でも，被告人は有罪となることがある。

④ 有罪の判決が確定した後に新しい事実が判明しても，裁判のやり直しはできない。

問23 法の中で，国家の仕組みや国家と私人との関係などについて定める法律を公法という。日本において公法に分類される法律として最も適当なものを，次の①～④の中から一つ選びなさい。 **29**

① 民法

② 商法

③ 内閣法

④ 会社法

問24 現代日本の労働事情に関する記述として最も適当なものを，次の①～④の中から一つ選びなさい。 **30**

① 外国人の就労に関する規制が撤廃され，外国人も制限なく労働できる。

② 年少者を保護するため，18歳未満の労働は禁止されている。

③ 公務員は団体行動権を行使することが完全に認められている。

④ 労働者の合意があっても，法律の基準を満たさない労働契約は無効である。

問25 次の文章を読み，文章中の空欄 [a]，[b] に当てはまる語の組み合わせとして正しいものを，下の①～④の中から一つ選びなさい。 **31**

国際連合憲章の原案は，1944年に，[a] で開催された会議で討議された。会議は2回に分けておこなわれ，1回目にはアメリカ，イギリス，ソ連，2回目にはアメリカ，イギリス，中華民国（Republic of China）の代表が参加した。その後1945年6月に [b] で開催された会議で国際連合憲章が署名され，10月に国際連合が発足した。

	a	b
①	カイロ	ヤルタ
②	サンフランシスコ	カイロ
③	ダンバートン・オークス	サンフランシスコ
④	ヤルタ	ダンバートン・オークス

注）カイロ（Cairo），ヤルタ（Yalta），サンフランシスコ（San Francisco），ダンバートン・オークス（Dumbarton Oaks）

問26　国連総会に関する記述として最も適当なものを，次の①～④の中から一つ選びなさい。　**32**

① 国際の平和と安全のため，軍事的強制措置を決定する。

② 加盟国はそれぞれ一票の投票権を有する。

③ 国家間の紛争に，国際法に基づき司法的判断を下す。

④ 加盟国の除名などの重要問題の決定には，全会一致が必要とされる。

問27　第二次世界大戦後，アメリカは，ヨーロッパの戦後復興と経済的自立を支援するための政策を実施した。この一連の政策は一般に何と呼ばれるか。最も適当なものを，次の①～④の中から一つ選びなさい。　**33**

① シューマン・プラン（Schuman Plan）

② マーシャル・プラン（Marshall Plan）

③ トルーマン・ドクトリン（Truman Doctrine）

④ ブレジネフ・ドクトリン（Brezhnev Doctrine）

問28 次の文章を読み，文章中の空欄 a ， b に当てはまる語の組み合わせとして最も適当なものを，下の①～④の中から一つ選びなさい。 **34**

産業革命は18世紀後半にイギリスで始まった。ワット（James Watt）が蒸気機関を改良したことで，安定した動力を得られるようになった。蒸気機関を動力として利用することが， a の発展に寄与した。また，蒸気機関の燃料として利用される b の需要が高まった。

	a	b
①	綿工業	石油
②	綿工業	石炭
③	化学工業	石油
④	化学工業	石炭

問29 アメリカ独立戦争（American War of Independence）時の次の出来事Ａ～Ｄを年代順に並べたものとして正しいものを，下の①～④の中から一つ選びなさい。 **35**

Ａ：独立宣言の採択

Ｂ：武装中立同盟の結成

Ｃ：ヨークタウンの戦い（Battle of Yorktown）

Ｄ：レキシントンの戦い（Battle of Lexington）

① Ａ → Ｂ → Ｄ → Ｃ

② Ｂ → Ｃ → Ｄ → Ａ

③ Ｃ → Ｂ → Ａ → Ｄ

④ Ｄ → Ａ → Ｂ → Ｃ

問30　1854年に締結された日米和親条約（Japan-US Treaty of Peace and Amity）に関する記述として最も適当なものを，次の①～④の中から一つ選びなさい。　**36**

①　オランダ国王の勧告に従い，幕府は条約を締結した。

②　横浜に新たに港を築くことを定めた。

③　関税率は相互に協議して定めることとした。

④　ペリー（Matthew C. Perry）が艦隊を率いて来航し，条約の締結を迫った。

問31　1884年から1885年にかけてベルリン（Berlin）で国際会議が開催された。この会議に関する記述として最も適当なものを，次の①～④の中から一つ選びなさい。　**37**

①　神聖ローマ帝国（Holy Roman Empire）を復活させ，その領土を確定した。

②　アフリカを植民地にする際の原則が定められた。

③　ヨーロッパ列強が共産主義の広がりへの対応を協議した。

④　東南アジアにおけるイギリスとフランスの対立を解消するため開催された。

問32 サンフランシスコ平和条約（Treaty of Peace with Japan Signed at San Francisco）は1951年に署名され，1952年に発効した。日本はこの条約に署名した国との間で戦争状態を終結させ，主権を回復した。この条約に**署名しなかった**国を，次の①～④の中から一つ選びなさい。 **38**

① ソ連

② イギリス

③ オランダ

④ フランス

総合科目の問題はこれで終わりです。解答欄の **39** ～ **60** はマークしないでください。

この問題冊子を持ち帰ることはできません。

2023年度　日本留学試験

数　学（８０分）

【コース１(基本, Basic)・コース２(上級, Advanced)】

※　どちらかのコースを一つだけ選んで解答してください。

Ⅰ　試験全体に関する注意

1．係員の許可なしに，部屋の外に出ることはできません。

2．この問題冊子を持ち帰ることはできません。

Ⅱ　問題冊子に関する注意

1．試験開始の合図があるまで，この問題冊子の中を見ないでください。

2．試験開始の合図があったら，下の欄に，受験番号と名前を，受験票と同じように記入してください。

3．コース１は１～13ページ，コース２は15～27ページにあります。

4．足りないページがあったら，手をあげて知らせてください。

5．メモや計算などを書く場合は，問題冊子に書いてください。

Ⅲ　解答方法に関する注意

1．解答は，解答用紙に鉛筆（ＨＢ）で記入してください。

2．問題文中の**A**，**B**，**C**，…には，それぞれ－（マイナスの符号），または，０から９までの数が一つずつ入ります。適するものを選び，解答用紙（マークシート）の対応する解答欄にマークしてください。

3．同一の問題文中に［A］，［BC］などが繰り返し現れる場合，２度目以降は，［A］，［BC］のように表しています。

解答に関する記入上の注意

(1)　根号（$\sqrt{\ }$）の中に現れる自然数が最小となる形で答えてください。
（例：$\sqrt{32}$ のときは，$2\sqrt{8}$ ではなく $4\sqrt{2}$ と答えます。）

(2)　分数を答えるときは，符号は分子につけ，既約分数(reduced fraction)にして答えてください。
（例：$\frac{2}{6}$ は $\frac{1}{3}$，$-\frac{2}{\sqrt{6}}$ は $\frac{-2\sqrt{6}}{6}$ と分母を有理化してから約分し，$\frac{-\sqrt{6}}{3}$ と答えます。）

(3)　$\dfrac{\boxed{A}\sqrt{\boxed{B}}}{\boxed{C}}$ に $\dfrac{-\sqrt{3}}{4}$ と答える場合は，下のようにマークしてください。

(4)　$\boxed{DE}\,x$ に $-x$ と答える場合は，**D**を－，**E**を１とし，下のようにマークしてください。

【解答用紙】

A	●	⓪	①	②	③	④	⑤	⑥	⑦	⑧	⑨
B	⊖	⓪	①	②	●	④	⑤	⑥	⑦	⑧	⑨
C	⊖	⓪	①	②	③	●	⑤	⑥	⑦	⑧	⑨
D	●	⓪	①	②	③	④	⑤	⑥	⑦	⑧	⑨
E	⊖	⓪	●	②	③	④	⑤	⑥	⑦	⑧	⑨

4．解答用紙に書いてある注意事項も必ず読んでください。

※　試験開始の合図があったら，必ず受験番号と名前を記入してください。

受験番号			*				*						
名　　前													

数学 コース 1
（基本コース）

（コース2は 15 ページからです）

「解答コース」記入方法

解答コースには「コース1」と「コース2」がありますので，どちらかのコースを一つだけ選んで解答してください。「コース1」を解答する場合は，右のように，解答用紙の「解答コース」の「コース1」を ○ で囲み，その下のマーク欄をマークしてください。

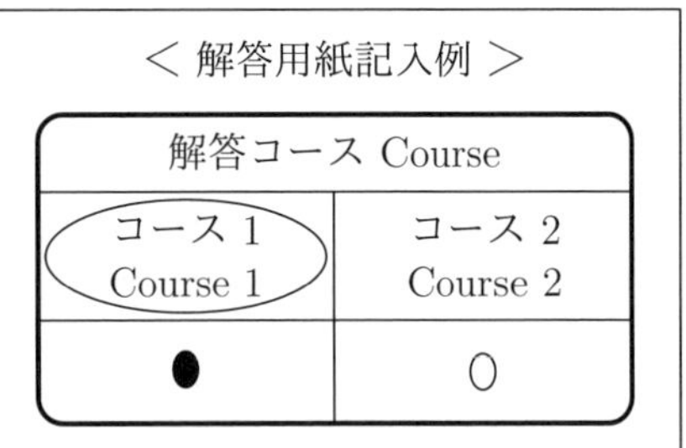

< 解答用紙記入例 >
解答コース Course
コース 1
Course 1
コース 2
Course 2

選択したコースを正しくマークしないと，採点されません。

I

問 1　2 つの 2 次関数

$$f(x) = \frac{1}{3}x^2 + ax - b, \qquad g(x) = -x^2 + cx + b$$

が，次の 2 つの条件 (A), (B) を満たすような a, b, c を求めよう。

(A)　グラフ $y = f(x)$ とグラフ $y = g(x)$ は 2 つの直線 $x = -1$, $x = 3$ 上で交わっている。

(B)　$g(x)$ の最大値と $f(x)$ の最小値の差は $\dfrac{16}{3}$ である。

条件 (A) より 2 つの 2 次関数のグラフは直線 $x = -1$ 上で交わっているから

$$3a + \boxed{\mathsf{A}}\,b - \boxed{\mathsf{B}}\,c = \boxed{\mathsf{C}} \quad \cdots\cdots\cdots \quad ①$$

であり，また，直線 $x = 3$ 上で交わっているから

$$\boxed{\mathsf{D}}\,a - 2b - \boxed{\mathsf{E}}\,c = -12 \quad \cdots\cdots\cdots \quad ②$$

を得る。① と ② より $b = \boxed{\mathsf{F}}$ である。

次に，条件 (B) と $b = \boxed{\mathsf{F}}$ より

$$\boxed{\mathsf{G}}\,a^2 + 3c^2 = \boxed{\mathsf{HI}}$$

を得る。これらから

$$a = -\frac{\boxed{\mathsf{J}}}{\boxed{\mathsf{K}}}, \qquad c = \boxed{\mathsf{L}}$$

となる。

- 計算欄 (memo) -

問 2　次の文中の **O** ， **P** には，適する数を入れ，その他の ［　］ には右のページの選択肢 ⓪ ～ ⑨ の中から適するものを選びなさい。

A, B, C の 3 つの箱に，それぞれ 9 枚のカードが入っている。9 枚のカードには，1 から 9 の数字が 1 つずつ書かれている。

(1)　A, B, C の箱から順に 1 枚ずつカードを取り出し，それらのカードに書かれた数字をそれぞれ a, b, c とする。

(i)　$a = b \neq c$ である確率は **M** である。

(ii)　a, b, c の中に同じものがない確率は **N** である。

(iii)　$a > 2b > 3c$ となる確率 p を求めよう。

条件を満たす a, b, c の組が存在するような b の範囲は

O $\leqq b \leqq$ **P**

である。このことに注目して

$p =$ **Q**

を得る。

(2)　A から 3 枚，B から 2 枚，合わせて 5 枚のカードを取り出す。

(i)　取り出した 5 枚のカードの中に奇数が 4 枚，偶数が 1 枚ある確率は **R** である。

(ii)　取り出した 5 枚のカードの中に奇数が少なくとも 1 枚ある確率は **S** である。

(問 2 は次ページに続く)

⓪ $\frac{8}{81}$　① $\frac{14}{81}$　② $\frac{56}{81}$　③ $\frac{64}{81}$

④ $\frac{25}{126}$　⑤ $\frac{35}{126}$　⑥ $\frac{115}{126}$　⑦ $\frac{125}{126}$

⑧ $\frac{8}{729}$　⑨ $\frac{10}{729}$

I の問題はこれで終わりです。I の解答欄 **T** ～ **Z** はマークしないでください。

II

問 1　a は有理数とする。$x = 3 + \sqrt{5}$，$y = a + \sqrt{5}$，$z = -3 + \sqrt{5}$ に対して

$$P = 2x^2 + 12y^2 - 2z^2 - 11xy + 5yz$$

が有理数となる a の値を求めよう。

次の文中の **D** には，下の選択肢 ⓪ ～ ⑦ の中から適するものを選びなさい。また，その他の □ には，適する数を入れなさい。

まず，P の x を含まない項の和を

$$12y^2 + 5yz - 2z^2 = \left(\boxed{\text{A}}\,y - z\right)\left(\boxed{\text{B}}\,y + \boxed{\text{C}}\,z\right)$$

と因数分解する。さらに，P を x について整理すると，P は

$$P = \boxed{\text{D}}$$

と因数分解できる。ここで，$x - z = \boxed{\text{E}}$，$x + z = \boxed{\text{F}}\sqrt{\boxed{\text{G}}}$ と $y = a + \sqrt{5}$ を上式に代入すると，P は

$$P = \boxed{\text{H}}\left(\boxed{\text{I}}\,a + \sqrt{5}\right)\left(a - \boxed{\text{J}} + \sqrt{5}\right)$$

と表される。この右辺を展開し整理すると，P が有理数となる a の値として $a = \dfrac{\boxed{\text{K}}}{\boxed{\text{L}}}$ が得られる。

⓪ $(x - 4y + z)(x + 3y + 2z)$　　① $(x - 4y + z)(2x - 3y - 2z)$

② $(x + 4y - z)(x + 3y + 2z)$　　③ $(x + 4y - z)(2x + 3y + 2z)$

④ $(2x - 4y + z)(x - 3y - 2z)$　　⑤ $(2x - 4y + z)(2x - 3y - 2z)$

⑥ $(2x + 4y - z)(x + 3y + 2z)$　　⑦ $(2x + 4y - z)(2x + 3y + 2z)$

- 計算欄 (memo) -

問 2　a, b は実数とし，2 つの 2 次方程式

$$x^2+(a-1)x-a+1=0 \quad \cdots\cdots\cdots \quad ①$$

$$4x^2-4ax+4ab-1=0 \quad \cdots\cdots\cdots \quad ②$$

を考える。

(1)　次の文中の **M** と **N** には，この問いの下の選択肢 ⓪ ～ ⑨ の中から適するものを選びなさい。

方程式 ① が実数解をもつような a の範囲を求めよう。

方程式 ① が実数解をもつための条件は a が不等式

M $\geqq 0$

を満たすことである。したがって，a の範囲は **N** である。

⓪ a^2-2a-3　① a^2+2a-3　② a^2-3a-2　③ a^2+3a-2

④ $-1 \leqq a \leqq 3$　⑤ $a \leqq -1,\ 3 \leqq a$　⑥ $-3 \leqq a \leqq 1$　⑦ $a \leqq -3,\ 1 \leqq a$

⑧ $1 \leqq a \leqq 2$　⑨ $a \leqq 1,\ 2 \leqq a$

(2)　次の条件を満たすような b の範囲を求めよう。

[**条件**] 方程式 ① が実数解をもつようなすべての a に対して，方程式 ② が実数解をもつ。

(i)　次の文中の **O** には，この問いの下の選択肢 ⓪ ～ ④ の中から，**P** には選択肢 ⑤ ～ ⑨ の中から適するものを選びなさい。

方程式 ② が実数解をもつための条件は a, b が不等式

O $\geqq 0$

を満たすことである。

(問 2 は次ページに続く)

この不等式の左辺 O をaの2次関数とみなし，$f(a)$ とおく。$f(a)$ を平方完成して

$$f(a) = \boxed{\text{P}}$$

を得る。

⓪ $a^2-2ab+1$　① $a^2+2ab-1$　② $a^2-4ab+\frac{1}{4}$

③ $a^2-4ab+1$　④ $a^2+4ab-1$　⑤ $(a-b)^2-b^2+1$

⑥ $(a+b)^2-b^2-1$　⑦ $(a-2b)^2-4b^2-\frac{1}{4}$

⑧ $(a-2b)^2-4b^2+1$　⑨ $(a+2b)^2-4b^2-1$

(ii)　次の文中の Q ～ Y には，この問いの下の選択肢 ⓪ ～ ⑨ の中から適するものを選びなさい。

関数 $f(a)$ のグラフの軸の位置に注目して，範囲 N における関数 $f(a)$ の最小値 m を求めると

$b \leqq$ Q のとき，$m=$ R
Q $< b \leqq$ S のとき，$m=$ T
S $< b \leqq$ U のとき，$m=$ V
U $< b$ のとき，$m=$ W

である。

以上より，**[条件]** を満たす b の範囲は

X $\leqq b \leqq$ Y

である。

⓪ $-\frac{19}{12}$　① $-\frac{3}{2}$　② $-\frac{5}{6}$　③ $-\frac{1}{2}$　④ $\frac{1}{2}$

⑤ $-4b+2$　⑥ $6b+8$　⑦ $12b+10$　⑧ $-2b^2+1$　⑨ $-4b^2+1$

II の問題はこれで終わりです。II の解答欄 Z はマークしないでください。

III

1 から 999 までの自然数の集合 U を全体集合とする。U から 7, 8, 9 のいずれかの数字が使われている数をすべて除いた集合を A とし，3, 6, 9 のいずれかの数字が使われている数をすべて除いた集合を B とする。

(1)　A の要素は **ABC** 個あり，A と B の共通部分 $A \cap B$ の要素は **DEF** 個ある。また，A の補集合と B の共通部分 $\overline{A} \cap B$ の要素は **GHI** 個ある。

(2)　A の要素を小さい順に並べたときの 160 番目の要素は **JKL** であり，B の要素を小さい順に並べたときの 160 番目の要素は **MNO** である。

(3)　B に属する 3 桁の数の中で，2 番目に大きい 9 の倍数は **PQR** であり，2 番目に小さい 18 の倍数は **STU** である。

- 計算欄 (memo) -

III の問題はこれで終わりです。III の解答欄 V ～ Z はマークしないでください。

IV

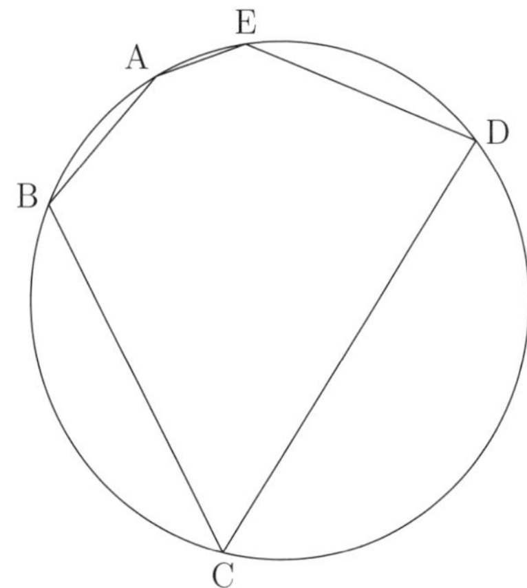

円 O に内接する五角形 ABCDE において

$$\mathrm{AB} = \sqrt{3}, \quad \mathrm{BC} = 4, \quad \mathrm{DE} = \sqrt{7},$$
$$\mathrm{EA} = 1, \quad \angle\mathrm{EAB} = 150^\circ$$

とする。このとき，円 O の半径，辺 CD の長さ，および，五角形 ABCDE の面積を求めよう。

(1)　$\mathrm{EB} = \sqrt{\boxed{\mathsf{A}}}$ であり，円 O の半径は $\sqrt{\boxed{\mathsf{B}}}$ である。

(2)　$\angle\mathrm{BDE} = \boxed{\mathsf{CD}}^\circ$ であるから，三角形 BDE について，$\angle\mathrm{DEB} = \boxed{\mathsf{EFG}}^\circ$ であり，$\mathrm{BD} = \sqrt{\boxed{\mathsf{HI}}}$ である。

(3)　$\angle\mathrm{BCD} = \boxed{\mathsf{JK}}^\circ$ である。三角形 BCD について，$\mathrm{CD} = x$ とおいて余弦定理を用いると，x の 2 次方程式

$$x^2 - \boxed{\mathsf{L}}\,x - \boxed{\mathsf{M}} = 0$$

を得る。$x > 0$ であるから

$$x = \boxed{\mathsf{N}}$$

である。

(4)　五角形 ABCDE の面積は $\boxed{\mathsf{O}}\sqrt{\boxed{\mathsf{P}}}$ である。

- 計算欄 (memo) -

IV の問題はこれで終わりです。IV の解答欄 **Q** ～ **Z** はマークしないでください。
コース 1 の問題はこれですべて終わりです。解答用紙の V はマークしないでください。
解答用紙の解答コース欄に「コース 1」が正しくマークしてあるか，
もう一度確かめてください。

この問題冊子を持ち帰ることはできません。

数学 コース 2
(上級コース)

「解答コース」記入方法

解答コースには「コース1」と「コース2」がありますので，どちらかのコースを一つだけ選んで解答してください。「コース2」を解答する場合は，右のように，解答用紙の「解答コース」の「コース2」を ○ で囲み，その下のマーク欄をマークしてください。

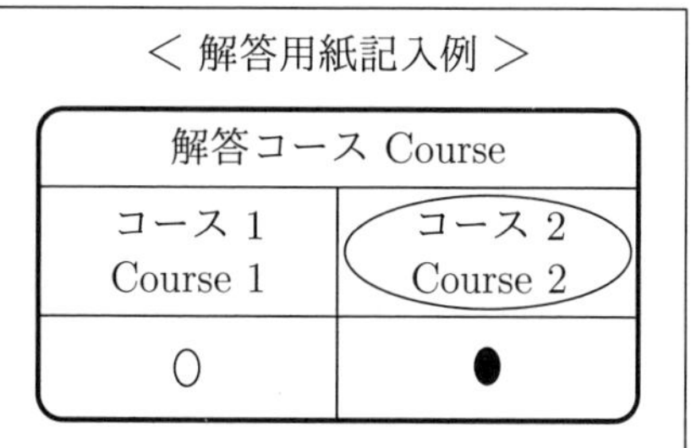

＜ 解答用紙記入例 ＞
解答コース Course
コース 1
Course 1
コース 2
Course 2

選択したコースを正しくマークしないと，採点されません。

I

問 1　2 つの 2 次関数

$$f(x) = \frac{1}{3}x^2 + ax - b, \qquad g(x) = -x^2 + cx + b$$

が, 次の 2 つの条件 (A), (B) を満たすような a, b, c を求めよう。

(A)　グラフ $y = f(x)$ とグラフ $y = g(x)$ は 2 つの直線 $x = -1$, $x = 3$ 上で交わっている。

(B)　$g(x)$ の最大値と $f(x)$ の最小値の差は $\frac{16}{3}$ である。

条件 (A) より 2 つの 2 次関数のグラフは直線 $x = -1$ 上で交わっているから

$$3a + \boxed{\textsf{A}}\,b - \boxed{\textsf{B}}\,c = \boxed{\textsf{C}} \quad \cdots\cdots\cdots \quad ①$$

であり, また, 直線 $x = 3$ 上で交わっているから

$$\boxed{\textsf{D}}\,a - 2b - \boxed{\textsf{E}}\,c = -12 \quad \cdots\cdots\cdots \quad ②$$

を得る。① と ② より $b = \boxed{\textsf{F}}$ である。

次に, 条件 (B) と $b = \boxed{\textsf{F}}$ より

$$\boxed{\textsf{G}}\,a^2 + 3c^2 = \boxed{\textsf{HI}}$$

を得る。これらから

$$a = -\frac{\boxed{\textsf{J}}}{\boxed{\textsf{K}}}, \qquad c = \boxed{\textsf{L}}$$

となる。

- 計算欄 (memo) -

問 2　次の文中の **O** , **P** には，適する数を入れ，その他の ____ には右のページの選択肢 ⓪ ～ ⑨ の中から適するものを選びなさい。

A, B, C の 3 つの箱に，それぞれ 9 枚のカードが入っている。9 枚のカードには，1 から 9 の数字が 1 つずつ書かれている。

(1)　A, B, C の箱から順に 1 枚ずつカードを取り出し，それらのカードに書かれた数字をそれぞれ a, b, c とする。

(i)　$a = b \neq c$ である確率は **M** である。

(ii)　a, b, c の中に同じものがない確率は **N** である。

(iii)　$a > 2b > 3c$ となる確率 p を求めよう。

条件を満たす a, b, c の組が存在するような b の範囲は

$$\boxed{\text{O}} \leqq b \leqq \boxed{\text{P}}$$

である。このことに注目して

$$p = \boxed{\text{Q}}$$

を得る。

(2)　A から 3 枚，B から 2 枚，合わせて 5 枚のカードを取り出す。

(i)　取り出した 5 枚のカードの中に奇数が 4 枚，偶数が 1 枚ある確率は **R** である。

(ii)　取り出した 5 枚のカードの中に奇数が少なくとも 1 枚ある確率は **S** である。

(問 2 は次ページに続く)

⓪ $\frac{8}{81}$　① $\frac{14}{81}$　② $\frac{56}{81}$　③ $\frac{64}{81}$

④ $\frac{25}{126}$　⑤ $\frac{35}{126}$　⑥ $\frac{115}{126}$　⑦ $\frac{125}{126}$

⑧ $\frac{8}{729}$　⑨ $\frac{10}{729}$

I の問題はこれで終わりです。 I の解答欄 T ～ Z はマークしないでください。

II

問 1　次の文中の J, K, L には，右のページの選択肢 ⓪ ～ ⑨ の中から適するものを選びなさい。また，その他の □ には，適する数を入れなさい。

四角形 OABC において，∠OAB と ∠OCB は直角であり，辺 OA, OC の長さはそれぞれ 2, $\sqrt{2}$ であるとする。また，対角線 AC の長さは $\sqrt{3}$ であるとする。

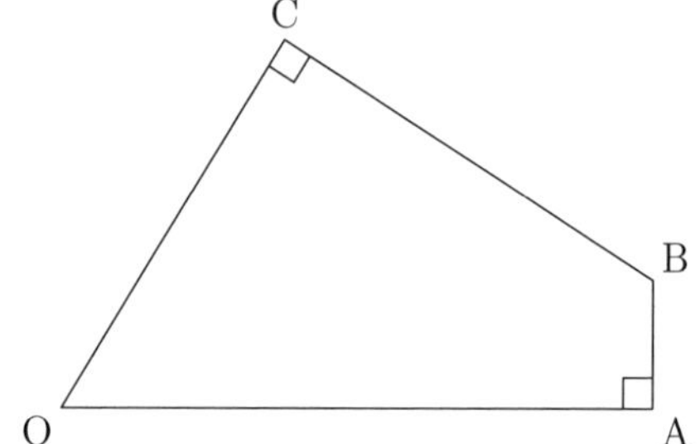

このとき，$\overrightarrow{\mathrm{OA}}=\vec{a}$，$\overrightarrow{\mathrm{OB}}=\vec{b}$，$\overrightarrow{\mathrm{OC}}=\vec{c}$ とおいて，内積 $\vec{a}\cdot\vec{b}$，$\vec{b}\cdot\vec{c}$，$\vec{c}\cdot\vec{a}$ を求め，$\vec{b}$ を $\vec{a}$ と $\vec{c}$ で表そう。さらに，2 本の対角線 AC と OB の交点を D とするとき，$\overrightarrow{\mathrm{OD}}$ が $\vec{b}$ の何倍であるか調べよう。

(1)　$\overrightarrow{\mathrm{AC}}=\vec{c}-\vec{a}$ であるから，$\vec{c}\cdot\vec{a}=\dfrac{\boxed{\mathsf{A}}}{\boxed{\mathsf{B}}}$ である。

(2)　$\vec{a}$ と $\overrightarrow{\mathrm{AB}}$ は垂直であるから，$\vec{a}\cdot\vec{b}=\boxed{\mathsf{C}}$ である。同様に $\vec{b}\cdot\vec{c}=\boxed{\mathsf{D}}$ である。

(3)　$\vec{b}=s\vec{a}+t\vec{c}$ とおくと

$\vec{a}\cdot\vec{b}=\boxed{\mathsf{C}}$ より，　$\boxed{\mathsf{E}}s+\boxed{\mathsf{F}}t=\boxed{\mathsf{G}}$　であり

$\vec{b}\cdot\vec{c}=\boxed{\mathsf{D}}$ より，　$\boxed{\mathsf{H}}s+\boxed{\mathsf{I}}t=4$　である。

よって

$$s=\boxed{\mathsf{J}},\qquad t=\boxed{\mathsf{K}}$$

である。

（問 1 は次ページに続く）

(4)　点 D が線分 AC 上にあることから

$$\overrightarrow{\mathrm{OD}} = \boxed{\mathsf{L}}\,\vec{b}$$

を得る。

⓪ $\dfrac{8}{23}$　① $\dfrac{10}{23}$　② $\dfrac{20}{23}$　③ $\dfrac{28}{23}$　④ $\dfrac{30}{23}$

⑤ $\dfrac{23}{28}$　⑥ $\dfrac{23}{30}$　⑦ $\dfrac{31}{46}$　⑧ $\dfrac{51}{46}$　⑨ $\dfrac{46}{51}$

問 2　a, b は実数とし，複素数平面上の異なる 3 点 A(z_1), B(z_2), C(z_3) に対して

$$\frac{z_3 - z_2}{z_2 - z_1} = a + bi$$

とおく。

(1)　次の文中の **M** と **N** には，この問いの下の選択肢 ⓪ ～ ③ の中から適するものを選びなさい。

$a = 0$ ならば，**M** となり，$b = 0$ ならば，**N** となる。

⓪　直線 AB と 直線 BC は垂直
①　直線 BC と 直線 CA は垂直
②　直線 CA と 直線 AB は垂直
③　直線 AB と 直線 BC は同一直線

(2)　次の文中の **P** と **Q** には，この問いの下の選択肢 ⓪ ～ ⑧ の中から適するものを選びなさい。また，その他の □ には，適する数または符号を入れなさい。

三角形 ABC の ∠A，∠B，∠C の大きさをそれぞれ A, B, C で表す。

$$a = \frac{(i\cos A + \sin A)(i\cos B - \sin B)}{\cos C - i\sin C}, \qquad b = \sqrt{3}$$

を満たす三角形 ABC について考える。この a の右辺は

$$\frac{(i\cos A + \sin A)(i\cos B - \sin B)}{\cos C - i\sin C} = \boxed{\text{O}}\left(\cos\boxed{\text{P}} + i\sin\boxed{\text{P}}\right)$$

と変形できる。a が実数であるから，三角形 ABC は $\boxed{\text{Q}} = \frac{\pi}{2}$ の直角三角形であり，$a = \boxed{\text{RS}}$ である。

（問 2 は次ページに続く）

また，$a=$ [RS]，$b=\sqrt{3}$ であるから

$$\theta=\arg\left(\frac{z_3-z_2}{z_2-z_1}\right)=\frac{\boxed{\text{T}}}{\boxed{\text{U}}}\pi,\qquad \left|\frac{z_3-z_2}{z_2-z_1}\right|=\boxed{\text{V}}$$

となる。ただし，偏角 θ の範囲は $0\leqq\theta<2\pi$ とする。したがって，三角形 ABC は

$$A=\frac{\pi}{\boxed{\text{W}}},\quad B=\frac{\pi}{\boxed{\text{X}}},\quad C=\frac{\pi}{\boxed{\text{Y}}}$$

の直角三角形である。

⓪ A	① $(A+B-C)$	② $(-A-B+C)$
③ B	④ $(A-B+C)$	⑤ $(-A+B-C)$
⑥ C	⑦ $(A-B-C)$	⑧ $(-A+B+C)$

[II] の問題はこれで終わりです。[II] の解答欄 [Z] はマークしないでください。

III

関数 $f(x)$ を

$$f(x)=\begin{cases}x+2 & (x<0)\\ -x^2+x+2 & (x\geqq 0)\end{cases}$$

と定義する。このとき $S(a)=\displaystyle\int_a^{a+2} f(x)dx$ を最大にする a の値と $S(a)$ の最大値を求めよう。

(1)　$S(-2)=$ [A], $S(0)=\dfrac{\text{[BC]}}{\text{[D]}}$ である。

(2)　次の文中の [E] と [F] には，下の選択肢 ⓪ ～ ② の中から適するものを選びなさい。また，その他の [ ] には，適する数を入れなさい。

⓪ $<$　　① $=$　　② $>$

a の範囲で場合分けして，$S(a)$ を考える。$y=f(x)$ のグラフより

$a<-2$ のとき，$S(a)$ [E] $S(-2)$

$a>0$ のとき，$S(a)$ [F] $S(0)$

である。

$-2\leqq a\leqq 0$ のとき

$$S(a)=\frac{\text{[GH]}}{\text{[I]}}a^3-\text{[J]}a^2-\text{[K]}a+\frac{\text{[LM]}}{\text{[N]}}$$

である。$S(a)$ の導関数 $S'(a)$ は

$$S'(a)=-a^2-\text{[O]}a-\text{[P]}$$

であるから，$S(a)$ は $a=-$[Q]$+\sqrt{\text{[R]}}$ のとき極大となる。

（III は次ページに続く）

したがって，$S(a)$ を最大にする a の値は

$$-\boxed{\text{S}}+\sqrt{\boxed{\text{T}}}$$

であり，$S(a)$ の最大値は

$$\boxed{\text{U}}+\frac{\boxed{\text{V}}\sqrt{\boxed{\text{W}}}}{\boxed{\text{X}}}$$

である。

III の問題はこれで終わりです。III の解答欄 $\boxed{\text{Y}}$，$\boxed{\text{Z}}$ はマークしないでください。

IV

a を実数とし，定積分で定義された関数

$$f(x)=\int_0^x t\left(a\sin^2 2t-1\right)dt \quad \left(0<x<\frac{\pi}{2}\right)$$

を考える。

$f(x)$ は $x=\dfrac{\pi}{12}$ で極値をもつと仮定する。

(1)　$f(x)$ は $x=\dfrac{\pi}{12}$ で極値をもつので

$$a=\boxed{\text{A}}$$

である。また，$f(x)$ は $x=\dfrac{\pi}{12}$ 以外に，$x=\dfrac{\boxed{\text{B}}}{\boxed{\text{CD}}}\pi$ でも極値をもつ。

(2)　$f(x)$ を求めよう。

$f(x)$ は

$$f(x)=\int_0^x t\left(\boxed{\text{E}}-\boxed{\text{F}}\cos\boxed{\text{G}}\,t\right)dt$$

と変形できるので

$$f(x)=\frac{\boxed{\text{H}}}{\boxed{\text{I}}}x^2-\frac{\boxed{\text{J}}}{\boxed{\text{K}}}x\sin\boxed{\text{L}}\,x-\frac{\boxed{\text{M}}}{\boxed{\text{N}}}\cos\boxed{\text{O}}\,x+\frac{\boxed{\text{P}}}{\boxed{\text{Q}}}$$

である。

（IV は次ページに続く）

(3)　次の文中の **R** , **S** , **T** には，この問いの下の選択肢 ⓪ ～ ⑨ の中から適するものを選びなさい。

$f(x)$ の最大値は

$$\boxed{\text{R}}\pi^2+\boxed{\text{S}}\pi+\boxed{\text{T}}$$

である。

⓪ $\dfrac{1}{8}$　① $\dfrac{\sqrt{3}}{8}$　② $\dfrac{1}{16}$　③ $\dfrac{\sqrt{3}}{16}$　④ $\dfrac{\sqrt{3}}{24}$

⑤ $\dfrac{5\sqrt{3}}{24}$　⑥ $\dfrac{\sqrt{3}}{48}$　⑦ $\dfrac{5\sqrt{3}}{48}$　⑧ $\dfrac{1}{288}$　⑨ $\dfrac{25}{288}$

(4)　次の文中の **U** , **V** , **W** には，この問いの下の選択肢 ⓪ ～ ⑨ の中から適するものを選びなさい。

曲線 $y=f(x)$ の点 $\left(\dfrac{\pi}{4},\ f\left(\dfrac{\pi}{4}\right)\right)$ における接線の方程式は

$$y=\boxed{\text{U}}\pi x-\boxed{\text{V}}\pi^2+\boxed{\text{W}}$$

である。

⓪ $\dfrac{1}{2}$　① $\dfrac{3}{2}$　② $\dfrac{1}{4}$　③ $\dfrac{3}{4}$　④ $\dfrac{5}{4}$

⑤ $\dfrac{3}{16}$　⑥ $\dfrac{5}{16}$　⑦ $\dfrac{3}{32}$　⑧ $\dfrac{5}{32}$　⑨ $\dfrac{7}{32}$

IV の問題はこれで終わりです。IV の解答欄 **X** ～ **Z** はマークしないでください。 コース 2 の問題はこれですべて終わりです。解答用紙の V はマークしないでください。 **解答用紙の解答コース欄に「コース 2」が正しくマークしてあるか，** **もう一度確かめてください。**

この問題冊子を持ち帰ることはできません。

2023 Examination for Japanese University Admission for International Students

Science (80 min.)

【Physics, Chemistry, Biology】

※ Choose and answer two subjects.

※ Answer the questions using the front side of the answer sheet for one subject, and the reverse side for the other subject.

I Rules of Examination

1. Do not leave the room without the proctor's permission.
2. Do not take this question booklet out of the room.

II Rules and Information Concerning the Question Booklet

1. Do not open this question booklet until instructed.
2. After instruction, write your name and examination registration number in the space provided below, as printed on your examination voucher.
3. The pages of each subject are as in the following table.

Subject	Pages
Physics	1 − 21
Chemistry	23 − 41
Biology	43 − 58

4. If your question booklet is missing any pages, raise your hand.
5. You may write notes and calculations in the question booklet.

III Rules and Information Concerning the Answer Sheet

1. You must mark your answers on the answer sheet with an HB pencil.
2. Each question is identified by one of the row numbers **1**, **2**, **3**, …. Follow the instruction in the question and completely black out your answer in the corresponding row of the answer sheet (mark-sheet).
3. Make sure also to read the instructions on the answer sheet.

※ Once you are instructed to start the examination, fill in your examination registration number and name.

Examination registration number			*					*						
Name														

Physics

Marking your Choice of Subject on the Answer Sheet

Choose and answer two subjects from Physics, Chemistry, and Biology. Use the front side of the answer sheet for one subject, and the reverse side for the other subject.

As shown in the example on the right, if you answer the Physics questions, circle "Physics" and completely fill in the oval under the subject name.

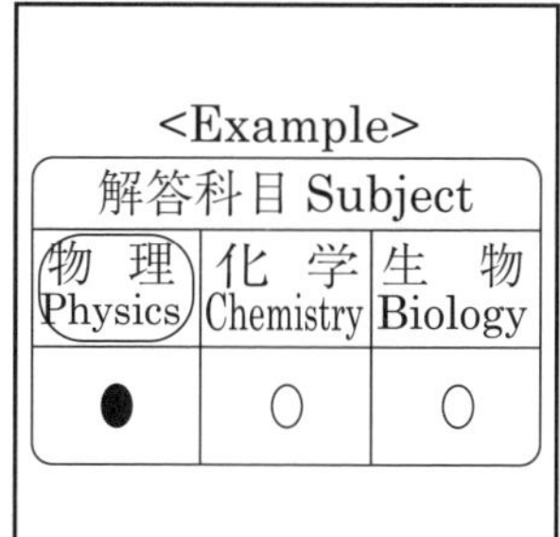

If you do not correctly fill in the appropriate oval, your answers will not be graded.

I Answer questions **A** (Q1), **B** (Q2), **C** (Q3), **D** (Q4), **E** (Q5), and **F** (Q6) below, where g denotes the magnitude of acceleration due to gravity, and air resistance is negligible.

A Three points (A, B, C) are equidistantly separated from one another on the circumference of a thin uniform disk of mass m. As shown in the figure below, the disk is suspended from a single point on a ceiling using lightweight inelastic strings attached to A, B, and C, and comes to rest horizontally. The radius of the disk is ℓ, and the length of each string is 2ℓ. Each string forms an angle of $30°$ with the vertical. The magnitude of tension in each string is equal to that of the others. Let us denote as T the magnitude of tension in each string.

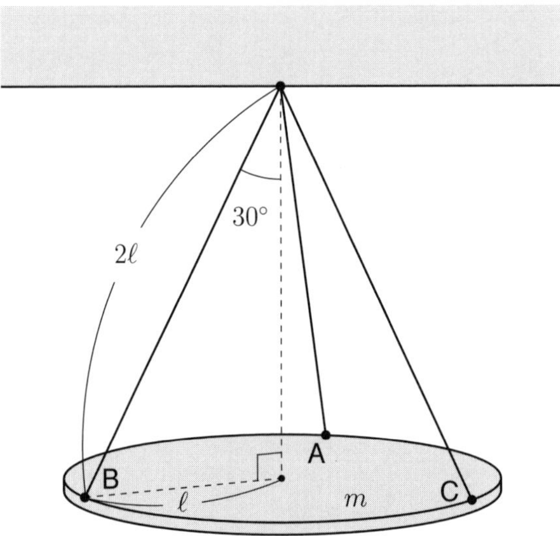

Q1 What is T? From ①-⑤ below choose the correct answer. **1**

① $\frac{1}{3}mg$ ② $\frac{2\sqrt{3}}{9}mg$ ③ $\frac{2}{3}mg$

④ $\frac{2\sqrt{3}}{3}mg$ ⑤ $2mg$

B As shown in the figure below, an object of mass m is placed on the smooth, horizontal top surface of a platform and is held in place. A lightweight inelastic string is attached to the object and passed over a lightweight, smoothly rotating pulley fixed in place to the edge of the platform. A weight of mass M is attached to the other end of the string and is suspended. The string is horizontal from the object to the pulley. In this case, the tension in the string is T_0. Next, the object is gently released and begins moving to the right on the platform while the weight moves downward. During this motion, the tension in the string is T_1. The platform is fixed in place and thus does not move.

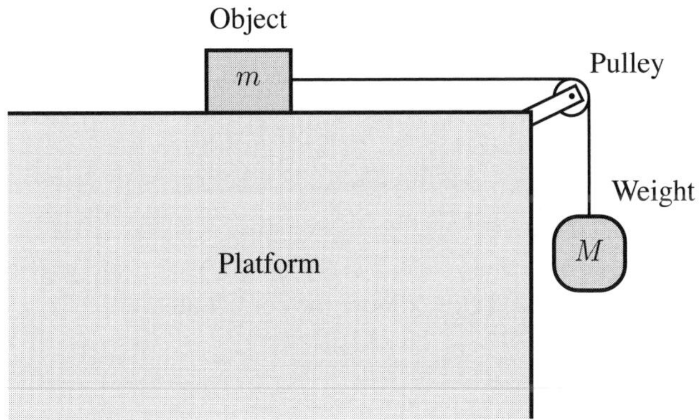

Q2 What is $\dfrac{T_1}{T_0}$? From ①-⑥ below choose the correct answer. **2**

① $\dfrac{m}{M}$ ② $\dfrac{M}{m}$ ③ $1+\dfrac{m}{M}$

④ $1+\dfrac{M}{m}$ ⑤ $\dfrac{m}{m+M}$ ⑥ $\dfrac{M}{m+M}$

C As shown in the figure below, a lightweight inelastic string is attached to a small object of mass m, and the object is placed on a rough horizontal floor. The string is pulled with external force F while maintaining an angle of $30°$ between the string and the horizontal. The object moves distance ℓ without leaving the floor surface. The work done on the object by kinetic friction is W. Let us denote as μ' the coefficient of kinetic friction between the object and the floor surface.

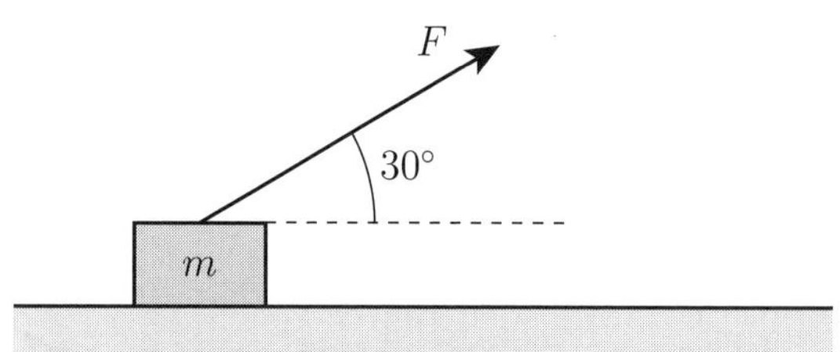

Q3 What is W? From ①-④ below choose the correct answer. **3**

① $\mu'\ell\left(mg - \dfrac{1}{2}F\right)$　　② $\mu'\ell\left(mg - \dfrac{\sqrt{3}}{2}F\right)$

③ $-\mu'\ell\left(mg - \dfrac{1}{2}F\right)$　　④ $-\mu'\ell\left(mg - \dfrac{\sqrt{3}}{2}F\right)$

D As shown in the figure below, small object A (mass: m) is placed on the smooth, horizontal top surface of a platform fixed in place on a horizontal floor. The distance between the platform and the ceiling is ℓ, and the height of the platform from the floor is $\frac{3}{2}\ell$. Small object B (mass: m) is attached to one end of a lightweight inelastic string of length ℓ, and the other end is attached to the ceiling directly above A. While keeping the string taut, B is raised to a position where the string forms an angle of $60°$ with the vertical, and is gently released. A and B collide elastically, and A moves straight across the platform and launches off the edge. Let us denote as v the speed of A immediately before it hits the floor.

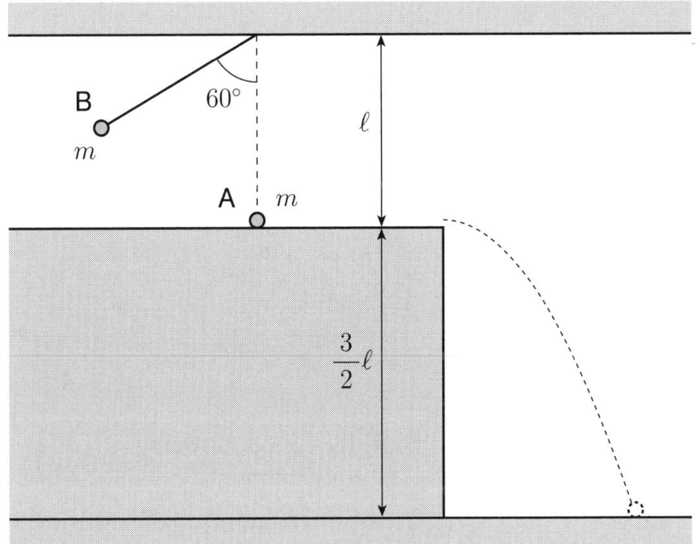

Q4 What is v? From ①-⑤ below choose the correct answer. **4**

① $\sqrt{g\ell}$ ② $\sqrt{2g\ell}$ ③ $\sqrt{3g\ell}$

④ $2\sqrt{g\ell}$ ⑤ $\sqrt{5g\ell}$

E As shown in the figure below, a weight is attached to one end of a lightweight inelastic string of length $5L$, and the other end of the string is attached to point C on a ceiling. The weight is made to undergo uniform circular motion with radius $3L$ within a horizontal plane. The center of the circular motion, O, is directly below C. Let us denote as T the period of the circular motion.

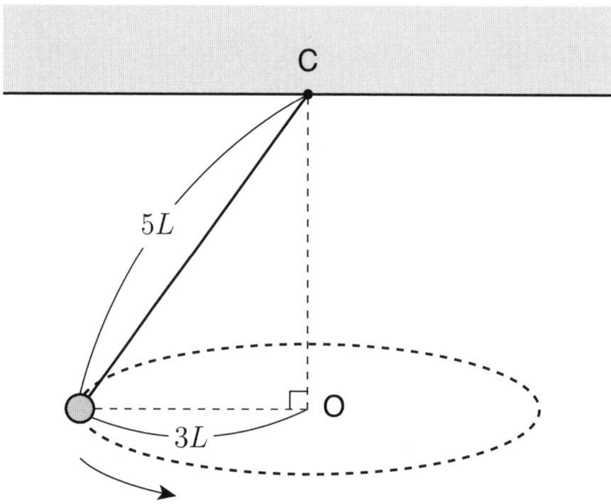

Q5 What is T? From ①-⑤ below choose the correct answer. **5**

① $2\pi\sqrt{\dfrac{L}{g}}$ ② $2\pi\sqrt{\dfrac{2L}{g}}$ ③ $2\pi\sqrt{\dfrac{3L}{g}}$

④ $4\pi\sqrt{\dfrac{L}{g}}$ ⑤ $2\pi\sqrt{\dfrac{5L}{g}}$

F As shown in Figure 1 below, a small object is placed on a horizontal board, and the object is made to undergo simple harmonic motion vertically by making the board undergo simple harmonic motion vertically. Let us denote as h the height of the object with reference to the center of the harmonic motion. The object oscillates between a maximum of h_0 ($h_0 > 0$) and a minimum of $-h_0$, without leaving the board. Figure 2 is a graph showing the relationship between h and time t. Let us denote as t_1 the time when N, the magnitude of the normal force exerted on the object by the board, is at its minimum during the period of time t from 0.1 s to 1.1 s. Let us denote as t_2 the time when N is equal to the force of gravity acting on the object during the same period.

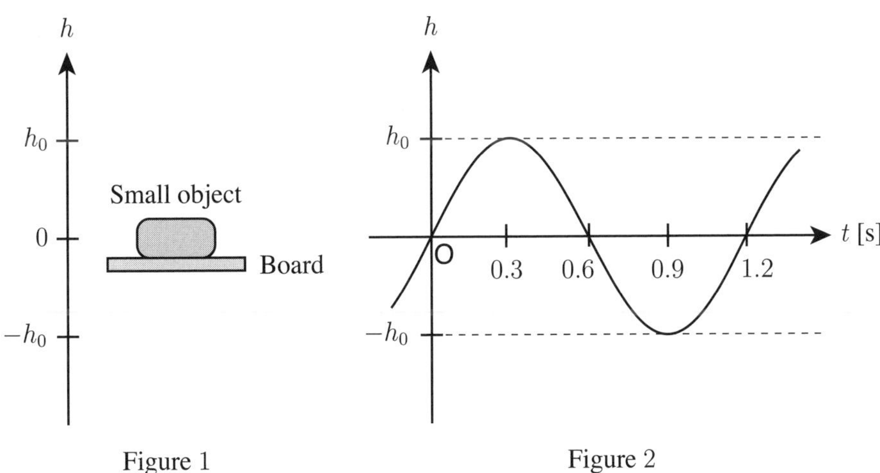

Figure 1 Figure 2

Q6 What are t_1 and t_2 (in s)? From ①-⑥ below choose the best combination. **6**

	①	②	③	④	⑤	⑥
t_1 (s)	0.3	0.3	0.6	0.6	0.9	0.9
t_2 (s)	0.6	0.9	0.3	0.9	0.3	0.6

II Answer questions **A** (Q1), **B** (Q2), and **C** (Q3) below.

A Water of 200 g is placed in a container whose heat capacity is 160 J/K. After sufficient time elapses, the temperature of the water and the container becomes 80 °C. Next, ice of 100 g at 0 °C is placed in the water in the container. Assume that the heat of fusion of ice is 330 J/g, the specific heat of water is 4.2 J/(g·K), and no heat is exchanged with the external environment.

Q1 After sufficient time elapses, what is the temperature of this entire system (in °C)? From ①-⑥ below choose the best answer. **7** °C

① 15 ② 19 ③ 24 ④ 33 ⑤ 42 ⑥ 51

B A smoothly moving piston is used to enclose a certain quantity of air inside a cylinder that has a uniform cross-sectional area and is closed at one end. The cylinder and the piston are made of a material that readily conducts heat. Let us denote as L the length of the portion of the cylinder enclosing the air when sufficient time has elapsed after a change in the orientation of the cylinder. As shown in Figure 1 below, initially the cylinder is oriented horizontally and L is 15 cm. Next, as shown in Figure 2, the cylinder is oriented vertically with the closed end at the bottom and, due to the weight of the piston, L changes to 10 cm. Assume that temperature of the air in the cylinder after sufficient time elapses is constant, regardless of the orientation of the cylinder, and that the air behaves as an ideal gas.

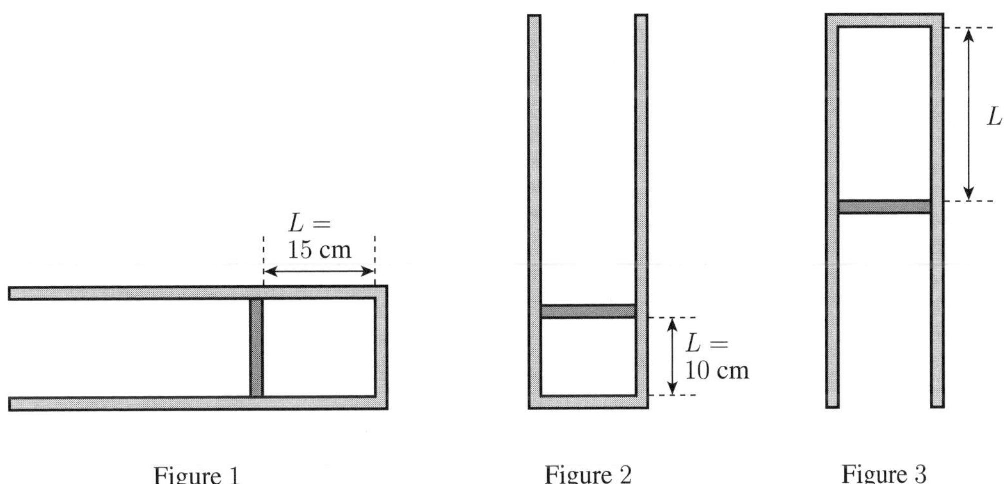

Figure 1 Figure 2 Figure 3

Q2 What is L (in cm) when, as shown in Figure 3, the cylinder is oriented vertically with the closed end at the top? From ①-⑤ below choose the best answer. **8** cm

① 20 ② 25 ③ 30 ④ 35 ⑤ 40

C A certain quantity of an ideal gas is enclosed in a cylinder using a smoothly moving piston. Initially, the pressure of the gas is p_0 and its volume is V_0. Starting from this condition, the state of the gas is changed in the following three ways.

(a) The volume is adiabatically decreased to $\dfrac{V_0}{2}$.

(b) The volume is decreased to $\dfrac{V_0}{2}$ while keeping the temperature constant.

(c) The volume is decreased to $\dfrac{V_0}{2}$ while keeping the pressure constant.

Let us denote as W the work done on the ideal gas by the external environment in each of these changes of state.

Q3 Which of the three changes of state, (a), (b), and (c), has the greatest W? Also, which one has the smallest W? From ①-⑥ below choose the correct combination. **9**

	①	②	③	④	⑤	⑥
Greatest W	(a)	(a)	(b)	(b)	(c)	(c)
Smallest W	(b)	(c)	(a)	(c)	(a)	(b)

III

Answer questions **A** (Q1), **B** (Q2), and **C** (Q3) below.

A The figure below is a graph showing, for a longitudinal wave propagating in the positive direction of an x-axis, the relationship between displacement of the medium, y (positive when displacement is in the positive direction of the x-axis), and position x at a certain time.

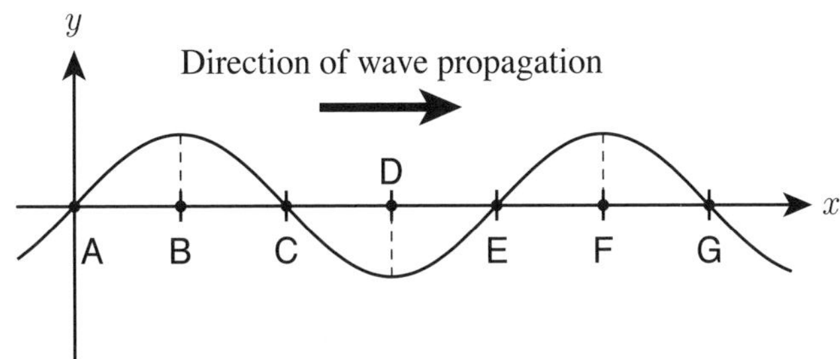

Q1 At which of points A-G in the figure is the medium's density at its highest value? Also, at which of points A-G in the figure is the medium's density at its lowest value? From ①-⑥ below choose the best combination. **10**

	Highest density	Lowest density
①	A, C, E, G	B, D, F
②	B, D, F	A, C, E, G
③	A, E	C, G
④	C, G	A, E
⑤	B, F	D
⑥	D	B, F

B The speed of sound in air increases with temperature. As shown in the figure below, a speaker emitting sound is placed near the mouth of an open tube (length: 34 cm) in air. When the frequency of the speaker's sound is gradually increased from 0 Hz at an air temperature of t_0, the first resonance occurs at 500 Hz. When a similar experiment is performed with the same open tube at an air temperature of t_1 ($> t_0$), the first resonance occurs at 520 Hz. Let us denote as V_0 the speed of sound when the air temperature is t_0, and as V_1 the speed of sound when the air temperature is t_1. Assume that open end correction is negligible.

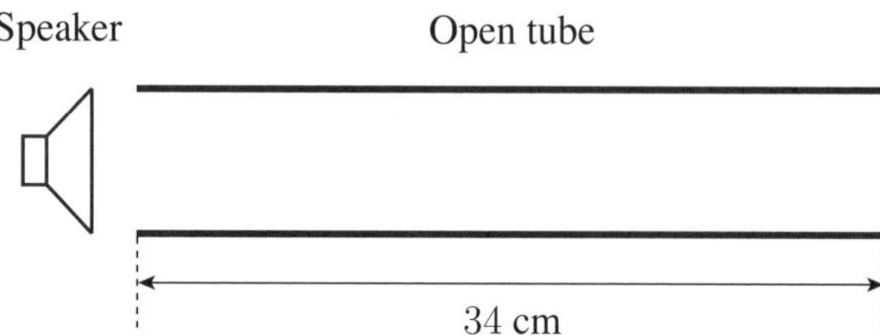

Q2 What is $V_1 - V_0$, the difference in the two speeds of sound (in m/s)? From ①-④ below choose the best answer. **11** m/s

① 6.8 ② 14 ③ 20 ④ 27

C Consider the measurement of the speed of light, c, using light source L, rotatable mirror R, and fixed mirror M. As shown in Figure 1 below, when R is fixed at a certain angle, light directed from L to R's center of rotation makes a roundtrip between R and M and returns to L (path: L→R→M→R→L). Let us denote as D the distance between R and M. Next, when R is rotated with angular velocity ω, as shown in Figure 2, the reflected light travels in the direction of L′, which is angle of rotation θ from the direction of L (path: L→R→M→R→L′). This is because R rotates angle $\frac{\theta}{2}$ during the time $\frac{2D}{c}$, which the light takes for the roundtrip between R and M.

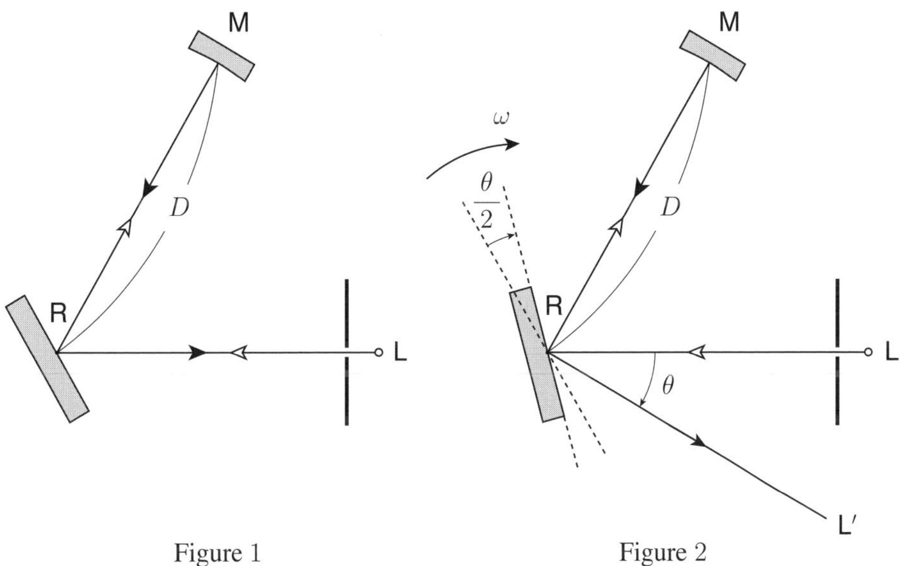

Figure 1　　Figure 2

Q3 What is c? From ①-⑤ below choose the correct answer. **12**

① $\frac{D\omega}{4\theta}$　② $\frac{D\omega}{2\theta}$　③ $\frac{D\omega}{\theta}$　④ $\frac{2D\omega}{\theta}$　⑤ $\frac{4D\omega}{\theta}$

IV

Answer questions **A** (Q1), **B** (Q2), **C** (Q3), **D** (Q4), **E** (Q5), and **F** (Q6) below.

A As shown in the figure below, point charges A (quantity of electricity: $-3q$ $(q > 0)$) and B (quantity of electricity: q) are fixed in place in an xy plane at points $(a, 0)$ $(a > 0)$ and $(0, -2a)$, respectively. When point charge C (quantity of electricity: q) is placed at the origin, O, it is acted upon by the electrostatic forces of A and B. Let us denote as θ the angle between the direction of the resultant force of those electrostatic forces and the positive direction of the x-axis.

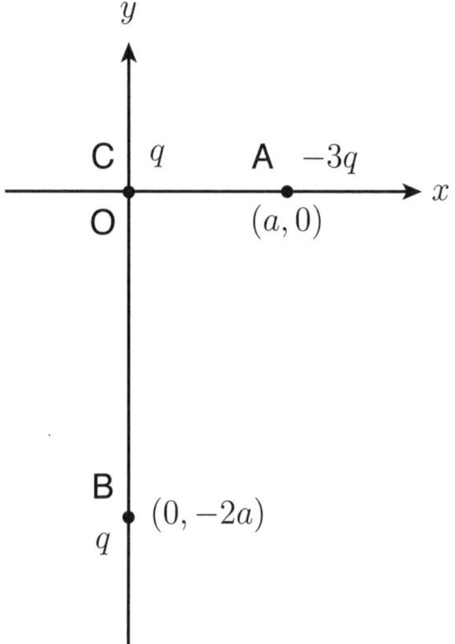

Q1 What is $|\tan\theta|$? From ①-⑧ below choose the correct answer. **13**

① $\frac{1}{12}$ ② $\frac{1}{6}$ ③ $\frac{2}{3}$ ④ $\frac{3}{4}$

⑤ $\frac{4}{3}$ ⑥ $\frac{3}{2}$ ⑦ 6 ⑧ 12

B A battery with electromotive force V, a resistor, a capacitor with capacitance C, a capacitor with capacitance $\frac{1}{2}C$, a capacitor with capacitance $\frac{1}{3}C$, and switch S are connected as shown in the figure below. Point P is grounded. Initially, S is open and all three capacitors are uncharged. Next, S is closed, and after sufficient time elapses, the electric potential at point A becomes V_{A}.

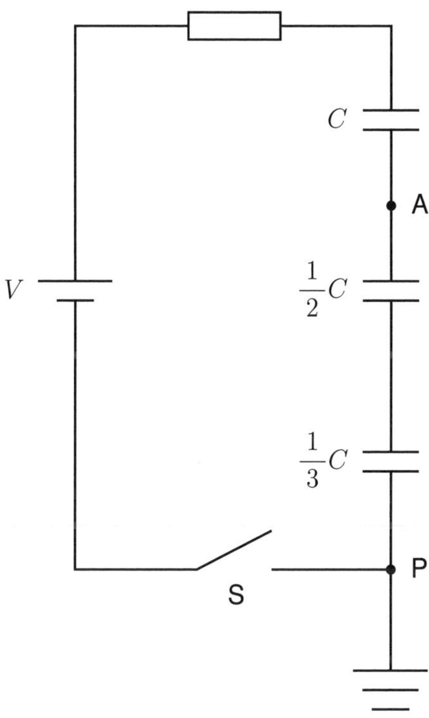

Q2 What is $\frac{V_{\mathrm{A}}}{V}$? From ①-⑥ below choose the correct answer. **14**

① $\frac{1}{6}$ ② $\frac{1}{4}$ ③ $\frac{1}{3}$ ④ $\frac{2}{3}$ ⑤ $\frac{3}{4}$ ⑥ $\frac{5}{6}$

C A resistor with a resistance of 1 kΩ, a resistor with a resistance of 2 kΩ, two resistors each with a resistance of 4 kΩ, and a battery with an electromotive force of 10 V are connected as shown in the figure below. Point P is grounded. The internal resistance of the battery is negligible.

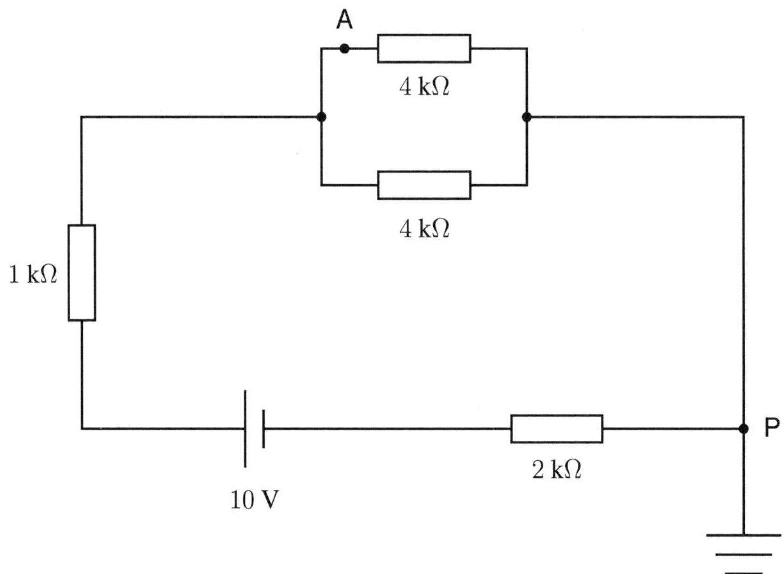

Q3 What is the electric potential (in V) at point A in the figure? From ①-⑧ below choose the best answer. **15** V

① −8 ② −6 ③ −4 ④ −2

⑤ 2 ⑥ 4 ⑦ 6 ⑧ 8

D As shown in Figure 1 below, two sufficiently long straight conducting wires are parallel with one another and are perpendicular to an xy plane (this page), passing through points A$(0, 0)$ and B$(d, 0)$ in that plane. An electric current of magnitude I_A flows through the wire passing through A, and a current of magnitude I_B flows through the wire passing through B. The direction and magnitude of the magnetic field are measured in the range $0.1d \leqq x \leqq 0.9d$ on the x-axis connecting A and B, and it is determined that the magnetic field is parallel with the y-axis and has only the y-component, H_y. Figure 2 is a graph showing the relationship between H_y and x.

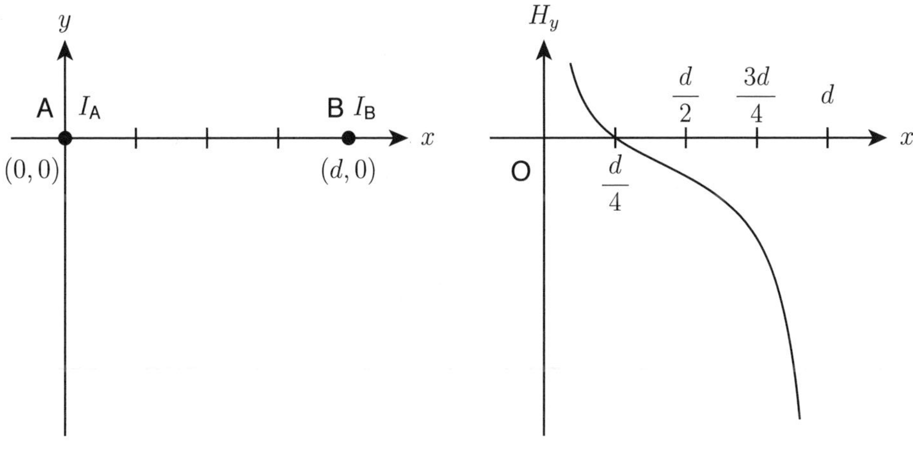

Figure 1 Figure 2

Q4 Is the direction of the electric current flowing through the wire that passes through B from the back of this page to the front, or from the front to the back? Also, what is $\frac{I_B}{I_A}$? From ①-⑥ below choose the best combination. **16**

	①	②	③	④	⑤	⑥
Direction of current passing through B	From back to front	From back to front	From back to front	From front to back	From front to back	From front to back
$\frac{I_B}{I_A}$	2	3	4	2	3	4

E As shown in the figure below, three sufficiently long straight conducting wires (A, B, C) are parallel with one another and are separated by 1-meter intervals within a plane perpendicular to this page. An electric current with a magnitude of 2.0 A flows through A in the direction from the back of the page to the front, a current with a magnitude of 3.0 A flows through B in the direction from the back of the page to the front, and a current with a magnitude of 4.0 A flows through C in the direction from the front of the page to the back. The currents flowing through A and C form magnetic field $\vec{H}$ at the position of B in the page. The current flowing through B is acted upon by force $\vec{F}$ from $\vec{H}$.

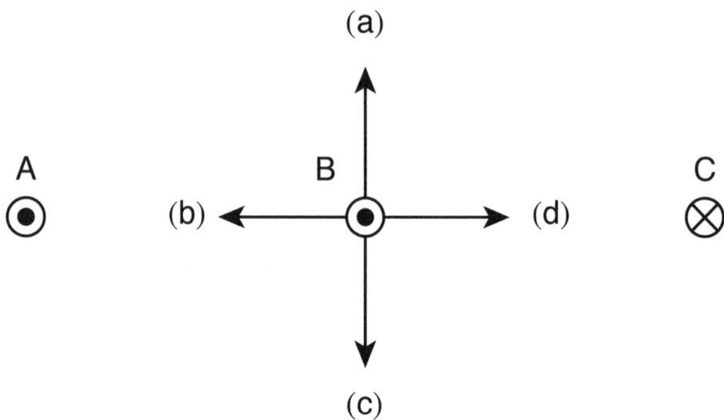

Q5 Which of arrows (a)-(d) in the figure indicates the direction of $\vec{H}$? Also, which of arrows (a)-(d) in the figure indicates the direction of $\vec{F}$? From ①-⑧ below choose the best combination. **17**

	①	②	③	④	⑤	⑥	⑦	⑧
Direction of $\vec{H}$	(a)	(a)	(b)	(b)	(c)	(c)	(d)	(d)
Direction of $\vec{F}$	(b)	(d)	(a)	(c)	(b)	(d)	(a)	(c)

F As shown in Figure 1 below, a rectangular coil (vertices: A, B, C, D) is rotating with a constant angular velocity. The direction indicated by the arrow for the coil's axis of rotation represents the direction that a right-handed screw advances when it is turned in the direction of the coil's rotation. The electromotive force induced in the coil was investigated for various orientations of the coil within uniform magnetic field $\vec{H}$. The results were as follows.

(1) An electromotive force was not induced in the coil when, as shown in Figure 2, the direction of the arrow indicating the axis of rotation was the positive direction of the y-axis.

(2) An electromotive force was induced in the coil in the direction A→B→C→D when, as shown in Figure 3, the direction of the arrow indicating the coil's axis of rotation was the positive direction of the z-axis, and the plane of the coil moved from being parallel with the xz plane with side AB on the near side (side where x-coordinate is greater) to being parallel with the yz plane.

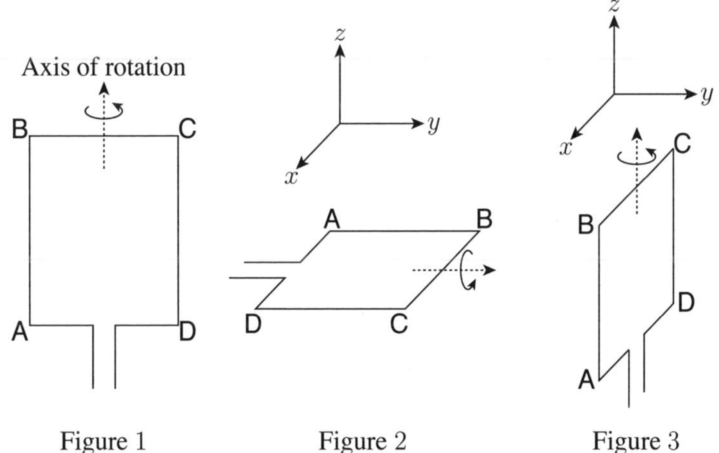

Figure 1　　Figure 2　　Figure 3

Q6 What is the direction of $\vec{H}$? From ①-⑥ below choose the best answer. **18**

① positive direction of x-axis　　② negative direction of x-axis

③ positive direction of y-axis　　④ negative direction of y-axis

⑤ positive direction of z-axis　　⑥ negative direction of z-axis

V Answer question **A** (Q1) below.

A An atomic nucleus X with mass number A and atomic number Z is represented as ${}_{Z}^{A}\mathrm{X}$. A thorium nucleus ${}_{90}^{232}\mathrm{Th}$ becomes a radon nucleus ${}_{86}^{220}\mathrm{Rn}$ after undergoing α-decay [a] times and β-decay [b] times.

Q1 What values fill blanks [a] and [b] in the statement above? From ①-④ below choose the correct combination. **19**

	①	②	③	④
a	3	3	4	4
b	2	3	2	3

End of Physics questions. Leave the answer spaces **20** – **75** blank. Please check once more that you have properly marked the name of your subject as "Physics" on your answer sheet.

Do not take this question booklet out of the room.

Chemistry

Marking Your Choice of Subject on the Answer Sheet

Choose and answer two subjects from Physics, Chemistry, and Biology. Use the front side of the answer sheet for one subject, and the reverse side for the other subject.

As shown in the example on the right, if you answer the Chemistry questions, circle "Chemistry" and completely fill in the oval under the subject name.

If you do not correctly fill in the appropriate oval, your answers will not be graded.

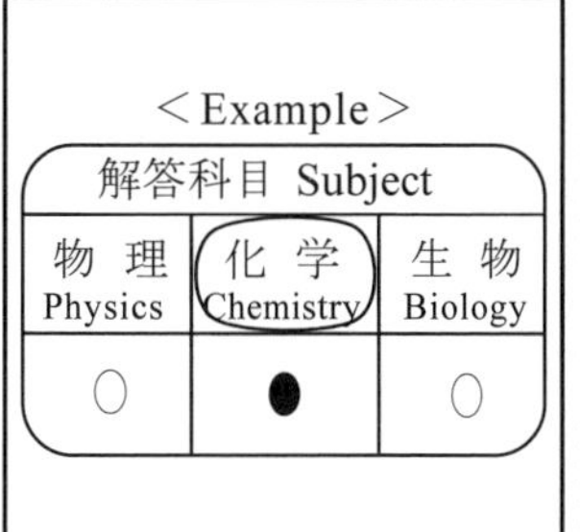

Unless noted otherwise, assume that all gases are ideal gases.

Use the following values for calculation. The unit of volume "liter" is represented by "L".

Standard state: 0 ℃, 1.01×10^5 Pa (1 atm)

The molar volume of an ideal gas at the standard state: 22.4 L/mol

Gas constant: $R = 8.31 \times 10^3$ Pa·L/(K·mol)

Avogadro constant: $N_A = 6.02 \times 10^{23}$ /mol

Faraday constant: $F = 9.65 \times 10^4$ C/mol

Atomic weight: H : 1.0 He : 4.0 C : 12 N :14 O : 16 S : 32 Ni : 59

The relation between the group and the period of elements used in this examination is indicated in the following periodic table. Atomic symbols other than **H** are omitted.

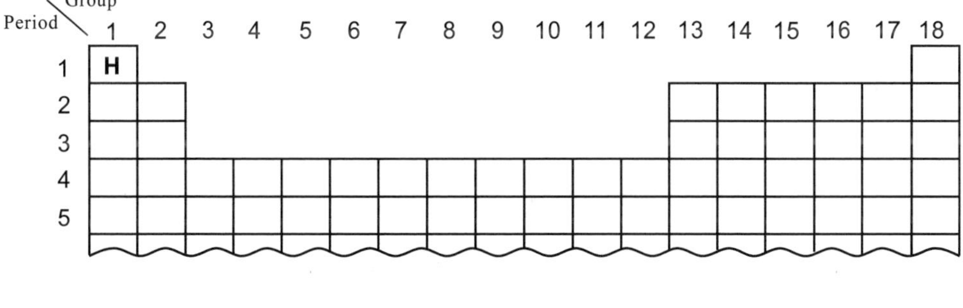

Q1 Among the following molecules and ions **a**-**d**, there are two in which the total number of electrons are the same. From ①-⑥ below choose the correct combination. **1**

a F_2 **b** NH_3 **c** Li^+ **d** OH^-

① **a**, **b** ② **a**, **c** ③ **a**, **d** ④ **b**, **c** ⑤ **b**, **d** ⑥ **c**, **d**

Q2 The elemental analysis of a compound consisting of two elements **A** and **B** was carried out. The composition by mass was 71 % **A** and 29 % **B**. The atomic weight of **A** is 1.21 times as large as that of **B**. From ①-⑦ below choose the correct compositional formula of this compound. **2**

① $\mathbf{AB}$ ② $\mathbf{AB}_2$ ③ $\mathbf{AB}_3$ ④ $\mathbf{A}_2\mathbf{B}$

⑤ $\mathbf{A}_2\mathbf{B}_3$ ⑥ $\mathbf{A}_3\mathbf{B}$ ⑦ $\mathbf{A}_3\mathbf{B}_2$

Q3 Among the following molecules **a**-**e**, two are nonpolar though they have polar bond(s) in the molecule. From ①-⑥ below choose the correct combination. **3**

a water

b nitrogen

c ammonia

d carbon dioxide

e tetrachloromethane

① **a**, **c** ② **a**, **e** ③ **b**, **d** ④ **b**, **e** ⑤ **c**, **d** ⑥ **d**, **e**

Q4 Suppose there is a gas mixture of methane (CH_4) and ethane (C_2H_6), the volume ratio of which is 1:1 at the same temperature and pressure. When a sufficient amount of oxygen (O_2) was added and the mixture was completely combusted, 36 g of water (H_2O) was generated. From ①-⑥ in the table below, choose the correct combination of the closest values for the total amount of the gas mixture in mol and the mass (g) of generated carbon dioxide (CO_2). **4**

	Total amount of the gas mixture (mol)	Mass of carbon dioxide (g)
①	0.40	18
②	0.40	35
③	0.40	53
④	0.80	18
⑤	0.80	35
⑥	0.80	53

Q5 Concerning the following statements on the separation procedure with the aid of a separatory funnel, choose the correct combination of terms which apply to blanks **A** and **B** from ①-⑥ in the table below. **5**

A mixed aqueous solution of iodine and potassium iodide and hexane are added to a separatory funnel, and the funnel is shaken well, and left still. Then the aqueous solution and hexane are separated in two layers. Since iodine is more readily soluble in hexane than in water, most of the iodine dissolves in the hexane. The separation procedure taking advantage of the difference in solubility is known as **A**, and the hexane solution corresponds to the **B** in the following drawing.

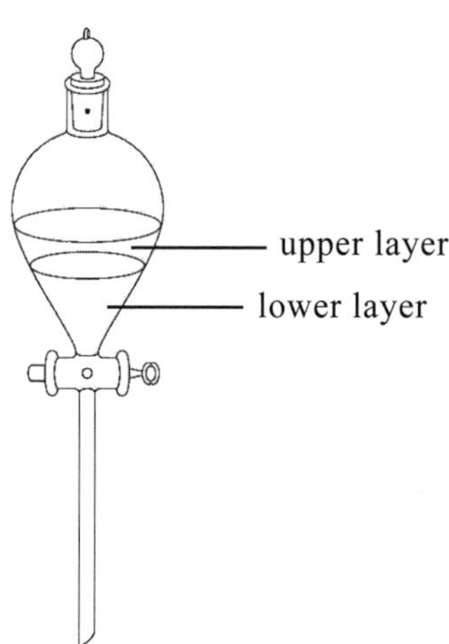

	A	B
①	recrystallization	upper layer
②	extraction	upper layer
③	filtration	upper layer
④	recrystallization	lower layer
⑤	extraction	lower layer
⑥	filtration	lower layer

Q6 The following graph indicates the relation between the pressure and volume of 10 g of methane (CH_4) at 400 K. From ①-④ below choose the gas that has the same relation between pressure and volume with this graph. **6**

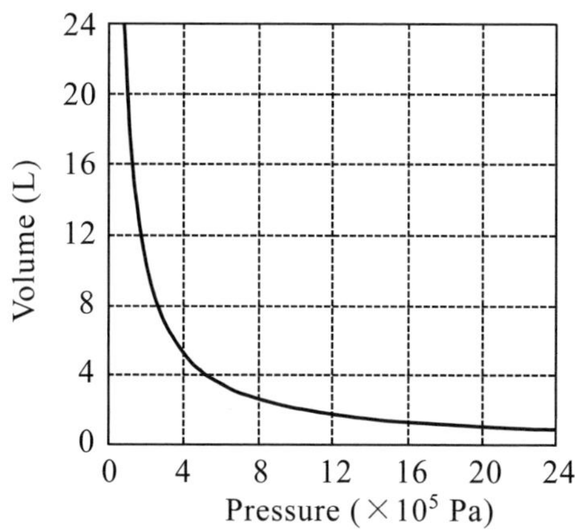

① 10 g of helium (He) at 200 K

② 10 g of helium at 800 K

③ 10 g of oxygen (O_2) at 200 K

④ 10 g of oxygen at 800 K

Q7 Suppose 2.52 g of oxalic acid hydrate ($(COOH)_2 \cdot nH_2O$) is dissolved in water to prepare 1.0 L of the aqueous solution. Suppose 0.050 mol/L of aqueous barium hydroxide ($Ba(OH)_2$) is added dropwise to 50 mL of this aqueous solution. The neutralization point is reached when 20 mL of the aqueous barium hydroxide is added. From ①-⑥ below choose the most appropriate one as the value of n. **7**

① 0.5 ② 1 ③ 2 ④ 3 ⑤ 4 ⑥ 5

Q8 Among the following reactions ①-⑥, choose the one in which the underlined atom is reduced and the change (in absolute value) of the oxidation number is the least. **8**

① $\underline{S}O_2 + 2\,H_2S \longrightarrow 2\,H_2O + 3\,S$

② $\underline{Cu} + 2\,H_2SO_4 \longrightarrow CuSO_4 + 2\,H_2O + SO_2$

③ $CuCl_2 + H_2\underline{S} \longrightarrow CuS + 2\,HCl$

④ $H_2O_2 + \underline{S}O_2 \longrightarrow H_2SO_4$

⑤ $\underline{Mn}O_2 + 4\,HCl \longrightarrow MnCl_2 + 2\,H_2O + Cl_2$

⑥ $2\,K\underline{Mn}O_4 + 5\,H_2O_2 + 3\,H_2SO_4 \longrightarrow 2\,MnSO_4 + 5\,O_2 + 8\,H_2O + K_2SO_4$

Q9 Suppose that 0.40 A of electric current was passed through aqueous nickel(II) sulfate for 4800 s with a copper plate acting as a cathode and a nickel plate acting as an anode. Assume that the combined area of both surfaces of the copper plate is 40 cm^2. From ①-⑥ below choose the most appropriate value for the average thickness of the nickel deposited on the copper plate in cm. Assume that the density of metallic nickel is 8.9 g/cm^3 and that the area of all four edges of the copper plate is negligible. **9** cm

① 3.3×10^{-4}　② 1.7×10^{-3}　③ 3.3×10^{-3}

④ 6.6×10^{-3}　⑤ 1.7×10^{-2}　⑥ 6.6×10^{-2}

Q10 A reversible reaction in which gases **B** and **C** are generated from gas **A** is represented by reaction formula (i) where *a, b*, and *c* are coefficients.

$$a\,\mathbf{A} \rightleftarrows b\,\mathbf{B} + c\,\mathbf{C} \qquad \text{(i)}$$

Suppose **B** and **C** are formed from a fixed amount of **A** and reach an equilibrium state. The curves plotted in the following graph show the pressure dependence of the volume percent (%) of **A** in the gas mixture at equilibrium at different temperatures. It is clear from the graph that the forward reaction of reaction (i) is an **X**, and the relation among *a, b*, and *c* is **Y**. From ①-⑥ in the table below choose the correct combination of term and relation which fits blanks **X** and **Y**. **10**

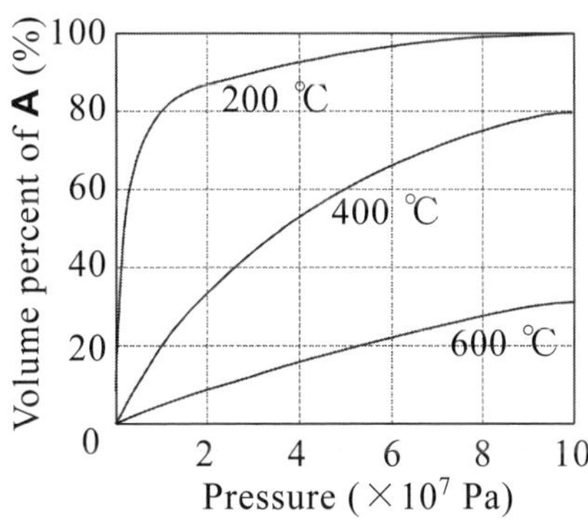

	X	Y
①	endothermic reaction	$a > b + c$
②	endothermic reaction	$a = b + c$
③	endothermic reaction	$a < b + c$
④	exothermic reaction	$a > b + c$
⑤	exothermic reaction	$a = b + c$
⑥	exothermic reaction	$a < b + c$

Q11 Among the following statements **a-d** on helium, neon, and argon, all belonging to Group 18 in the periodic table, two are correct. From ①-⑥ below choose the correct combination. **11**

a For all atoms of these elements the number of outermost shell electrons is 8.

b The boiling point of helium is the lowest among all substances.

c At normal temperature and pressure, the density of gaseous neon is larger than that of fluorine, but smaller than that of chlorine.

d Among helium, neon, and argon, the one that is most abundant in air is argon.

① **a, b** ② **a, c** ③ **a, d** ④ **b, c** ⑤ **b, d** ⑥ **c, d**

Q12 From the following compounds ①-⑥, choose the one that is an acidic oxide and hardly soluble in water. **12**

① SiO_2 ② Al_2O_3 ③ SO_2 ④ MgO ⑤ Li_2O ⑥ P_4O_{10}

Q13 Among the following gases ①-⑤, choose the one that is most appropriately collected by downward delivery. **13**

① the gas generated by adding dilute sulfuric acid (H_2SO_4) to iron(II) sulfide (FeS)

② the gas generated by adding dilute nitric acid (HNO_3) to copper (Cu)

③ the gas generated by adding sodium hydroxide (NaOH) to sodium acetate (CH_3COONa) and heating the mixture

④ the gas generated by adding concentrated sulfuric acid (H_2SO_4) to formic acid (HCOOH) and heating the mixture

⑤ the gas generated by adding concentrated sulfuric acid to ethanol (C_2H_5OH) and heating the mixture to 170 ℃

Q14 Among the following statements ①-⑤, choose the one that is applicable to all metals. **14**

① They react with concentrated nitric acid to generate hydrogen.

② They exist as crystals at room temperature.

③ They show electrical conductivity.

④ They react with basic aqueous solutions.

⑤ They readily accept electron(s) to change to anions.

Q15 The experiment shown in the following figure was carried out to separate each ion from the aqueous solution containing metal ions Ag^{+}, Cu^{2+}, and Zn^{2+}. From ①-⑥ in the table below, choose the correct combination of reagents for **A** and **B** in the figure. **15**

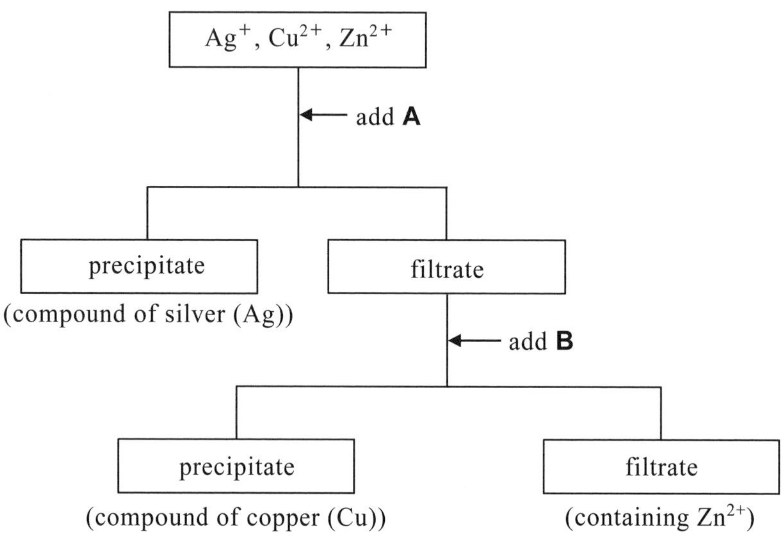

	A	**B**
①	aqueous ammonia (in excess)	hydrogen sulfide
②	aqueous ammonia (in excess)	dilute hydrochloric acid
③	aqueous sodium hydroxide (small amount)	hydrogen sulfide
④	aqueous sodium hydroxide (small amount)	dilute hydrochloric acid
⑤	dilute hydrochloric acid	aqueous ammonia (in excess)
⑥	dilute hydrochloric acid	hydrogen sulfide

Q16 The compound **X**, composed of carbon (C), hydrogen (H), and oxygen (O), is a white powder at normal temperature and pressure. When 3.0 mg of **X** was completely combusted, 4.4 mg of carbon dioxide and 1.8 mg of water were generated. From ①-⑤ below, choose the most appropriate one as **X**. **16**

① methanol (CH_4O)

② acetic acid ($C_2H_4O_2$)

③ fumaric acid ($C_4H_4O_4$)

④ glucose ($C_6H_{12}O_6$)

⑤ phthalic acid ($C_8H_6O_4$)

Q17 How many isomers are possible for the compound the molecular formula of which is C_4H_8? From ①-⑥ below, choose the correct one. When stereoisomers are involved, each should be counted separately. **17**

① 4 ② 5 ③ 6 ④ 7 ⑤ 8 ⑥ 9

Q18 The following is the reaction pathway diagram for compounds **A**-**F**, each of which is synthesized from the raw material, calcium carbide (CaC_2). From the following statements ①-⑥ on compounds **A**-**F**, choose the one which is **not** correct. **18**

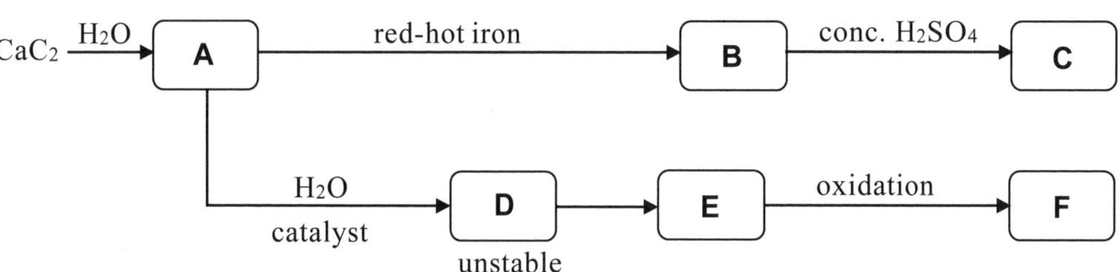

① **A** has a C≡C bond in the molecule.

② **B** is an aromatic compound.

③ **C** dissolves in water to show acidity.

④ **D** has hydroxy group(s).

⑤ **E** is identical with the compound obtained by the oxidization of methanol.

⑥ When sodium hydrogencarbonate is added to **F**, **F** dissolves to form a salt while a gas is generated.

Q19 Three aromatic compounds **X**, **Y**, and **Z** gave the following experimental results **a** and **b**.

a When aqueous sodium hydrogencarbonate was added, **X** and **Y** reacted to generate a gas, but **Z** did not react.

b When aqueous iron(III) chloride was added, **Y** and **Z** reacted to form colored products, but **X** did not.

X, **Y**, and **Z** are each one of **A**, **B**, or **C**. From ①-⑥ in the table below, choose the correct combination. **19**

A *o*-cresol **B** salicylic acid **C** phthalic acid

OH, CH_3 OH, COOH COOH, COOH

	X	Y	Z
①	A	B	C
②	A	C	B
③	B	A	C
④	B	C	A
⑤	C	A	B
⑥	C	B	A

Q20 In the table below, polymers and their monomers are listed from **a**-**f**. Among these polymers, two are obtained by condensation polymerization. From ①-⑥ below, choose the correct combination. **20**

	Polymer	Monomer(s)
a	acrylonitrile-butadiene rubber	$CH_2=CH-CN$ $CH_2=CH-CH=CH_2$
b	nylon 6,6	$HOOC(CH_2)_4COOH$ $H_2N(CH_2)_6NH_2$
c	styrene-butadiene rubber	$C_6H_5-CH=CH_2$ $CH_2=CH-CH=CH_2$
d	nylon 6	cyclic: CH_2 bonded to CH_2-CH_2-NH and $CH_2-CH_2-C(=O)$, with NH bonded to C
e	poly(ethylene terephthalate)	$HOOC-C_6H_4-COOH$ $HO(CH_2)_2OH$
f	poly(vinyl acetate)	$CH_2=CH(OCOCH_3)$

① **a**, **d** ② **a**, **f** ③ **b**, **c** ④ **b**, **e** ⑤ **c**, **e** ⑥ **d**, **f**

End of Chemistry questions. Leave the answer spaces **21** ～ **75** blank. Please check once more that you have properly marked the name of your subject as "Chemistry" on your answer sheet.

Do not take this question booklet out of the room.

Biology

Marking Your Choice of Subject on the Answer Sheet

Choose and answer two subjects from Physics, Chemistry, and Biology. Use the front side of the answer sheet for one subject, and the reverse side for the other subject.

As shown in the example on the right, if you answer the Biology questions, circle "Biology" and completely fill in the oval under the subject name.

If you do not correctly fill in the appropriate oval, your answers will not be graded.

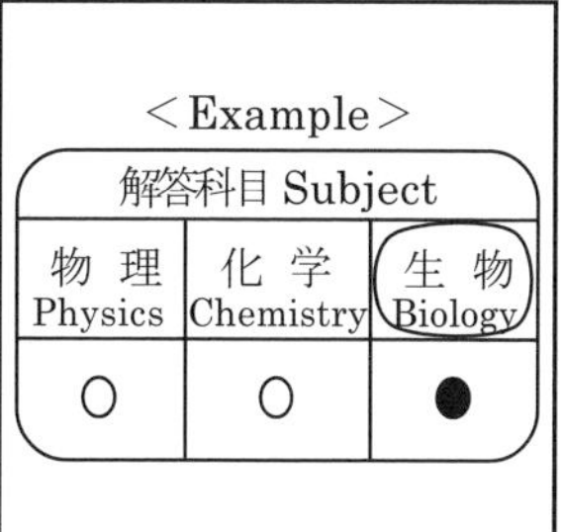

Q1 From ① – ⑥ below choose the combination indicating the two statements that correctly describe enzymes in the following statements a – d. **1**

a Some enzymes require small molecules called coenzymes in order to be active.

b Most enzymes are highly tolerant of heat and do not become inactivated even at around 95°C.

c Enzyme reactions are not affected by the pH of the solution.

d Enzyme reactions may be inhibited by substances with a structure similar to the substrate.

① a, b ② a, c ③ a, d ④ b, c ⑤ b, d ⑥ c, d

Q2 The following figure schematically represents the structures of a plant cell and an animal cell. A – F in the figure indicate the nucleus, chloroplast, mitochondrion, cell membrane, cell wall, or vacuole. Answer questions (1) and (2) below concerning this.

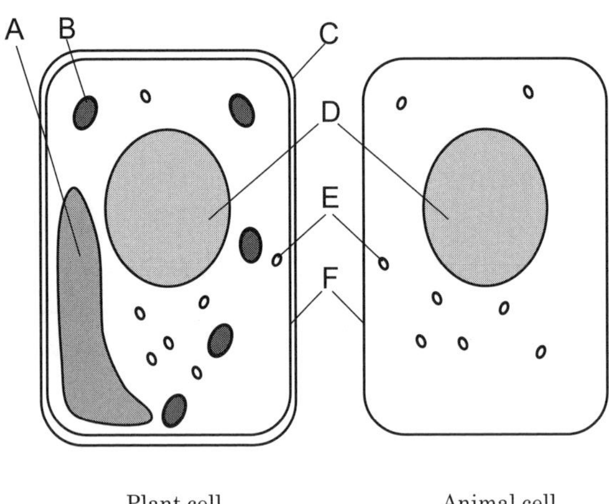

(1) From ①–⑥ below choose the combination that correctly identifies structures A – C. **2**

	A	B	C
①	nucleus	chloroplast	cell wall
②	nucleus	mitochondrion	cell membrane
③	vacuole	chloroplast	cell wall
④	vacuole	mitochondrion	cell membrane
⑤	chloroplast	vacuole	cell wall
⑥	chloroplast	vacuole	cell membrane

(2) From ①–⑥ below choose the combination correctly indicating all structures among A – F that are not found in prokaryotic cells. **3**

① A, B, D　② A, B, E　③ A, B, D, E　④ A, B, D, F

⑤ B, C, D　⑥ C, D, E, F

Q3 The following statements a – d describe the structure and function of amino acids. From ① – ⑥ below choose the combination indicating the two statements that are correct. **4**

a The basic structure of an amino acid comprises a nitrogen atom (N) bound with an amino group (—NH_2), a carboxyl group (—COOH), a hydrogen atom (—H), and a side chain.

b Two amino acids bond via the joining of the amino group of one amino acid with the carboxyl group of the other amino acid, resulting in the release of a water molecule. This is called a peptide bond.

c The side chains of amino acids are all neutral, and hence do not have positive (+) or negative (−) charges.

d Some amino acid side chains are hydrophilic, and some are hydrophobic.

① a, b ② a, c ③ a, d ④ b, c ⑤ b, d ⑥ c, d

Q4 The following processes a – d take place in living organisms. From ① – ⑥ below choose the combination correctly indicating the two processes in which ATP is synthesized. **5**

a protein synthesis at ribosomes

b respiration

c DNA replication

d photosynthesis

① a, b ② a, c ③ a, d ④ b, c ⑤ b, d ⑥ c, d

Q5 The following paragraph describes DNA replication. From ① – ⑧ below choose the combination of terms that correctly fills blanks [a] – [d] in the paragraph. [6]

DNA replication begins with the unwinding of the double-stranded DNA into the two strands, each of which serves as a template for synthesis of a new nucleotide chain. The elongation of each new strand starts with the synthesis of a short [a] fragment, called the primer, to the complementary sequence of the template strand. This primer is elongated by DNA polymerase to form a new strand. As DNA polymerase can elongate a strand only in the 5'→3' direction, one new strand is a [b], which is synthesized continuously, and the other is a [c], which is synthesized discontinuously. The fragments of the [c] are joined together by an enzyme called [d].

	a	b	c	d
①	DNA	leading strand	lagging strand	DNA ligase
②	DNA	lagging strand	leading strand	DNA ligase
③	DNA	leading strand	lagging strand	DNA helicase
④	DNA	lagging strand	leading strand	DNA helicase
⑤	RNA	leading strand	lagging strand	DNA ligase
⑥	RNA	lagging strand	leading strand	DNA ligase
⑦	RNA	leading strand	lagging strand	DNA helicase
⑧	RNA	lagging strand	leading strand	DNA helicase

Q6 From ①–④ below choose the statement that does **not** correctly describe genetic mutation.

7

① A change in a base sequence may not lead to a change of the amino acid specified by the codon.

② A mutation that changes the amino acid specified by a codon may lead to a change in the structure of the protein synthesized.

③ The number of amino acids of the protein synthesized by a gene does not change even when a base is substituted with a different base.

④ The insertion of a base may lead to a shift in the reading frame of codons.

Q7 The following figure schematically represents a cluster of genes in *Escherichia coli* that code for lactase and other enzymes, and the region of the DNA that is involved in regulation of their expression. From ① – ⑥ below choose the combination of terms that correctly fills blanks [A] – [C] in the paragraph below describing this figure. Note that [A] – [C] in the figure represent the same terms as blanks [A] – [C] in the paragraph.

8

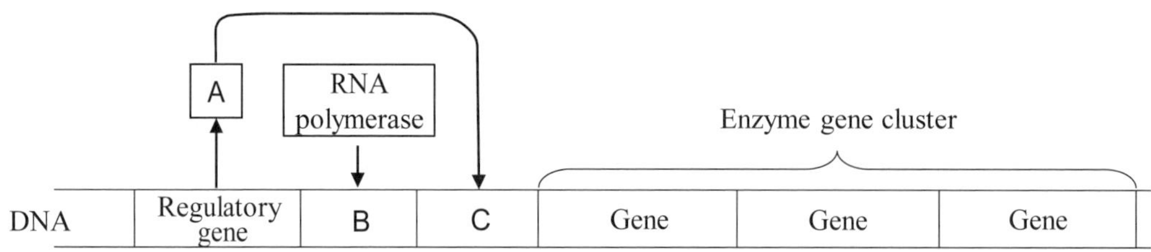

In order for *Escherichia coli* to use lactose, it needs to produce several enzymes involved in the breakdown of lactose. The genes that code for those enzymes are located side by side, forming an enzyme gene cluster.

When the medium contains glucose but not lactose, a protein called the [A] synthesized by the regulatory gene binds to the [C]; as a result, RNA polymerase cannot bind to the [B], thus inhibiting the transcription of the enzyme gene cluster.

However, when the medium contains lactose but not glucose, a lactose metabolite binds with the [A], changing its conformation. As a result, the [A] cannot bind to the [C], allowing transcription to occur.

	A	B	C
①	operator	repressor	promoter
②	operator	promoter	repressor
③	repressor	operator	promoter
④	repressor	promoter	operator
⑤	promoter	operator	repressor
⑥	promoter	repressor	operator

Q8 A certain organism has the three pairs of alleles A (a), B (b), and D (d). An individual with genotype *AABBDD* was crossed with an individual with genotype *aabbdd* to produce an F_1 generation. The F_1 were crossed with *aabbdd* individuals to produce a large population of second generation. The phenotype segregation ratios of the individuals in the second generation for various gene combinations were as shown below.

How are the three pairs of alleles arranged on the chromosome in an F_1 somatic cell? From ① – ⑤ below choose the correct answer. **9**

Gene combinations	Phenotype segregation ratios
A (a) and B (b)	[AB] : [Ab] : [aB] : [ab] ＝ 1 : 1 : 1 : 1
B (b) and D (d)	[BD] : [Bd] : [bD] : [bd] ＝ 1 : 1 : 1 : 1
A (a) and D (d)	[AD] : [Ad] : [aD] : [ad] ＝ 8 : 1 : 1 : 8

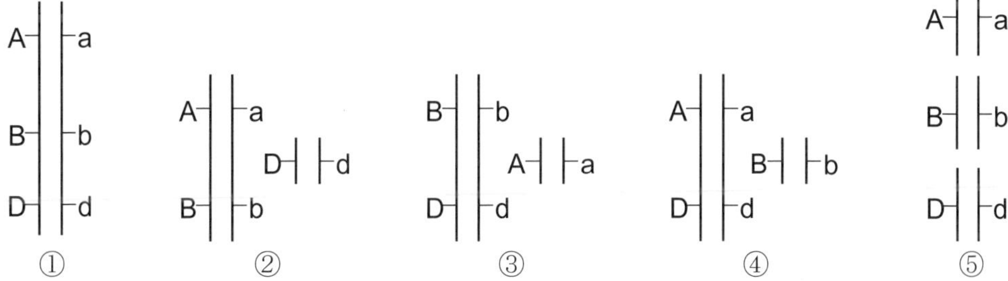

Q9 The following figure schematically represents a mature pollen of an angiosperm. From ①–⑥ below choose the statement that correctly describes A in the figure. 

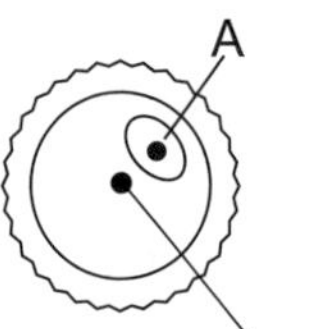

① A is a sperm cell which just completed the first division of meiosis (meiosis Ⅰ).

② A is a sperm cell which just completed the second division of meiosis (meiosis Ⅱ).

③ A is a sperm cell; following pollination, it will divide inside the pollen tube into two cells with the same number of chromosomes.

④ A is a generative cell which just completed the first division of meiosis.

⑤ A is a generative cell which just completed the second division of meiosis.

⑥ A is a generative cell; following pollination, it will divide inside the pollen tube into two cells with the same number of chromosomes.

Q10 The following table lists the mass concentration (%) of several constituents in the blood plasma, primitive urine, and urine of a healthy human. From ① – ⑧ below choose the combination that best indicates the values represented by A – C in the list. **11**

	Blood plasma	Primitive urine	Urine
Protein	8	A	0
Glucose	0.1	B	0
Urea	0.03	C	2
Na^{+}	0.3	0.3	0.35

	A	B	C
①	0	0	0.03
②	0	0	2
③	0	0.1	0.03
④	0	0.1	2
⑤	8	0	0.03
⑥	8	0	2
⑦	8	0.1	0.03
⑧	8	0.1	2

Q11 The following paragraph describes the autonomic nervous system and hormones in humans. From ①–⑧ below choose the combination of terms that correctly fills blanks [a] – [c] in the paragraph. **12**

When humans are exposed to a cold stimulus, the stimulus is transmitted to the brain, and the secretion of [a] from the adrenal medulla is promoted via the sympathetic nervous system. As a result, the blood glucose level [b] and the metabolic activity increases throughout the body. At the same time, the sympathetic nervous system causes blood vessels to [c], suppressing the release of heat.

	a	b	c
①	adrenaline	rises	dilate
②	adrenaline	rises	constrict
③	adrenaline	falls	dilate
④	adrenaline	falls	constrict
⑤	insulin	rises	dilate
⑥	insulin	rises	constrict
⑦	insulin	falls	dilate
⑧	insulin	falls	constrict

Q12 The following statements a – f describe phenomena that occur in humoral immunity. From ① – ⑥ below choose the answer that correctly arranges these phenomena in the order in which they occur, where f is the final step. **13**

a Antigen presentation results in activation of helper T cells.

b Antibody-forming cells (plasma cells) produce antibodies.

c B cells proliferate and differentiate.

d Dendritic cells engulf the foreign matter through phagocytosis.

e Helper T cells activate B cells.

f The antibodies bind with the antigens.

① a → d → e → c → b → f

② a → b → d → e → c → f

③ a → e → d → c → b → f

④ d → a → e → c → b → f

⑤ d → a → c → e → b → f

⑥ d → e → a → c → b → f

Q13 The following paragraph describes the gill withdrawal reflex of sea hares. From ①–⑥ below choose the combination of terms that correctly fills blanks [a] – [c] in the paragraph. **14**

The sea hare, a type of mollusk, has a gill (respiratory organ) and a siphon (structure through which seawater is drawn in and expelled) on its dorsal side. When a physical stimulus is applied to the siphon, the sea hare typically exhibits an action whereby the gill is retracted inside the body. When the same stimulus is repeatedly applied to the siphon, the degree of gill retraction gradually decreases, and eventually the gill stops retracting. This occurs because, at the sensory neuron terminals, the number of synaptic vesicles and the amount of neurotransmitters released [a] and calcium channels become [b]. This behavioral change is called [c].

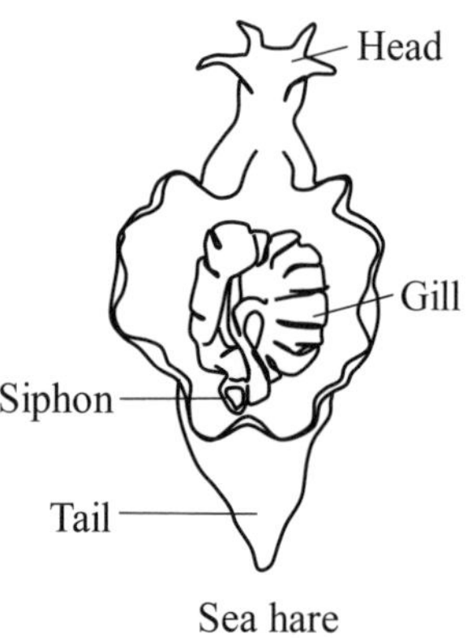

Sea hare

	a	b	c
①	increase	activated	dishabituation
②	increase	inactivated	dishabituation
③	increase	inactivated	habituation
④	decrease	activated	habituation
⑤	decrease	inactivated	dishabituation
⑥	decrease	inactivated	habituation

Q14 The following figure schematically describes experiments X – Z, which used the common cocklebur, a short-day plant, to examine flower bud formation. In each experiment, the entire plant was grown under a long-day condition, and the region enclosed by the rectangle was given short-day treatment.

Among branches A – F in the figure, which ones form flower buds? From ① – ⑤ below choose the correct combination. **15**

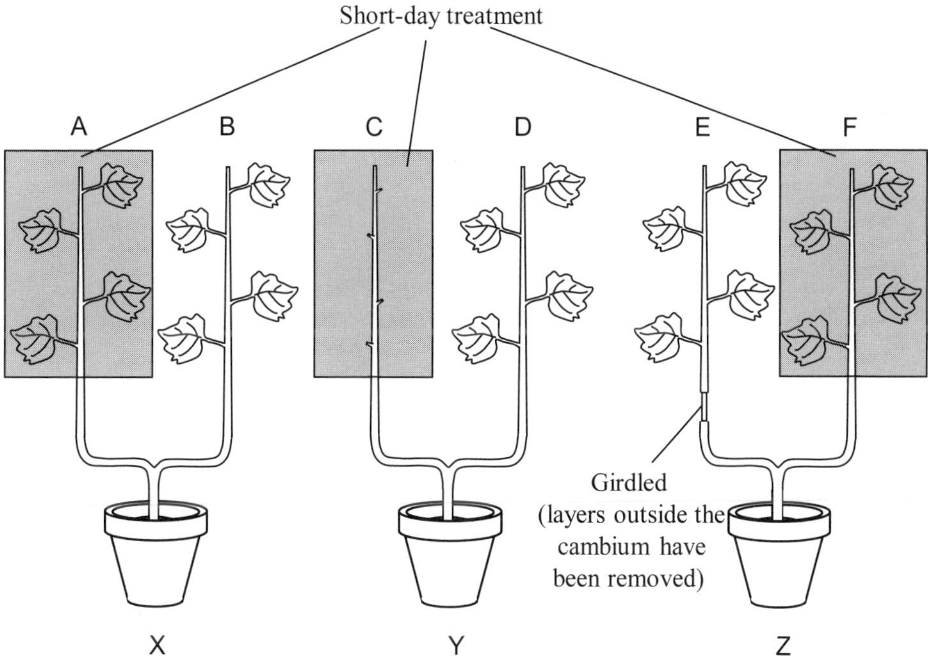

X One of the two branches was kept in a short-day condition.

Y One of the two branches was kept in a short-day condition after all its leaves were removed.

Z One of the two branches was kept in a short-day condition after the other branch was girdled so that the tissue layers outside the cambium were removed near its base.

① A, B, C ② A, B, C, F ③ A, B, E, F ④ A, B, F ⑤ B, D, F

Q15 The following statements a – d describe photoblastic seed germination. From ① – ⑥ below choose the combination indicating the two statements that are correct. **16**

a A photoreceptor called phytochrome is involved in germination.

b Germination is promoted by gibberellin.

c Germination is promoted by far-red light.

d Germination is inhibited by red light.

① a, b ② a, c ③ a, d ④ b, c ⑤ b, d ⑥ c, d

Q16 The following figure shows the relationship between mean annual precipitation and mean annual temperature in various terrestrial biomes throughout the world. Among A – E in the figure, which represent the summer green forest, evergreen forest, and rain green forest biomes? From ①–⑤ below choose the correct combination. **17**

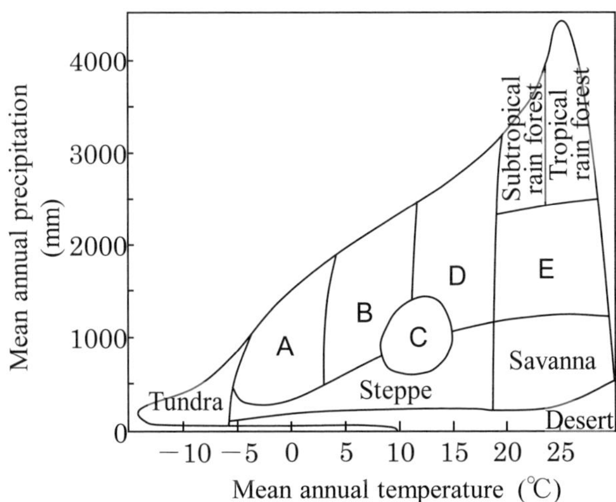

	Summer green forest	Evergreen forest	Rain green forest
①	A	B	C
②	A	D	E
③	B	C	A
④	B	C	D
⑤	B	D	E

Q17 The following paragraph describes the three-domain system. From ① – ④ below choose the combination of terms that correctly fills blanks [a] – [c] in the paragraph. **18**

A molecular phylogenetic tree based on the base sequences of [a], which is found in all organisms, shows that [b] are divided into two domains, Bacteria and Archaea, and [c] form another domain. These are called the three domains.

	a	b	c
①	rRNA	prokaryotes	eukaryotes
②	rRNA	eukaryotes	prokaryotes
③	hemoglobin	prokaryotes	eukaryotes
④	hemoglobin	eukaryotes	prokaryotes

End of Biology questions. Leave the answer spaces **19** ～ **75** blank.
Please check once more that you have properly marked the name of your subject as "Biology" on your answer sheet.

Do not take this question booklet out of the room.

2023 Examination for Japanese University Admission for International Students

Japan and the World

(80 min.)

I Rules of Examination

1. Do not leave the room without the proctor's permission.
2. Do not take this question booklet out of the room.

II Rules and Information Concerning the Question Booklet

1. Do not open this question booklet until instructed.
2. After instruction, write your name and examination registration number in the space provided below, as printed on your examination voucher.
3. This question booklet has 27 pages.
4. If your question booklet is missing any pages, raise your hand.
5. You may write notes and calculations in the question booklet.

III Rules and Information Concerning the Answer Sheet

1. You must mark your answers on the answer sheet with an HB pencil.
2. Each question is identified by one of the row numbers **1**, **2**, **3**, …. Follow the instruction in the question and completely fill in your answer in the corresponding row of the answer sheet (mark-sheet).
3. Make sure also to read the instructions on the answer sheet.

※ Once you are instructed to start the examination, fill in your examination registration number and name.

Examination registration number			*					*						
Name														

Q1 Read the following conversation between a teacher (Akira) and a student (Kyoko) and answer questions (1)-(4) below.

Kyoko: After the UK's Queen Elizabeth passed away, a state funeral was solemnly held for her in $_1$<u>Westminster</u> Abbey, in London.

Akira: $_2$<u>Many people attended</u> the funeral to pay their last respects. That so many people mourned her death left a deep impression on me.

Kyoko: After the sudden death of her father, George VI, she ascended the throne as Elizabeth II in 1952. She was then the monarch of the UK for 70 years.

Akira: That's right. She became Queen during the $_3$<u>tense era of the Cold War</u>, and it can be said that she watched over both the end of the Cold War and the post-Cold War world. During her reign, $_4$<u>the UK shifted the axis of its diplomacy and economy from its former colonies to European countries. That shift had a significant impact on the structure of world trade</u>. The royal family was affected by various scandals and issues, but Queen Elizabeth continued to be revered by the people as the Head of State. It will be interesting to see how events unfold in the UK following the loss of such a great Queen.

(1) With reference to underlined item **1**, Westminster is an area of London that has long been the center of the UK's government, and the British parliamentary cabinet system is sometimes called the Westminster Model. From ①-④ below choose the statement that best describes the Westminster Model. **1**

① The prime minister is chosen by the legislature from among candidates who do not hold a seat in Parliament.

② The cabinet is usually formed by the leader of the political party that holds the majority of seats in Parliament.

③ Parliament does not have the power to make motions of no confidence against the cabinet, and the cabinet does not have the power to dissolve Parliament.

④ Parliament comprises two houses, and generally the prime minister is chosen alternately from each house.

(2) With reference to underlined item **2**, some mourners attended the funeral from countries in the Commonwealth of Nations, which is mainly made up of the UK and most of its former colonies and overseas territories. From ①-④ on the map below choose the answer that best indicates a member of the Commonwealth of Nations. **2**

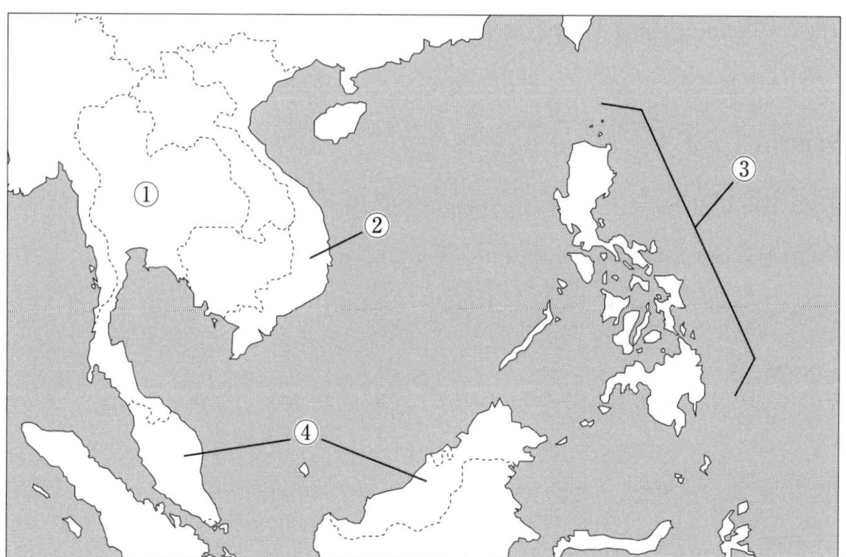

(3) With reference to underlined item **3**, items A–C below are Cold War-related events that occurred during Queen Elizabeth's reign. From ①–④ below choose the answer that correctly arranges these events in chronological order. **3**

A : The Partial Test Ban Treaty (PTBT) was signed by the UK, the USA, and the USSR.

B : East Germany and West Germany were simultaneously admitted as members of the UN as the result of an agreement signed by the UK, the USA, France, and the USSR.

C : The UK joined with the USA, France, and a number of Asia-Pacific countries to form the Southeast Asia Treaty Organization (SEATO).

① B → A → C

② B → C → A

③ C → A → B

④ C → B → A

(4) With reference to underlined item **4**, the following tables list the UK's top four trading partners in terms of value in 1952 and 2020. From ①-④ below choose the combination that correctly identifies the countries represented by X and Y in the tables. **4**

Rank	Exports (1952)	Imports (1952)
1	X	Canada
2	USA	USA
3	South Africa	X
4	Canada	New Zealand

Source: UN, *International Trade Statistics Yearbook*

Rank	Exports (2020)	Imports (2020)
1	USA	China
2	Y	Y
3	Ireland	USA
4	Netherlands	Netherlands

Source: *Sekai Kokusei-zue 2022/23*

① X : France Y : Japan

② X : France Y : Germany

③ X : Australia Y : Japan

④ X : Australia Y : Germany

Q2 Read the following paragraphs and answer questions (1)-(4) below.

The Republic of Türkiye* was founded in 1923, with Mustafa Kemal serving as its first president. The capital is 1 Ankara. Kemal strove to build a modern state by implementing reforms such as the separation of religion and politics.

After World War II, Türkiye became part of the Western bloc. It occupied a geopolitically important position during the Cold War era, as seen in 1947, when the president of the USA declared Türkiye's national integrity to be "essential to the preservation of order in the 2 Middle East." Türkiye was a founding member of both the Organisation for European Economic Co-operation (OEEC), which was established in 1948, and the 3 Organisation for Economic Co-operation and Development (OECD), which grew out of the OEEC. In addition, Türkiye joined the 4 North Atlantic Treaty Organization (NATO) in 1952. Amid the growing integration of Europe, Türkiye applied for membership in the European Communities (EC) in 1987 and has been negotiating for membership in the European Union (EU) since 2005, but it has not yet become a member.

*The official name in English was changed from the Republic of Turkey to the Republic of Türkiye in 2022.

(1) With reference to underlined item **1**, from ①-④ on the map below choose the answer that correctly indicates the location of Ankara. **5**

(2) With reference to underlined item **2**, from ①-④ below choose the statement that best describes the region of the Middle East. **6**

① The founding of the State of Israel was opposed by Arab states in the region, leading to the outbreak of the 1948 Arab-Israeli War.

② Syria was the first Arab country to conclude a peace treaty with Israel.

③ The Iranian Revolution was a communist revolution supported by the USSR.

④ Kurds gained full political control in Afghanistan through a coup d'état toward the end of the 1970s.

(3) With reference to underlined item **3**, the following figure shows changes in the growth rate of real GDP (gross domestic product) per capita for Japan, Türkiye, Australia, and Greece from 1990 to 2021. From ①-④ below choose the answer that indicates Türkiye. **7**

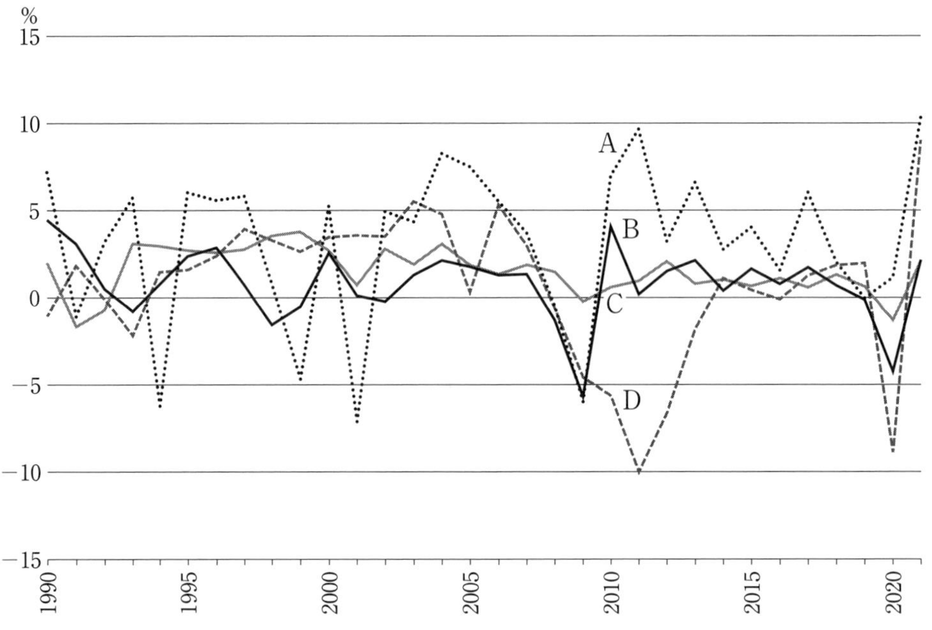

Source: Website of the World Bank

① A

② B

③ C

④ D

(4) With reference to underlined item **4**, from ①-④ below choose the statement that best describes NATO. **8**

① NATO military forces have never implemented military intervention.

② West Germany temporarily withdrew from NATO's integrated military-command structure because of a dispute with the USA.

③ NATO's founding treaty prescribes that an armed attack against any member or combination of members is to be considered an attack against all members.

④ Following the dissolution of the Warsaw Treaty Organization after the end of the Cold War, a succession of countries withdrew from NATO.

Q3 Various economic theories have been put forward in response to the development of the capitalist economy. From ①-④ below choose the statement that best describes an opinion held by the economist indicated. **9**

① Friedrich List criticized the restriction of imports as a means of protecting domestic industries and instead advocated free trade.

② Karl Marx believed that mercantilist colonialism was the ultimate outcome of the development of capitalism.

③ Joseph Schumpeter believed that innovation by entrepreneurs was a driving force behind economic development.

④ John Maynard Keynes criticized market intervention by the government, holding that the government should focus solely on national defense and the preservation of public order.

Q4 The following figure shows the demand (D) and supply (S) curves for the international oil market. From ①-④ below choose the statement that best describes the phenomenon that occurred during the oil crisis of the early 1970s.

10

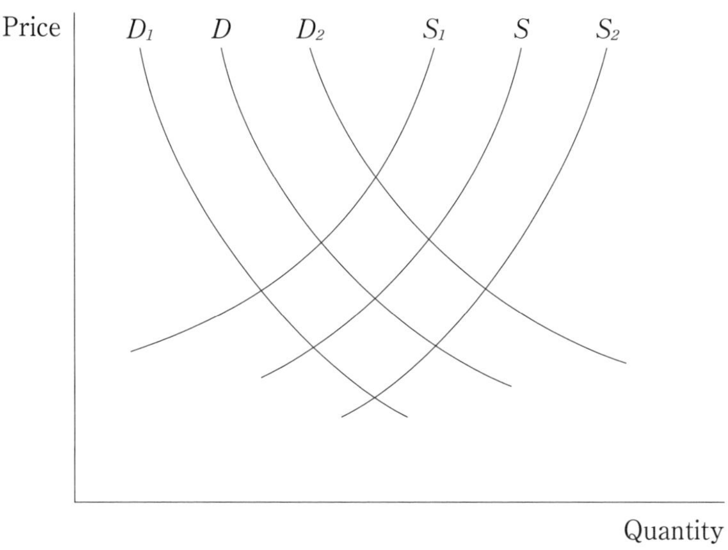

① Demand for oil increased rapidly; consequently, the demand curve shifted to the left from D to D_1.

② Demand for oil increased rapidly; consequently, the demand curve shifted to the right from D to D_2.

③ Oil-producing countries reduced their output; consequently, the supply curve shifted to the left from S to S_1.

④ Oil-producing countries reduced their output; consequently, the supply curve shifted to the right from S to S_2.

Q5 Let us suppose that a certain automobile dealer engages in the following business for a period of one year. The dealer imports used cars from overseas for a total of 8 million yen and purchases car parts for a total of 2 million yen. The dealer pays two mechanics a salary of 3 million yen each and has them service the used cars with the purchased car parts. The dealer sells the serviced cars for a total of 24 million yen. What is the value added by this business, meaning the amount that should be included in the GDP for that year? From ①-④ below choose the correct answer. **11**

① 8 million yen

② 14 million yen

③ 16 million yen

④ 24 million yen

Q6 From ①-④ below choose the statement that best describes joint-stock companies in Japan. **12**

① At least 100 million yen of capital is required to establish a joint-stock company.

② The right to vote at the general meeting of shareholders is accorded on the basis of one vote for each shareholder.

③ The position of representative director is filled by the shareholder who owns the largest number of shares.

④ In the event that a joint-stock company goes bankrupt, shareholder liability for debts is limited to an amount equal to their capital contribution.

Q7 The Basel Accords are a set of agreements that include applying a common standard to internationally operating banks as a measure for strengthening the international banking system and reducing inequalities among banks in international operations. That standard was fully applied to Japanese banks at the end of March 1993. From ①-④ below choose the answer that best indicates what the standard prescribes. **13**

① upper limit on discounted loans and bills

② upper limit on deposit interest rates

③ lower limit on the reserve-deposit ratio

④ lower limit on the capital-to-asset ratio

Q8 From ①-④ below choose the statement that best describes Japanese government bonds. **14**

① Japanese law in principle prohibits the direct purchase of government bonds by the Bank of Japan.

② Japanese law sets an upper limit on the outstanding balance of government bonds.

③ Japanese law restricts the purchase of government bonds to individuals and corporations active only inside Japan.

④ Japanese law prohibits the issuance of government bonds to fund public-works projects.

Q9 From ①-④ below choose the statement that best describes taxes in Japan. **15**

① The individual income tax has a large built-in stabilizing effect on economic fluctuations.

② The corporation tax has a significant stimulating effect on private investment.

③ With regard to tariffs, the higher the duty rate, the greater the stimulating effect on trade.

④ The consumption tax has a significant effect on redistributing income from higher-income groups to lower-income groups.

Q10 From ①-④ below choose the statement that best describes the basic principle of Japan's public health-care insurance system. **16**

① Enrollment in public health-care insurance is mandatory, and insured persons do not need to pay for their medical expenses when they receive treatment.

② Enrollment in public health-care insurance is mandatory, and insured persons pay for a portion of their medical expenses when they receive treatment.

③ Enrollment in public health-care insurance is voluntary, and insured persons do not need to pay for their medical expenses when they receive treatment.

④ Enrollment in public health-care insurance is voluntary, and insured persons pay for a portion of their medical expenses when they receive treatment.

Q11 From ①-④ below choose the statement that best describes the history of the international financial system. **17**

① In the 1960s, the USA experienced a growing trade surplus with large amounts of gold flowing into the country.

② In the 1970s, major countries such as the UK and Japan shifted to a system of floating exchange rates.

③ In the 1980s, efforts were made through the Plaza Accord to correct the depreciation of the US dollar.

④ In the 1990s, the International Monetary Fund (IMF) was founded to deal with the Asian currency crises.

Q12 From ①-④ below choose the statement that best describes a country whose primary income in the balance of payments shows a consistent surplus. **18**

① The amount of interest and dividends received from abroad is greater than the amount paid to other countries.

② The compensation paid to foreigners who work in that country is greater than the compensation paid to the country's citizens who work abroad.

③ The amount of gift remittances made to foreigners who live in that country is greater than the amount made to the country's citizens who live abroad.

④ The amount of money paid by foreign companies to acquire domestic companies is greater than the amount paid by domestic companies to acquire foreign companies.

Q13 From ①-④ below choose the statement that best describes the Paris Agreement that was adopted at the 21st Session of the Conference of the Parties to the UN Framework Convention on Climate Change in 2015. **19**

① It remains unenforced because the required conditions for entering into force have not been fulfilled.

② It prescribes that the use of coal will be prohibited in the future.

③ It prohibits international emissions trading, which had been allowed under the Kyoto Protocol.

④ It calls on all parties, including developing countries, to make efforts to reduce greenhouse gas emissions.

Q14 The following topographical map shows a certain area in Japan. From ①-④ below choose a type of land usage that is **not** depicted on this map. **20**

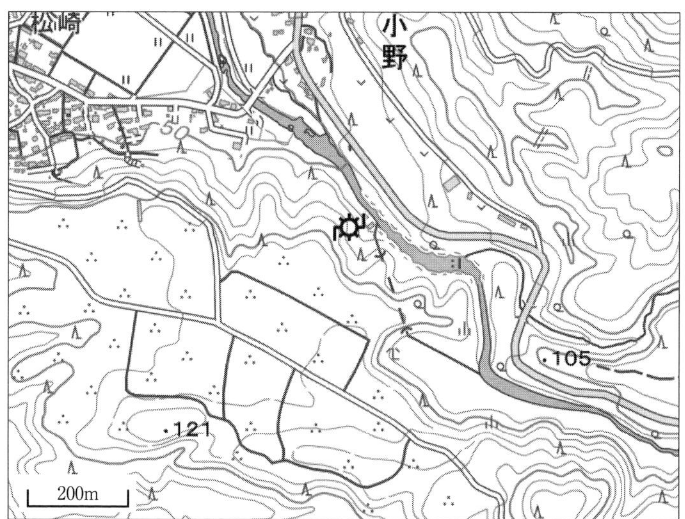

Source: GSI maps

① rice paddies

② tea fields

③ orchards

④ coniferous forests

Q15 From ①-④ below choose the combination of terms that best fills blanks [a] and [b] in the following paragraph describing atmospheric circulation. **21**

Air that has been warmed near the equator rises and flows toward higher latitudes. This results in the formation of subtropical high-pressure belts in the middle latitudes. The Earth's surface in these belts is characterized by [a]. The air that subsequently flows toward lower latitudes forms what are called [b].

	a	b
①	low rainfall	westerlies
②	low rainfall	trade winds
③	high humidity	westerlies
④	high humidity	trade winds

Q16 Read the following statement and from ①-④ below choose the term that best fills blank [a] in the statement. **22**

The [a] are extensive grasslands centered on Buenos Aires, Argentina, that have thriving agriculture and stock-raising industries.

① Pampas

② Selvas

③ Llanos

④ Campos

Q17 The following table lists the self-sufficiency ratios (%) of agricultural products of Japan, the UK, France, and Germany in 2019. From ①-④ below choose the answer that indicates Japan. Note that these rates are calculated based on weight. **23**

Country	Cereals	Starchy roots	Beans	Meat
A	187	138	118	102
B	101	124	78	120
C	98	89	103	75
D	33	85	43	61

Source: *Sekai Kokusei-zue 2022/23*

① A

② B

③ C

④ D

Q18 The following figure shows population trends in 10-year intervals for Asia, Africa, Europe, North America, Latin America, and Oceania, with the population level in 1960 defined as 1. From ①-④ below choose the combination that correctly identifies Asia and North America in the figure. **24**

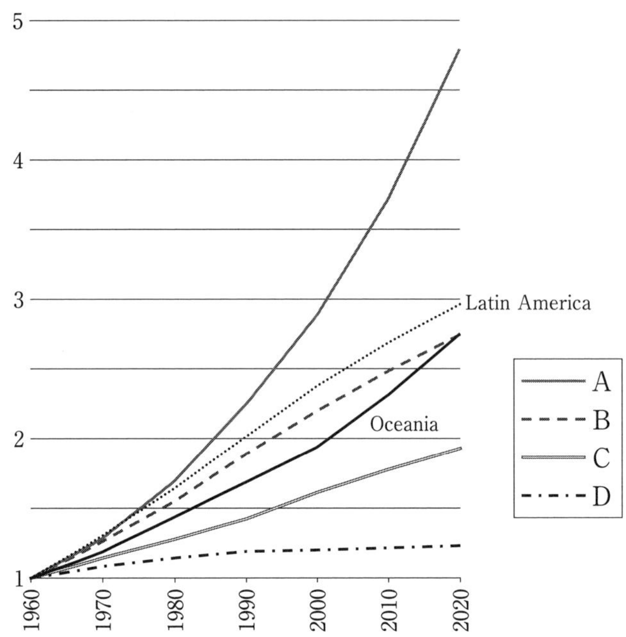

Source: *Sekai Kokusei-zue 2022/23*

	Asia	North America
①	A	C
②	A	D
③	B	C
④	B	D

Q19 The following passage dates from the 13th century: "The king has no equal within his realm.... The king must not be under man but under God and under the law." After a certain jurist reportedly cited the passage to admonish King James I for his rule in the 17th century, the words came to be regarded as a maxim signifying the "rule of law." From ①-④ below choose the answer that identifies that jurist. **25**

① Edward Coke
② John Locke
③ Thomas Hobbes
④ Charles-Louis de Montesquieu

Q20 From ①-④ below choose the phrase that correctly fills blank [a] in the following text of Article 41 of the Constitution of Japan. **26**

The Diet shall be the highest organ of state power, and shall [a].

① appoint the Ministers of State
② be the sole law-making organ of the State
③ be the symbol of the unity of the people
④ appoint the Chief Judge of the Supreme Court

Q21 The Constitution of Japan guarantees the status of judges in order to ensure the independence of the judiciary. From ①-④ below choose the statement that best describes a condition for the removal of judges. **27**

① Signatures calling for the removal of the judge are collected from at least one-third of the electorate.

② An executive organ administers disciplinary action against the judge.

③ An impeachment trial of the judge results in a verdict calling for removal.

④ The Grand Bench of the Supreme Court determines that the judge lacks the necessary qualities.

Q22 From ①-④ below choose the statement that best describes criminal trials in Japan today. **28**

① Acts that were lawful at the time they were committed cannot be punished under laws enacted after that time.

② All defendants without exception have the right to a public trial.

③ Defendants are sometimes found guilty even if the only evidence is their own confession.

④ Once a verdict of guilty has been rendered, the case cannot be retried even if new facts are discovered afterwards.

Q23 Laws that govern the workings of the state and the relationships between the state and individuals are referred to as public law. From ①-④ below choose the answer that best represents a law classified in Japan as public law. **29**

① Civil Code

② Commercial Code

③ Cabinet Act

④ Companies Act

Q24 From ①-④ below choose the statement that best describes working conditions in Japan today. **30**

① Since regulations governing labor by foreigners have been eliminated, foreigners are able to work without restriction.

② In order to protect minors, labor by individuals below the age of 18 is prohibited.

③ The right to collective action by government employees is fully approved.

④ Labor contracts that do not meet legal standards are invalid even if the laborers consented to the contracts.

Q25 Read the following paragraph and from ①-④ below choose the combination of terms that correctly fills blanks [a] and [b] in the paragraph. **31**

In 1944 the draft of the Charter of the United Nations was discussed at a conference held in [a]. The conference was held in two stages. Representatives of the USA, the UK, and the USSR participated in the first stage. Participants in the second stage included representatives of the USA, the UK, and the Republic of China. Later, in June 1945, the Charter of the United Nations was signed at a conference in [b], and the United Nations was launched the following October.

	a	b
①	Cairo	Yalta
②	San Francisco	Cairo
③	Dumbarton Oaks	San Francisco
④	Yalta	Dumbarton Oaks

Q26 From ①-④ below choose the statement that best describes the UN General Assembly. **32**

① The General Assembly decides on military enforcement measures for the maintenance of international peace and security.

② Each member state has the right to cast one vote.

③ The General Assembly makes judicial decisions on international conflicts in accordance with international law.

④ Decisions on such important matters as the expulsion of a member state require unanimous agreement.

Q27 After World War II, the USA implemented a policy meant to support Europe's postwar recovery and economic independence. What is the name generally used for this policy? From ①-④ below choose the best answer. **33**

① Schuman Plan

② Marshall Plan

③ Truman Doctrine

④ Brezhnev Doctrine

Q28 Read the following paragraph and from ①-④ below choose the combination of terms that best fills blanks [a] and [b] in the paragraph. **34**

The Industrial Revolution began in the UK in the second half of the 18th century. Improvements to the steam engine by James Watt made it possible to generate a stable supply of power. The use of steam engines for power contributed to the growth of the [a] industry. There was also an increase in demand for [b], which was used as fuel for steam engines.

	a	b
①	cotton	oil
②	cotton	coal
③	chemical	oil
④	chemical	coal

Q29 Items A-D below are events that occurred during the American War of Independence. From ①-④ below choose the answer that correctly arranges these events in chronological order. **35**

A : Adoption of the Declaration of Independence

B : Formation of the League of Armed Neutrality

C : Battle of Yorktown

D : Battle of Lexington

① A → B → D → C

② B → C → D → A

③ C → B → A → D

④ D → A → B → C

Q30 From ①-④ below choose the statement that best describes the 1854 Japan-US Treaty of Peace and Amity. **36**

① The shogunate followed the advice of the King of the Netherlands and concluded the treaty.

② The treaty prescribed the opening of a new port in Yokohama.

③ The treaty prescribed the setting of tariff rates based on mutual discussion.

④ Matthew C. Perry led a naval squadron to Japan and pressured Japan to conclude the treaty.

Q31 An international conference was held in Berlin from 1884 to 1885. From ①-④ below choose the statement that best describes this conference. **37**

① It restored the Holy Roman Empire and defined the extent of its territory.

② Basic principles were laid down for the colonization of Africa.

③ European powers discussed how to respond to the spread of communism.

④ It was held to resolve conflicts in Southeast Asia between the UK and France.

Q32 The Treaty of Peace with Japan Signed at San Francisco was signed in 1951 and went into effect in 1952. The treaty officially brought an end to the state of war between Japan and the other signatories and restored Japan's sovereignty. From ①-④ below choose the answer indicating a country that did **not** sign the treaty. **38**

① USSR

② UK

③ Netherlands

④ France

The end of the questions for Japan and the World. Leave answer spaces **39** — **60** blank.

Do not take this question booklet out of the room.

2023 Examination for Japanese University Admission for International Students

Mathematics (80 min.)

【Course 1 (Basic), Course 2 (Advanced)】

※ Choose one of these courses and answer its questions only.

I Rules of Examination

1. Do not leave the room without proctor's permission.
2. Do not take this question booklet out of the room.

II Instructions for the Question Booklet

1. Do not open this question booklet until instructed.
2. After being instructed, write your name and examination registration number in space provided below, as printed on your examination voucher.
3. Course 1 is on pages 1-13, and Course 2 is on pages 15-27.
4. If your question booklet is missing any pages, raise your hand.
5. You may write notes and calculations in the question booklet.

III Instructions for how to answer the questions

1. You must mark your answers on the answer sheet with an HB pencil.
2. Each letter **A**, **B**, **C**, ⋯ in the questions represents a numeral (from 0 to 9) or the minus sign(−). When you mark your answers, fill in the oval completely for each letter in the corresponding row of the answer sheet(mark-sheet).
3. Sometimes an answer such as [A] or [BC] is used later in the question. In such a case, the symbol is shaded when it is used later, as [A] or [BC].

Note the following :

(1) Reduce square roots ($\sqrt{\ }$) as much as possible.
(Example: Express $\sqrt{32}$ as $4\sqrt{2}$, not as $2\sqrt{8}$ or $\sqrt{32}$.)

(2) For fractions, attach the minus sign to the numerator, and reduce the fraction to its lowest terms.
(Example: Substitute $\frac{1}{3}$ for $\frac{2}{6}$. Also simplify as follows:
$-\frac{2}{\sqrt{6}} = \frac{-2\sqrt{6}}{6} = \frac{-\sqrt{6}}{3}$. Then apply $\frac{-\sqrt{6}}{3}$ to the answer.)

(3) If your answer to $\frac{\boxed{A}\sqrt{\boxed{B}}}{\boxed{C}}$ is $\frac{-\sqrt{3}}{4}$, mark as shown below.

(4) If the answer to $\boxed{DE}\,x$ is $-x$, mark "−" for **D** and "1" for **E** as shown below.

A	●	⓪	①	②	③	④	⑤	⑥	⑦	⑧	⑨
B	⊖	⓪	①	②	●	④	⑤	⑥	⑦	⑧	⑨
C	⊖	⓪	①	②	③	●	⑤	⑥	⑦	⑧	⑨
D	●	⓪	①	②	③	④	⑤	⑥	⑦	⑧	⑨
E	⊖	⓪	●	②	③	④	⑤	⑥	⑦	⑧	⑨

4. Carefully read the instructions on the answer sheet, too.

※ Once you are instructed to start the examination, fill in your examination registration number and name.

Examination registration number			*				*						
Name													

Mathematics Course 1

(Basic Course)

(Course 2 begins on page 15)

Marking Your Choice of Course on the Answer Sheet

Choose to answer either Course 1 or Course 2.

If you choose Course 1, for example, circle the label "Course 1" and completely fill in the oval under the label on your answer sheet as shown in the example on the right.

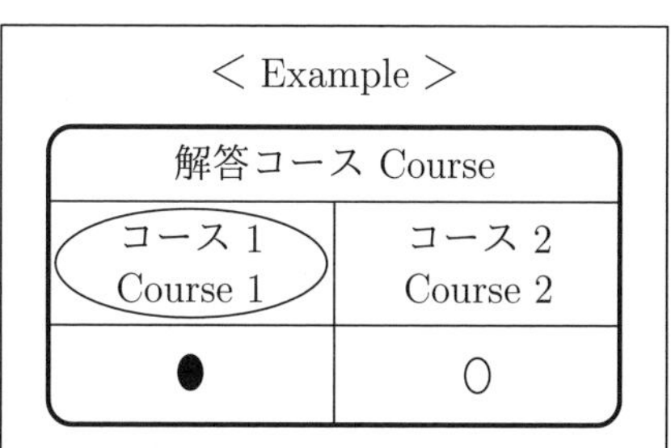

< Example >
解答コース Course
コース 1
Course 1
コース 2
Course 2

If you do not correctly fill in the appropriate oval, your answers will not be graded.

Q 1 We are to find the values of a, b, and c such that the two quadratic functions

$$f(x) = \frac{1}{3}x^2 + ax - b \quad \text{and} \quad g(x) = -x^2 + cx + b$$

satisfy conditions (A) and (B).

(A) The graphs of $y = f(x)$ and $y = g(x)$ intersect on the line $x = -1$ and on the line $x = 3$.

(B) The difference between the maximum value of $g(x)$ and the minimum value of $f(x)$ is $\frac{16}{3}$.

Since from condition (A) the graphs of the two quadratic functions intersect on the line $x = -1$, we have that

$$3a + \boxed{\mathsf{A}}\,b - \boxed{\mathsf{B}}\,c = \boxed{\mathsf{C}}. \quad \cdots\cdots\cdots \text{①}$$

Since they also intersect on the line $x = 3$, we have

$$\boxed{\mathsf{D}}\,a - 2b - \boxed{\mathsf{E}}\,c = -12. \quad \cdots\cdots\cdots \text{②}$$

Thus from ① and ② we obtain $b = \boxed{\mathsf{F}}$.

Next, from condition (B), since $b = \boxed{\mathsf{F}}$ we have

$$\boxed{\mathsf{G}}\,a^2 + 3c^2 = \boxed{\mathsf{HI}}.$$

From these we also obtain that

$$a = -\frac{\boxed{\mathsf{J}}}{\boxed{\mathsf{K}}} \quad \text{and} \quad c = \boxed{\mathsf{L}}.$$

- memo -

Q 2 For **O** and **P** in the following sentences, enter the correct number, and for the other [ ], choose the correct answer from among choices ⓪ ～ ⑨ on the right-hand page.

There are three boxes, A, B, and C, each of which contains nine cards. On each card in the box, a different number from one to nine is written.

(1) One card is taken out of each of the boxes A, B, and C, and the numbers on the cards taken out are denoted by a, b, and c, respectively.

(i) The probability that $a = b \neq c$ is **M**.

(ii) The probability that a, b, and c are all different is **N**.

(iii) Let us find the probability p that $a > 2b > 3c$.

The range of b such that there exist triples of a, b, and c satisfying the condition is

$$\boxed{\text{O}} \leqq b \leqq \boxed{\text{P}}.$$

By noting this, we obtain that

$$p = \boxed{\text{Q}}.$$

(2) Let us take out three cards from A and two cards from B, a total of five cards.

(i) The probability that among the five cards taken out there are four cards on each of which an odd number is written and one card on which an even number is written is **R**.

(ii) The probability that among the five cards taken out there is at least one card on which an odd number is written is **S**.

(Q 2 is continued on the next page.)

⓪ $\frac{8}{81}$　① $\frac{14}{81}$　② $\frac{56}{81}$　③ $\frac{64}{81}$

④ $\frac{25}{126}$　⑤ $\frac{35}{126}$　⑥ $\frac{115}{126}$　⑦ $\frac{125}{126}$

⑧ $\frac{8}{729}$　⑨ $\frac{10}{729}$

This is the end of the questions for [I]. Leave the answer spaces **T** ～ **Z** of [I] blank.

II

Q 1 Let $x = 3 + \sqrt{5}$, $y = a + \sqrt{5}$, and $z = -3 + \sqrt{5}$, where a is a rational number. We are to find the value of a such that

$$P = 2x^2 + 12y^2 - 2z^2 - 11xy + 5yz$$

is a rational number.

For **D** in the following sentences, choose the correct answer from among choices ⓪ ~ ⑦ below, and for the other $\square$, enter the correct number.

First, the sum of the terms of P which do not contain x can be factorized as

$$12y^2 + 5yz - 2z^2 = \left(\boxed{\text{A}}\,y - z\right)\left(\boxed{\text{B}}\,y + \boxed{\text{C}}\,z\right).$$

Next, transforming P by rearranging the terms as an expression in x, P can be factorized as

$$P = \boxed{\text{D}}.$$

So, by substituting $x - z = \boxed{\text{E}}$, $x + z = \boxed{\text{F}}\sqrt{\boxed{\text{G}}}$, and $y = a + \sqrt{5}$ into the above expression, P can be represented as

$$P = \boxed{\text{H}}\left(\boxed{\text{I}}\,a + \sqrt{5}\right)\left(a - \boxed{\text{J}} + \sqrt{5}\right).$$

When this right-hand expression is expanded and sorted, we see that for P to be a rational number, we must have $a = \dfrac{\boxed{\text{K}}}{\boxed{\text{L}}}$.

⓪ $(x - 4y + z)(x + 3y + 2z)$
① $(x - 4y + z)(2x - 3y - 2z)$
② $(x + 4y - z)(x + 3y + 2z)$
③ $(x + 4y - z)(2x + 3y + 2z)$
④ $(2x - 4y + z)(x - 3y - 2z)$
⑤ $(2x - 4y + z)(2x - 3y - 2z)$
⑥ $(2x + 4y - z)(x + 3y + 2z)$
⑦ $(2x + 4y - z)(2x + 3y + 2z)$

- memo -

Q 2 Let a and b be real numbers. Let us consider the two quadratic equations

$$x^2 + (a-1)x - a + 1 = 0 \cdots\cdots\cdots \quad ①$$

$$4x^2 - 4ax + 4ab - 1 = 0. \cdots\cdots\cdots \quad ②$$

(1) For each of **M** and **N** in the following sentences, choose the correct answer from among choices ⓪ ~ ⑨ below this question.

Let us find the range of a such that equation ① has a real solution.

For equation ① to have a real solution, a must satisfy the inequality

M $\geqq 0.$

Hence, the range of a is **N**.

⓪ $a^2 - 2a - 3$ ① $a^2 + 2a - 3$ ② $a^2 - 3a - 2$ ③ $a^2 + 3a - 2$

④ $-1 \leqq a \leqq 3$ ⑤ $a \leqq -1,\ 3 \leqq a$ ⑥ $-3 \leqq a \leqq 1$ ⑦ $a \leqq -3,\ 1 \leqq a$

⑧ $1 \leqq a \leqq 2$ ⑨ $a \leqq 1,\ 2 \leqq a$

(2) Let us find the range of b such that the following condition is satisfied.

[CONDITION] For every a such that equation ① has a real solution, equation ② also has a real solution.

(i) In the following sentences, for **O**, choose the correct answer from among choices ⓪ ~ ④ below this question, and for **P**, choose the correct answer from among choices ⑤ ~ ⑨.

The condition for equation ② to have a real solution is that a and b satisfy the inequality

O $\geqq 0.$

(Q 2 is continued on the next page.)

Considering the left-hand side **O** of this inequality as a quadratic function in a, we denote it by $f(a)$. By completing the square on $f(a)$, we obtain

$$f(a) = \boxed{\text{P}}.$$

⓪ $a^2 - 2ab + 1$　① $a^2 + 2ab - 1$　② $a^2 - 4ab + \frac{1}{4}$

③ $a^2 - 4ab + 1$　④ $a^2 + 4ab - 1$　⑤ $(a-b)^2 - b^2 + 1$

⑥ $(a+b)^2 - b^2 - 1$　⑦ $(a-2b)^2 - 4b^2 - \frac{1}{4}$

⑧ $(a-2b)^2 - 4b^2 + 1$　⑨ $(a+2b)^2 - 4b^2 - 1$

(ii) For each of **Q** ~ **Y** in the following sentences, choose the correct answer from among choices ⓪ ~ ⑨ below this question.

When we find the minimum value m of function $f(a)$ on the range **N**, focusing on the position of the axis of the graph of function $f(a)$, we have that

when $b \leqq \boxed{\text{Q}}$, $m = \boxed{\text{R}}$,

when $\boxed{\text{Q}} < b \leqq \boxed{\text{S}}$, $m = \boxed{\text{T}}$,

when $\boxed{\text{S}} < b \leqq \boxed{\text{U}}$, $m = \boxed{\text{V}}$

and

when $\boxed{\text{U}} < b$, $m = \boxed{\text{W}}$.

From the above, the range of b satisfying [**CONDITION**] is

$$\boxed{\text{X}} \leqq b \leqq \boxed{\text{Y}}.$$

⓪ $-\frac{19}{12}$　① $-\frac{3}{2}$　② $-\frac{5}{6}$　③ $-\frac{1}{2}$　④ $\frac{1}{2}$

⑤ $-4b+2$　⑥ $6b+8$　⑦ $12b+10$　⑧ $-2b^2+1$　⑨ $-4b^2+1$

This is the end of the questions for II. Leave the answer space **Z** of II blank.

Let the set of natural numbers from 1 to 999 be the universal set U. Let A be the set such that all numbers which use any of the numerals 7, 8, or 9 have been removed from U, and let B be the set such that all numbers which use any of the numerals 3, 6, or 9 have been removed from U.

(1) There are **ABC** elements in A, and there are **DEF** elements in $A \cap B$, the intersection of A and B. Also, there are **GHI** elements in $\overline{A} \cap B$, the intersection of B and the complement of A.

(2) When the elements of A are arranged in ascending order, the 160th element is **JKL**. When the elements of B are arranged in ascending order, the 160th element is **MNO**.

(3) Among the three-digit numbers contained in B, the second largest multiple of 9 is **PQR**, and the second smallest multiple of 18 is **STU**.

\- memo -

This is the end of the questions for III. Leave the answer spaces **V** ～ **Z** of III blank.

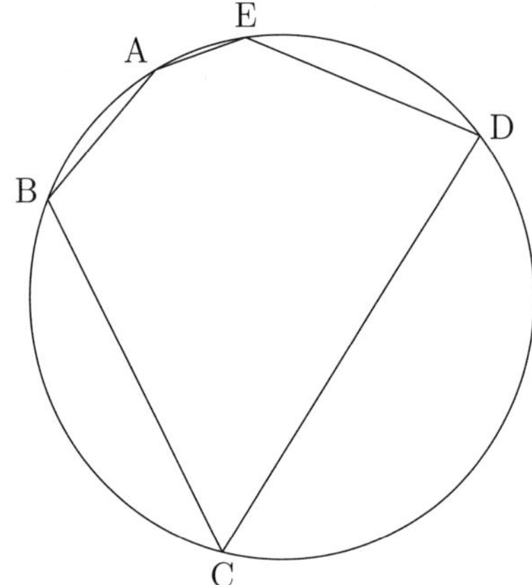

We have a pentagon ABCDE inscribed in a circle O, where

$$\mathrm{AB} = \sqrt{3}, \quad \mathrm{BC} = 4, \quad \mathrm{DE} = \sqrt{7},$$
$$\mathrm{EA} = 1, \quad \text{and} \quad \angle\mathrm{EAB} = 150°.$$

We are to find the radius of circle O, the length of side CD, and the area of pentagon ABCDE.

(1) $\mathrm{EB} = \sqrt{\boxed{\text{A}}}$, and the radius of circle O is $\sqrt{\boxed{\text{B}}}$.

(2) Since $\angle\mathrm{BDE} = \boxed{\text{CD}}°$, we see that for triangle BDE, $\angle\mathrm{DEB} = \boxed{\text{EFG}}°$ and $\mathrm{BD} = \sqrt{\boxed{\text{HI}}}$.

(3) $\angle\mathrm{BCD} = \boxed{\text{JK}}°$. When we set $x = \mathrm{CD}$ and apply the low of cosines for triangle BCD, we obtain the quadratic equation in x

$$x^2 - \boxed{\text{L}}\,x - \boxed{\text{M}} = 0.$$

Since $x > 0$, we obtain

$$x = \boxed{\text{N}}.$$

(4) The area of pentagon ABCDE is $\boxed{\text{O}}\sqrt{\boxed{\text{P}}}$.

- memo -

This is the end of the questions for [IV]. Leave the answer spaces **Q** ~ **Z** of [IV] blank.

This is the end of the questions for Course 1. Leave the answer spaces for [V] blank.

Please check once more that you have properly marked your course number as "Course 1" on your answer sheet.

Do not take this question booklet out of the room.

Mathematics Course 2

(Advanced Course)

Marking Your Choice of Course on the Answer Sheet

Choose to answer either Course 1 or Course 2.

If you choose Course 2, for example, circle the label "Course 2" and completely fill in the oval under the label on your answer sheet as shown in the example on the right.

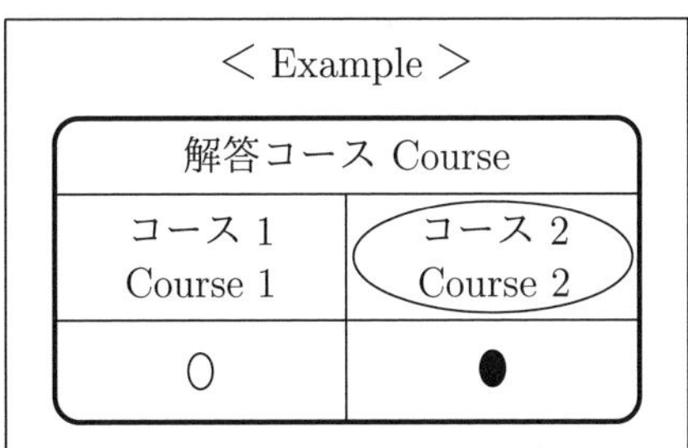

< Example >
解答コース Course
コース 1
Course 1
コース 2
Course 2

If you do not correctly fill in the appropriate oval, your answers will not be graded.

Q 1 We are to find the values of a, b, and c such that the two quadratic functions

$$f(x) = \frac{1}{3}x^2 + ax - b \quad \text{and} \quad g(x) = -x^2 + cx + b$$

satisfy conditions (A) and (B).

(A) The graphs of $y = f(x)$ and $y = g(x)$ intersect on the line $x = -1$ and on the line $x = 3$.

(B) The difference between the maximum value of $g(x)$ and the minimum value of $f(x)$ is $\frac{16}{3}$.

Since from condition (A) the graphs of the two quadratic functions intersect on the line $x = -1$, we have that

$$3a + \boxed{\text{A}}\,b - \boxed{\text{B}}\,c = \boxed{\text{C}}. \quad \cdots\cdots\cdots \quad ①$$

Since they also intersect on the line $x = 3$, we have

$$\boxed{\text{D}}\,a - 2b - \boxed{\text{E}}\,c = -12. \quad \cdots\cdots\cdots \quad ②$$

Thus from ① and ② we obtain $b = \boxed{\text{F}}$.

Next, from condition (B), since $b = \boxed{\text{F}}$ we have

$$\boxed{\text{G}}\,a^2 + 3c^2 = \boxed{\text{HI}}.$$

From these we also obtain that

$$a = -\frac{\boxed{\text{J}}}{\boxed{\text{K}}} \quad \text{and} \quad c = \boxed{\text{L}}.$$

- memo -

Q 2 For **O** and **P** in the following sentences, enter the correct number, and for the other ☐, choose the correct answer from among choices ⓪ ~ ⑨ on the right-hand page.

There are three boxes, A, B, and C, each of which contains nine cards. On each card in the box, a different number from one to nine is written.

(1) One card is taken out of each of the boxes A, B, and C, and the numbers on the cards taken out are denoted by a, b, and c, respectively.

(i) The probability that $a = b \neq c$ is **M**.

(ii) The probability that a, b, and c are all different is **N**.

(iii) Let us find the probability p that $a > 2b > 3c$.

The range of b such that there exist triples of a, b, and c satisfying the condition is

$$\boxed{\text{O}} \leqq b \leqq \boxed{\text{P}}.$$

By noting this, we obtain that

$$p = \boxed{\text{Q}}.$$

(2) Let us take out three cards from A and two cards from B, a total of five cards.

(i) The probability that among the five cards taken out there are four cards on each of which an odd number is written and one card on which an even number is written is **R**.

(ii) The probability that among the five cards taken out there is at least one card on which an odd number is written is **S**.

(Q 2 is continued on the next page.)

⓪ $\dfrac{8}{81}$ ① $\dfrac{14}{81}$ ② $\dfrac{56}{81}$ ③ $\dfrac{64}{81}$

④ $\dfrac{25}{126}$ ⑤ $\dfrac{35}{126}$ ⑥ $\dfrac{115}{126}$ ⑦ $\dfrac{125}{126}$

⑧ $\dfrac{8}{729}$ ⑨ $\dfrac{10}{729}$

This is the end of the questions for [I]. Leave the answer spaces [T] ~ [Z] of [I] blank.

II

Q 1 For each of **J**, **K**, and **L** in the following sentences, choose the correct answer from among choices ⓪ ~ ⑨ on the right-hand page, and for the other ☐, enter the correct number.

In a quadrilateral OABC, let both $\angle$OAB and $\angle$OCB be right angles, and let the lengths of sides OA and OC be 2 and $\sqrt{2}$, respectively. Also, let the length of the diagonal AC be $\sqrt{3}$.

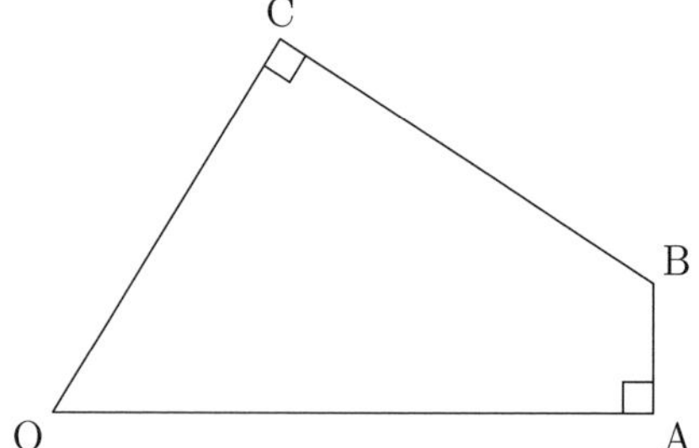

Setting $\vec{a} = \overrightarrow{\mathrm{OA}}$, $\vec{b} = \overrightarrow{\mathrm{OB}}$, and $\vec{c} = \overrightarrow{\mathrm{OC}}$, we are to find the values of the inner products $\vec{a}\cdot\vec{b}$, $\vec{b}\cdot\vec{c}$, and $\vec{c}\cdot\vec{a}$ and express $\vec{b}$ in terms of $\vec{a}$ and $\vec{c}$. Furthermore, denoting the intersection point of the two diagonals AC and OB by D, we are to find what multiple of $\vec{b}$ the vector $\overrightarrow{\mathrm{OD}}$ is.

(1) Since $\overrightarrow{\mathrm{AC}} = \vec{c} - \vec{a}$, we have $\vec{c}\cdot\vec{a} = \dfrac{\boxed{\mathsf{A}}}{\boxed{\mathsf{B}}}$.

(2) Since $\vec{a}$ and $\overrightarrow{\mathrm{AB}}$ are perpendicular, we have $\vec{a}\cdot\vec{b} = \boxed{\mathsf{C}}$. Similarly we have $\vec{b}\cdot\vec{c} = \boxed{\mathsf{D}}$.

(3) When we set $\vec{b} = s\vec{a} + t\vec{c}$, we see that

from $\vec{a}\cdot\vec{b} = \boxed{\mathsf{C}}$ we have $\boxed{\mathsf{E}}s + \boxed{\mathsf{F}}t = \boxed{\mathsf{G}}$;

and

from $\vec{b}\cdot\vec{c} = \boxed{\mathsf{D}}$ we have $\boxed{\mathsf{H}}s + \boxed{\mathsf{I}}t = 4$.

Hence, we obtain

$s = \boxed{\mathsf{J}}$ and $t = \boxed{\mathsf{K}}$.

(Q 1 is continued on the next page.)

(4) Since point D is on segment AC, we obtain

$$\overrightarrow{OD} = \boxed{\textsf{L}}\ \vec{b}\,.$$

⓪ $\dfrac{8}{23}$ ① $\dfrac{10}{23}$ ② $\dfrac{20}{23}$ ③ $\dfrac{28}{23}$ ④ $\dfrac{30}{23}$

⑤ $\dfrac{23}{28}$ ⑥ $\dfrac{23}{30}$ ⑦ $\dfrac{31}{46}$ ⑧ $\dfrac{51}{46}$ ⑨ $\dfrac{46}{51}$

Q 2 Let A(z_1), B(z_2), and C(z_3) be three different points on a complex plane. We set

$$\frac{z_3 - z_2}{z_2 - z_1} = a + bi,$$

where a and b are real numbers.

(1) For each of **M** and **N** in the following sentences, choose the correct answer from among choices ⓪ ~ ③ below this question.

If $a = 0$, then **M**. If $b = 0$, then **N**.

⓪ the straight line AB and the straight line BC are perpendicular

① the straight line BC and the straight line CA are perpendicular

② the straight line CA and the straight line AB are perpendicular

③ the straight line AB and the straight line BC are the same straight line

(2) For each of **P** and **Q** in the following sentences, choose the correct answer from among choices ⓪ ~ ⑧ below this question, and for the other ☐, enter the correct number or the minus sign.

Denote ∠A, ∠B, and ∠C of a triangle ABC by A, B, and C, respectively. Consider the triangle ABC satisfying

$$a = \frac{(i\cos A + \sin A)\,(i\cos B - \sin B)}{\cos C - i\sin C} \quad \text{and} \quad b = \sqrt{3}.$$

The right side of the expression for a can be transformed into

$$\frac{(i\cos A + \sin A)\,(i\cos B - \sin B)}{\cos C - i\sin C} = \boxed{\text{O}}\left(\cos \boxed{\text{P}} + i\sin \boxed{\text{P}}\right).$$

Since a is a real number, we see that triangle ABC is a right triangle where **Q** $= \dfrac{\pi}{2}$ and that $a =$ **RS**.

(Q 2 is continued on the next page.)

Since $a = $ RS and $b = \sqrt{3}$, we have that

$$\theta = \arg\left(\frac{z_3 - z_2}{z_2 - z_1}\right) = \frac{\boxed{\text{T}}}{\boxed{\text{U}}}\pi, \quad \text{and} \quad \left|\frac{z_3 - z_2}{z_2 - z_1}\right| = \boxed{\text{V}},$$

where the range of the argument θ is $0 \leqq \theta < 2\pi$. Thus we know that triangle ABC is a right triangle where

$$A = \frac{\pi}{\boxed{\text{W}}}, \quad B = \frac{\pi}{\boxed{\text{X}}}, \quad \text{and} \quad C = \frac{\pi}{\boxed{\text{Y}}}.$$

⓪ A	① $(A+B-C)$	② $(-A-B+C)$
③ B	④ $(A-B+C)$	⑤ $(-A+B-C)$
⑥ C	⑦ $(A-B-C)$	⑧ $(-A+B+C)$

This is the end of the questions for II. Leave the answer space Z of II blank.

Define the function $f(x)$ as

$$f(x) = \begin{cases} x+2 & \text{when } x < 0 \\ -x^2+x+2 & \text{when } x \geqq 0. \end{cases}$$

We are to find the value of a at which $S(a) = \int_a^{a+2} f(x)dx$ is maximized and the maximum value of $S(a)$.

(1) $S(-2) = \boxed{\text{A}}$, $S(0) = \dfrac{\boxed{\text{BC}}}{\boxed{\text{D}}}$.

(2) For each of $\boxed{\text{E}}$ and $\boxed{\text{F}}$ in the following sentences, choose the correct answer from among choices ⓪ ~ ② below, and for the other $\boxed{}$, enter the correct number.

⓪ $<$　　① $=$　　② $>$

Let us consider the value of $S(a)$ by dividing the range of a into cases.
First, we see from the graph of $y = f(x)$ that

when $a < -2$, $S(a)$ $\boxed{\text{E}}$ $S(-2)$;

and

when $a > 0$, $S(a)$ $\boxed{\text{F}}$ $S(0)$.

When $-2 \leqq a \leqq 0$, we have that

$$S(a) = \frac{\boxed{\text{GH}}}{\boxed{\text{I}}}a^3 - \boxed{\text{J}}\,a^2 - \boxed{\text{K}}\,a + \frac{\boxed{\text{LM}}}{\boxed{\text{N}}}.$$

Since the derivative $S'(a)$ of $S(a)$ is

$$S'(a) = -a^2 - \boxed{\text{O}}\,a - \boxed{\text{P}},$$

$S(a)$ is locally maximized at $a = -\boxed{\text{Q}} + \sqrt{\boxed{\text{R}}}$.

(III is continued on the next page.)

Hence, the value of a at which $S(a)$ is maximized is

$$-\boxed{\mathsf{S}}+\sqrt{\boxed{\mathsf{T}}},$$

and its maximum value is

$$\boxed{\mathsf{U}}+\frac{\boxed{\mathsf{V}}\sqrt{\boxed{\mathsf{W}}}}{\boxed{\mathsf{X}}}.$$

This is the end of the questions for $\boxed{\text{III}}$. Leave the answer spaces $\boxed{\mathsf{Y}}$, $\boxed{\mathsf{Z}}$ of $\boxed{\text{III}}$ blank.

Let a be a real number. Let us consider the function defined by the definite integral

$$f(x) = \int_0^x t\left(a\sin^2 2t - 1\right)dt, \quad \text{where } 0 < x < \frac{\pi}{2}.$$

Suppose that $f(x)$ has an extremum at $x = \dfrac{\pi}{12}$.

(1) Since $f(x)$ has an extremum at $x = \dfrac{\pi}{12}$, we have

$$a = \boxed{\text{ A }}.$$

Furthermore, $f(x)$ also has an extremum at $x = \dfrac{\boxed{\text{ B }}}{\boxed{\text{ CD }}}\pi$ as well as at $x = \dfrac{\pi}{12}$.

(2) Let us express $f(x)$ in terms of x.

Since $f(x)$ can be transformed into

$$f(x) = \int_0^x t\left(\boxed{\text{ E }} - \boxed{\text{ F }}\cos\boxed{\text{ G }}t\right)dt,$$

we have

$$f(x) = \frac{\boxed{\text{ H }}}{\boxed{\text{ I }}}x^2 - \frac{\boxed{\text{ J }}}{\boxed{\text{ K }}}x\sin\boxed{\text{ L }}x - \frac{\boxed{\text{ M }}}{\boxed{\text{ N }}}\cos\boxed{\text{ O }}x + \frac{\boxed{\text{ P }}}{\boxed{\text{ Q }}}.$$

(IV is continued on the next page.)

(3) For each of **R**, **S**, and **T** in the following sentence, choose the correct answer from among choices ⓪ ~ ⑨ below this question.

The maximum value of $f(x)$ is

$$\boxed{\textsf{R}}\,\pi^2 + \boxed{\textsf{S}}\,\pi + \boxed{\textsf{T}}.$$

⓪ $\frac{1}{8}$ ① $\frac{\sqrt{3}}{8}$ ② $\frac{1}{16}$ ③ $\frac{\sqrt{3}}{16}$ ④ $\frac{\sqrt{3}}{24}$

⑤ $\frac{5\sqrt{3}}{24}$ ⑥ $\frac{\sqrt{3}}{48}$ ⑦ $\frac{5\sqrt{3}}{48}$ ⑧ $\frac{1}{288}$ ⑨ $\frac{25}{288}$

(4) For each of **U**, **V**, and **W** in the following sentence, choose the correct answer from among choices ⓪ ~ ⑨ below this question.

The equation of the tangent to the curve $y = f(x)$ at the point $\left(\frac{\pi}{4},\ f\left(\frac{\pi}{4}\right)\right)$ is

$$y = \boxed{\textsf{U}}\,\pi x - \boxed{\textsf{V}}\,\pi^2 + \boxed{\textsf{W}}.$$

⓪ $\frac{1}{2}$ ① $\frac{3}{2}$ ② $\frac{1}{4}$ ③ $\frac{3}{4}$ ④ $\frac{5}{4}$

⑤ $\frac{3}{16}$ ⑥ $\frac{5}{16}$ ⑦ $\frac{3}{32}$ ⑧ $\frac{5}{32}$ ⑨ $\frac{7}{32}$

This is the end of the questions for IV. Leave the answer spaces **X** ~ **Z** of IV blank.

This is the end of the questions for Course 2. Leave the answer spaces for V blank.

Please check once more that you have properly marked your course number as "Course 2" on your answer sheet.

Do not take this question booklet out of the room.

日本語　JAPANESE AS A FOREIGN LANGUAGE　**2023年度日本留学試験**

2023 Examination for Japanese University Admission for International Students (EJU)

日 本 語　解 答 用 紙　JAPANESE AS A FOREIGN LANGUAGE ANSWER SHEET

受 験 番 号 Examination Registration Number		名　前 Name	

↑ あなたの受験票と同じかどうか確かめてください。Check that these are the same as your Examination Voucher. ↑

注意事項　Note

1. 必ず鉛筆（HB）で記入してください。
   Use a medium soft (HB or No. 2) pencil only.
2. この解答用紙を汚したり折ったりしてはいけません。
   Do not soil or bend this sheet.
3. マークは下のよい例のように、◯わく内を完全にぬりつぶしてください。

   Marking Examples.

よい例　Correct	悪い例　Incorrect
●	⊗ ✓ ◎ ◐ ●

4. 訂正する場合はプラスチック消しゴムで完全に消し、消しくずを残してはいけません。
   Erase any unintended marks clearly and leave no eraser dust on this sheet.
5. 所定の欄以外には何も書いてはいけません。
   Do not write anything in the margins.
6. この解答用紙はすべて機械で処理しますので、以上の１から５までが守られていないと採点されません。
   The answer sheet will be processed mechanically. Failure to observe instructions above may result in rejection from evaluation.

読解 Reading Comprehension

解答番号	解答欄 Answer 1 2 3 4
1	① ② ③ ④
2	① ② ③ ④
3	① ② ③ ④
4	① ② ③ ④
5	① ② ③ ④
6	① ② ③ ④
7	① ② ③ ④
8	① ② ③ ④
9	① ② ③ ④
10	① ② ③ ④
11	① ② ③ ④
12	① ② ③ ④
13	① ② ③ ④
14	① ② ③ ④
15	① ② ③ ④
16	① ② ③ ④
17	① ② ③ ④
18	① ② ③ ④
19	① ② ③ ④
20	① ② ③ ④
21	① ② ③ ④
22	① ② ③ ④
23	① ② ③ ④
24	① ② ③ ④
25	① ② ③ ④

聴解・聴読解 Listening and Listening-Reading Comprehension

聴読解 Listening-Reading Comprehension

解答番号	解答欄 Answer 1 2 3 4
練習	① ② ● ④
1	① ② ③ ④
2	① ② ③ ④
3	① ② ③ ④
4	① ② ③ ④
5	① ② ③ ④
6	① ② ③ ④
7	① ② ③ ④
8	① ② ③ ④
9	① ② ③ ④
10	① ② ③ ④
11	① ② ③ ④
12	① ② ③ ④

聴解 Listening Comprehension

解答番号	解答欄 Answer	1 2 3 4	解答番号	解答欄 Answer	1 2 3 4
練習	正しい	① ② ③ ●	20	正しい	① ② ③ ④
	正しくない	● ● ● ④		正しくない	① ② ③ ④
13	正しい	① ② ③ ④	21	正しい	① ② ③ ④
	正しくない	① ② ③ ④		正しくない	① ② ③ ④
14	正しい	① ② ③ ④	22	正しい	① ② ③ ④
	正しくない	① ② ③ ④		正しくない	① ② ③ ④
15	正しい	① ② ③ ④	23	正しい	① ② ③ ④
	正しくない	① ② ③ ④		正しくない	① ② ③ ④
16	正しい	① ② ③ ④	24	正しい	① ② ③ ④
	正しくない	① ② ③ ④		正しくない	① ② ③ ④
17	正しい	① ② ③ ④	25	正しい	① ② ③ ④
	正しくない	① ② ③ ④		正しくない	① ② ③ ④
18	正しい	① ② ③ ④	26	正しい	① ② ③ ④
	正しくない	① ② ③ ④		正しくない	① ② ③ ④
19	正しい	① ② ③ ④	27	正しい	① ② ③ ④
	正しくない	① ② ③ ④		正しくない	① ② ③ ④

2023年度日本留学試験

2023 Examination for Japanese University Admission for International Students (EJU)

日本語「記述」解答用紙

JAPANESE AS A FOREIGN LANGUAGE "WRITING" ANSWER SHEET

受験番号 Examination Registration Number	

← あなたの受験票と同じかどうか確かめてください。
Check that these are the same as your Examination Voucher.

名前 Name	

テーマの番号 Theme No.	1	2

← 1または2のどちらかを選び、○で囲んでください。
Circle the number of the theme you selected.（1 or 2）

横書きで書いてください。
Write horizontally. →

この用紙の裏（何も印刷されていない面）には、何も書かないでください。
Do not write anything on the back（unprinted side）of this sheet.

理　科　SCIENCE　　【表　FRONT SIDE】

2023年度日本留学試験

2023 Examination for Japanese University Admission for International Students (EJU)

理 科　解 答 用 紙　SCIENCE ANSWER SHEET

受験番号 Examination Registration Number		名前 Name	

↑ あなたの受験票と同じかどうか確かめてください。Check that these are the same as your Examination Voucher. ↑

【よい例 Correct Example】

物理を解答する場合 When selecting Physics

化学を解答する場合 When selecting Chemistry

生物を解答する場合 When selecting Biology

【悪い例 Incorrect Example】

マークしていない No Mark

２つマークしている Double Marks

注意事項　Note

1. 必ず鉛筆（HB）で記入してください。
   Use a medium soft (HB or No.2) pencil only.
2. この解答用紙を汚したり折ったりしてはいけません。
   Do not soil or bend this sheet.
3. マークは下のよい例のように、○ わく内を完全にぬりつぶしてください。
   Marking Examples.

よい例 Correct	悪い例 Incorrect
●	⊗ ⊘ ◎ ◉ ●

4. 訂正する場合はプラスチック消しゴムで完全に消し、消しくずを残してはいけません。
   Erase any unintended marks clearly and leave no eraser dust on this sheet.
5. 解答番号は１から75までありますが、問題のあるところまで答えて、あとはマークしないでください。
   Use only necessary rows and leave remaining rows blank.
6. 所定の欄以外には何も書いてはいけません。
   Do not write anything in the margins.
7. この解答用紙はすべて機械で処理しますので、以上の１から６までが守られていないと採点されません。
   The answer sheet will be processed mechanically. Failure to observe instructions above may result in rejection from evaluation.

解答科目 Subject		
物理 Physics	化学 Chemistry	生物 Biology
○	○	○

この解答用紙のこの面に解答する科目を、1つ○で囲み、その下のマーク欄をマークしてください。
Circle the name of the subject of the examination you are taking on this side of the sheet, and fill in the oval under it.

（裏面でもう１つの科目を解答してください。）
(Use the reverse side for the other subject.)

解答番号	解答欄 Answer								
	1	2	3	4	5	6	7	8	9
1	①	②	③	④	⑤	⑥	⑦	⑧	⑨
2	①	②	③	④	⑤	⑥	⑦	⑧	⑨
3	①	②	③	④	⑤	⑥	⑦	⑧	⑨
4	①	②	③	④	⑤	⑥	⑦	⑧	⑨
5	①	②	③	④	⑤	⑥	⑦	⑧	⑨
6	①	②	③	④	⑤	⑥	⑦	⑧	⑨
7	①	②	③	④	⑤	⑥	⑦	⑧	⑨
8	①	②	③	④	⑤	⑥	⑦	⑧	⑨
9	①	②	③	④	⑤	⑥	⑦	⑧	⑨
10	①	②	③	④	⑤	⑥	⑦	⑧	⑨
11	①	②	③	④	⑤	⑥	⑦	⑧	⑨
12	①	②	③	④	⑤	⑥	⑦	⑧	⑨
13	①	②	③	④	⑤	⑥	⑦	⑧	⑨
14	①	②	③	④	⑤	⑥	⑦	⑧	⑨
15	①	②	③	④	⑤	⑥	⑦	⑧	⑨
16	①	②	③	④	⑤	⑥	⑦	⑧	⑨
17	①	②	③	④	⑤	⑥	⑦	⑧	⑨
18	①	②	③	④	⑤	⑥	⑦	⑧	⑨
19	①	②	③	④	⑤	⑥	⑦	⑧	⑨
20	①	②	③	④	⑤	⑥	⑦	⑧	⑨
21	①	②	③	④	⑤	⑥	⑦	⑧	⑨
22	①	②	③	④	⑤	⑥	⑦	⑧	⑨
23	①	②	③	④	⑤	⑥	⑦	⑧	⑨
24	①	②	③	④	⑤	⑥	⑦	⑧	⑨
25	①	②	③	④	⑤	⑥	⑦	⑧	⑨
26	①	②	③	④	⑤	⑥	⑦	⑧	⑨
27	①	②	③	④	⑤	⑥	⑦	⑧	⑨
28	①	②	③	④	⑤	⑥	⑦	⑧	⑨
29	①	②	③	④	⑤	⑥	⑦	⑧	⑨
30	①	②	③	④	⑤	⑥	⑦	⑧	⑨
31	①	②	③	④	⑤	⑥	⑦	⑧	⑨
32	①	②	③	④	⑤	⑥	⑦	⑧	⑨
33	①	②	③	④	⑤	⑥	⑦	⑧	⑨
34	①	②	③	④	⑤	⑥	⑦	⑧	⑨
35	①	②	③	④	⑤	⑥	⑦	⑧	⑨
36	①	②	③	④	⑤	⑥	⑦	⑧	⑨
37	①	②	③	④	⑤	⑥	⑦	⑧	⑨
38	①	②	③	④	⑤	⑥	⑦	⑧	⑨
39	①	②	③	④	⑤	⑥	⑦	⑧	⑨
40	①	②	③	④	⑤	⑥	⑦	⑧	⑨
41	①	②	③	④	⑤	⑥	⑦	⑧	⑨
42	①	②	③	④	⑤	⑥	⑦	⑧	⑨
43	①	②	③	④	⑤	⑥	⑦	⑧	⑨
44	①	②	③	④	⑤	⑥	⑦	⑧	⑨
45	①	②	③	④	⑤	⑥	⑦	⑧	⑨
46	①	②	③	④	⑤	⑥	⑦	⑧	⑨
47	①	②	③	④	⑤	⑥	⑦	⑧	⑨
48	①	②	③	④	⑤	⑥	⑦	⑧	⑨
49	①	②	③	④	⑤	⑥	⑦	⑧	⑨
50	①	②	③	④	⑤	⑥	⑦	⑧	⑨
51	①	②	③	④	⑤	⑥	⑦	⑧	⑨
52	①	②	③	④	⑤	⑥	⑦	⑧	⑨
53	①	②	③	④	⑤	⑥	⑦	⑧	⑨
54	①	②	③	④	⑤	⑥	⑦	⑧	⑨
55	①	②	③	④	⑤	⑥	⑦	⑧	⑨
56	①	②	③	④	⑤	⑥	⑦	⑧	⑨
57	①	②	③	④	⑤	⑥	⑦	⑧	⑨
58	①	②	③	④	⑤	⑥	⑦	⑧	⑨
59	①	②	③	④	⑤	⑥	⑦	⑧	⑨
60	①	②	③	④	⑤	⑥	⑦	⑧	⑨
61	①	②	③	④	⑤	⑥	⑦	⑧	⑨
62	①	②	③	④	⑤	⑥	⑦	⑧	⑨
63	①	②	③	④	⑤	⑥	⑦	⑧	⑨
64	①	②	③	④	⑤	⑥	⑦	⑧	⑨
65	①	②	③	④	⑤	⑥	⑦	⑧	⑨
66	①	②	③	④	⑤	⑥	⑦	⑧	⑨
67	①	②	③	④	⑤	⑥	⑦	⑧	⑨
68	①	②	③	④	⑤	⑥	⑦	⑧	⑨
69	①	②	③	④	⑤	⑥	⑦	⑧	⑨
70	①	②	③	④	⑤	⑥	⑦	⑧	⑨
71	①	②	③	④	⑤	⑥	⑦	⑧	⑨
72	①	②	③	④	⑤	⑥	⑦	⑧	⑨
73	①	②	③	④	⑤	⑥	⑦	⑧	⑨
74	①	②	③	④	⑤	⑥	⑦	⑧	⑨
75	①	②	③	④	⑤	⑥	⑦	⑧	⑨

2023年度日本留学試験

2023 Examination for Japanese University Admission for International Students (EJU)

理　科　解　答　用　紙

SCIENCE ANSWER SHEET

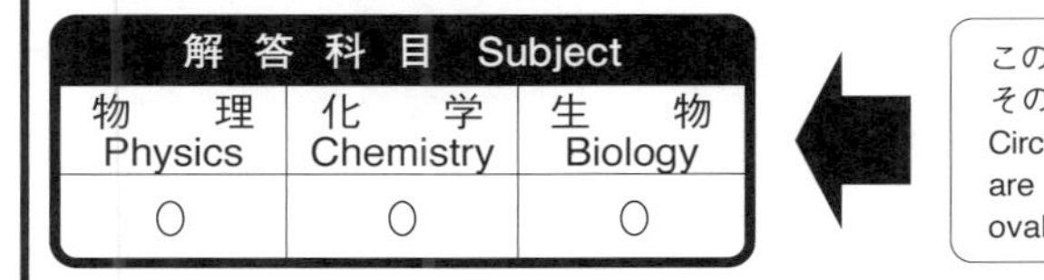

解答科目 Subject		
物理 Physics	化学 Chemistry	生物 Biology
○	○	○

この解答用紙のこの面に解答する科目を、1つ○で囲み、その下のマーク欄をマークしてください。

Circle the name of the subject of the examination you are taking on this side of the sheet, and fill in the oval under it.

解答番号	解答欄 Answer 1	2	3	4	5	6	7	8	9
1	①	②	③	④	⑤	⑥	⑦	⑧	⑨
2	①	②	③	④	⑤	⑥	⑦	⑧	⑨
3	①	②	③	④	⑤	⑥	⑦	⑧	⑨
4	①	②	③	④	⑤	⑥	⑦	⑧	⑨
5	①	②	③	④	⑤	⑥	⑦	⑧	⑨
6	①	②	③	④	⑤	⑥	⑦	⑧	⑨
7	①	②	③	④	⑤	⑥	⑦	⑧	⑨
8	①	②	③	④	⑤	⑥	⑦	⑧	⑨
9	①	②	③	④	⑤	⑥	⑦	⑧	⑨
10	①	②	③	④	⑤	⑥	⑦	⑧	⑨
11	①	②	③	④	⑤	⑥	⑦	⑧	⑨
12	①	②	③	④	⑤	⑥	⑦	⑧	⑨
13	①	②	③	④	⑤	⑥	⑦	⑧	⑨
14	①	②	③	④	⑤	⑥	⑦	⑧	⑨
15	①	②	③	④	⑤	⑥	⑦	⑧	⑨
16	①	②	③	④	⑤	⑥	⑦	⑧	⑨
17	①	②	③	④	⑤	⑥	⑦	⑧	⑨
18	①	②	③	④	⑤	⑥	⑦	⑧	⑨
19	①	②	③	④	⑤	⑥	⑦	⑧	⑨
20	①	②	③	④	⑤	⑥	⑦	⑧	⑨
21	①	②	③	④	⑤	⑥	⑦	⑧	⑨
22	①	②	③	④	⑤	⑥	⑦	⑧	⑨
23	①	②	③	④	⑤	⑥	⑦	⑧	⑨
24	①	②	③	④	⑤	⑥	⑦	⑧	⑨
25	①	②	③	④	⑤	⑥	⑦	⑧	⑨

解答番号	解答欄 Answer 1	2	3	4	5	6	7	8	9
26	①	②	③	④	⑤	⑥	⑦	⑧	⑨
27	①	②	③	④	⑤	⑥	⑦	⑧	⑨
28	①	②	③	④	⑤	⑥	⑦	⑧	⑨
29	①	②	③	④	⑤	⑥	⑦	⑧	⑨
30	①	②	③	④	⑤	⑥	⑦	⑧	⑨
31	①	②	③	④	⑤	⑥	⑦	⑧	⑨
32	①	②	③	④	⑤	⑥	⑦	⑧	⑨
33	①	②	③	④	⑤	⑥	⑦	⑧	⑨
34	①	②	③	④	⑤	⑥	⑦	⑧	⑨
35	①	②	③	④	⑤	⑥	⑦	⑧	⑨
36	①	②	③	④	⑤	⑥	⑦	⑧	⑨
37	①	②	③	④	⑤	⑥	⑦	⑧	⑨
38	①	②	③	④	⑤	⑥	⑦	⑧	⑨
39	①	②	③	④	⑤	⑥	⑦	⑧	⑨
40	①	②	③	④	⑤	⑥	⑦	⑧	⑨
41	①	②	③	④	⑤	⑥	⑦	⑧	⑨
42	①	②	③	④	⑤	⑥	⑦	⑧	⑨
43	①	②	③	④	⑤	⑥	⑦	⑧	⑨
44	①	②	③	④	⑤	⑥	⑦	⑧	⑨
45	①	②	③	④	⑤	⑥	⑦	⑧	⑨
46	①	②	③	④	⑤	⑥	⑦	⑧	⑨
47	①	②	③	④	⑤	⑥	⑦	⑧	⑨
48	①	②	③	④	⑤	⑥	⑦	⑧	⑨
49	①	②	③	④	⑤	⑥	⑦	⑧	⑨
50	①	②	③	④	⑤	⑥	⑦	⑧	⑨

解答番号	解答欄 Answer 1	2	3	4	5	6	7	8	9
51	①	②	③	④	⑤	⑥	⑦	⑧	⑨
52	①	②	③	④	⑤	⑥	⑦	⑧	⑨
53	①	②	③	④	⑤	⑥	⑦	⑧	⑨
54	①	②	③	④	⑤	⑥	⑦	⑧	⑨
55	①	②	③	④	⑤	⑥	⑦	⑧	⑨
56	①	②	③	④	⑤	⑥	⑦	⑧	⑨
57	①	②	③	④	⑤	⑥	⑦	⑧	⑨
58	①	②	③	④	⑤	⑥	⑦	⑧	⑨
59	①	②	③	④	⑤	⑥	⑦	⑧	⑨
60	①	②	③	④	⑤	⑥	⑦	⑧	⑨
61	①	②	③	④	⑤	⑥	⑦	⑧	⑨
62	①	②	③	④	⑤	⑥	⑦	⑧	⑨
63	①	②	③	④	⑤	⑥	⑦	⑧	⑨
64	①	②	③	④	⑤	⑥	⑦	⑧	⑨
65	①	②	③	④	⑤	⑥	⑦	⑧	⑨
66	①	②	③	④	⑤	⑥	⑦	⑧	⑨
67	①	②	③	④	⑤	⑥	⑦	⑧	⑨
68	①	②	③	④	⑤	⑥	⑦	⑧	⑨
69	①	②	③	④	⑤	⑥	⑦	⑧	⑨
70	①	②	③	④	⑤	⑥	⑦	⑧	⑨
71	①	②	③	④	⑤	⑥	⑦	⑧	⑨
72	①	②	③	④	⑤	⑥	⑦	⑧	⑨
73	①	②	③	④	⑤	⑥	⑦	⑧	⑨
74	①	②	③	④	⑤	⑥	⑦	⑧	⑨
75	①	②	③	④	⑤	⑥	⑦	⑧	⑨

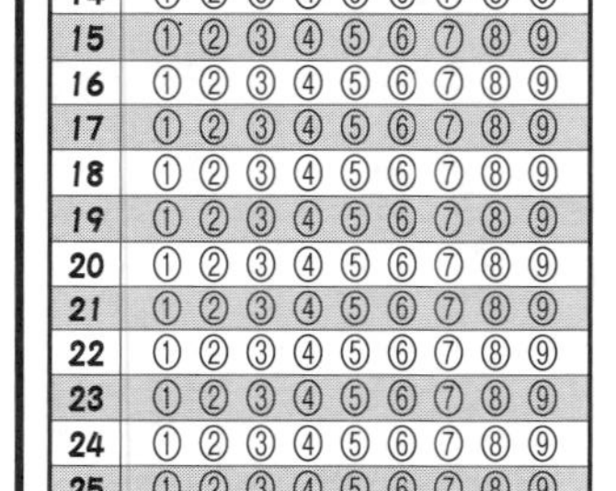

【よい例 Correct Example】

物理を解答する場合 When selecting Physics

化学を解答する場合 When selecting Chemistry

生物を解答する場合 When selecting Biology

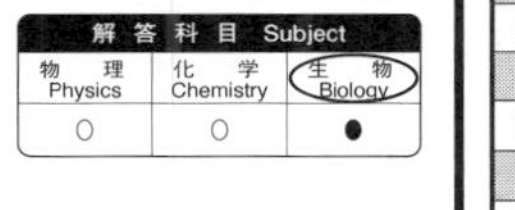

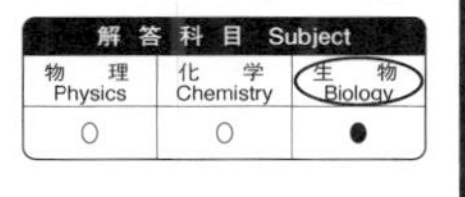

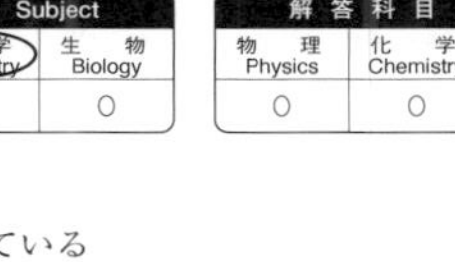

【悪い例 Incorrect Example】

マークしていない No Mark

2つマークしている Double Marks

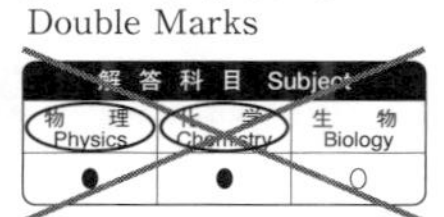

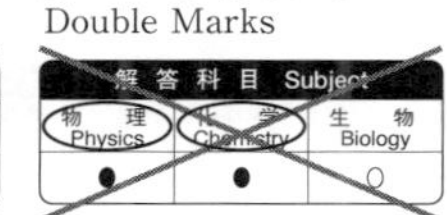

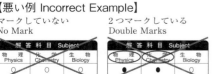

総合科目　JAPAN AND THE WORLD　　2023年度日本留学試験

2023 Examination for Japanese University Admission for International Students (EJU)

総　合　科　目　　解　答　用　紙　JAPAN AND THE WORLD ANSWER SHEET

受　験　番　号 Examination Registration Number		名　前 Name	

⬆ あなたの受験票と同じかどうか確かめてください。Check that these are the same as your Examination Voucher. ⬆

注意事項　Note

1. 必ず鉛筆（HB）で記入してください。
   Use a medium soft (HB or No. 2) pencil only.
2. この解答用紙を汚したり折ったりしてはいけません。
   Do not soil or bend this sheet.
3. マークは下のよい例のように、◯わく内を完全にぬりつぶしてください。

   Marking Examples.

よい例　Correct	悪い例　Incorrect
●	⊗ ⊘ ◎ ◐ ●

4. 訂正する場合はプラスチック消しゴムで完全に消し、消しくずを残してはいけません。
   Erase any unintended marks clearly and leave no eraser dust on this sheet.
5. 解答番号は1から60までありますが、問題のあるところまで答えて、あとはマークしないでください。
   Use only necessary rows and leave remaining rows blank.
6. 所定の欄以外には何も書いてはいけません。
   Do not write anything in the margins.
7. この解答用紙はすべて機械で処理しますので、以上の1から6までが守られていないと採点されません。
   The answer sheet will be processed mechanically. Failure to observe instructions above may result in rejection from evaluation.

解答番号	解答欄 Answer 1	2	3	4
1	①	②	③	④
2	①	②	③	④
3	①	②	③	④
4	①	②	③	④
5	①	②	③	④
6	①	②	③	④
7	①	②	③	④
8	①	②	③	④
9	①	②	③	④
10	①	②	③	④
11	①	②	③	④
12	①	②	③	④
13	①	②	③	④
14	①	②	③	④
15	①	②	③	④
16	①	②	③	④
17	①	②	③	④
18	①	②	③	④
19	①	②	③	④
20	①	②	③	④

解答番号	解答欄 Answer 1	2	3	4
21	①	②	③	④
22	①	②	③	④
23	①	②	③	④
24	①	②	③	④
25	①	②	③	④
26	①	②	③	④
27	①	②	③	④
28	①	②	③	④
29	①	②	③	④
30	①	②	③	④
31	①	②	③	④
32	①	②	③	④
33	①	②	③	④
34	①	②	③	④
35	①	②	③	④
36	①	②	③	④
37	①	②	③	④
38	①	②	③	④
39	①	②	③	④
40	①	②	③	④

解答番号	解答欄 Answer 1	2	3	4
41	①	②	③	④
42	①	②	③	④
43	①	②	③	④
44	①	②	③	④
45	①	②	③	④
46	①	②	③	④
47	①	②	③	④
48	①	②	③	④
49	①	②	③	④
50	①	②	③	④
51	①	②	③	④
52	①	②	③	④
53	①	②	③	④
54	①	②	③	④
55	①	②	③	④
56	①	②	③	④
57	①	②	③	④
58	①	②	③	④
59	①	②	③	④
60	①	②	③	④

数学 MATHEMATICS

2023年度日本留学試験

2023 Examination for Japanese University Admission for International Students (EJU)

【表 FRONT SIDE】

数学 解答用紙 MATHEMATICS ANSWER SHEET

受験番号 Examination Registration Number		名前 Name	

⬆ あなたの受験票と同じかどうか確かめてください。Check that these are the same as your Examination Voucher. ⬆

【よい例 Correct Example】

コース１を解答する場合 When selecting Course 1

解答コース Course	
(コース１ Course 1)	コース２ Course 2
●	○

コース２を解答する場合 When selecting Course 2

解答コース Course	
コース１ Course 1	(コース２ Course 2)
○	●

【悪い例 Incorrect Example】

マークしていない No Mark

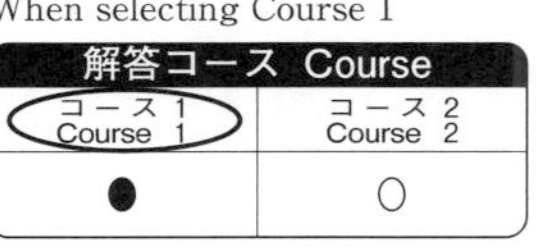

２つマークしている Double Marks

解答コース Course	
(コース１ Course 1)	(コース２ Course 2)
●	●

注意事項 Note

1. 必ず鉛筆（HB）で記入してください。
   Use a medium soft (HB or No.2) pencil only.
2. この解答用紙を汚したり折ったりしてはいけません。
   Do not soil or bend this sheet.
3. マークは下のよい例のように、○わく内を完全にぬりつぶしてください。
   Marking Examples.

よい例 Correct	悪い例 Incorrect
●	⊗ ⊘ ◎ ◐ ◉

4. 訂正する場合はプラスチック消しゴムで完全に消し、消しくずを残してはいけません。
   Erase any unintended marks clearly and leave no eraser dust on this sheet.
5. 解答番号はＡからＺまでありますが、問題のあるところまで答えて、あとはマークしないでください。
   Use only necessary rows and leave remaining rows blank.
6. 所定の欄以外には何も書いてはいけません。
   Do not write anything in the margins.
7. Ⅲ、Ⅳ、Ⅴの解答欄は裏面にあります。
   The answers to parts Ⅲ, Ⅳ, and Ⅴ should be marked on the reverse side of this sheet.
8. この解答用紙はすべて機械で処理しますので、以上の１から７までが守られていないと採点されません。
   The answer sheet will be processed mechanically. Failure to observe the instructions above may result in rejection from evaluation.

解答コース Course	
コース１ Course 1	コース２ Course 2
○	○

この解答用紙に解答するコースを、１つ○で囲み、その下のマーク欄をマークしてください。
Circle the name of the course you are taking and fill in the oval under it.

（Ⅲ以降は裏面）(Use the reverse side for Ⅲ, Ⅳ and Ⅴ.)

Ⅰ

解答記号	解答欄 Answer										
	−	0	1	2	3	4	5	6	7	8	9
A	⊖	⓪	①	②	③	④	⑤	⑥	⑦	⑧	⑨
B	⊖	⓪	①	②	③	④	⑤	⑥	⑦	⑧	⑨
C	⊖	⓪	①	②	③	④	⑤	⑥	⑦	⑧	⑨
D	⊖	⓪	①	②	③	④	⑤	⑥	⑦	⑧	⑨
E	⊖	⓪	①	②	③	④	⑤	⑥	⑦	⑧	⑨
F	⊖	⓪	①	②	③	④	⑤	⑥	⑦	⑧	⑨
G	⊖	⓪	①	②	③	④	⑤	⑥	⑦	⑧	⑨
H	⊖	⓪	①	②	③	④	⑤	⑥	⑦	⑧	⑨
I	⊖	⓪	①	②	③	④	⑤	⑥	⑦	⑧	⑨
J	⊖	⓪	①	②	③	④	⑤	⑥	⑦	⑧	⑨
K	⊖	⓪	①	②	③	④	⑤	⑥	⑦	⑧	⑨
L	⊖	⓪	①	②	③	④	⑤	⑥	⑦	⑧	⑨
M	⊖	⓪	①	②	③	④	⑤	⑥	⑦	⑧	⑨
N	⊖	⓪	①	②	③	④	⑤	⑥	⑦	⑧	⑨
O	⊖	⓪	①	②	③	④	⑤	⑥	⑦	⑧	⑨
P	⊖	⓪	①	②	③	④	⑤	⑥	⑦	⑧	⑨
Q	⊖	⓪	①	②	③	④	⑤	⑥	⑦	⑧	⑨
R	⊖	⓪	①	②	③	④	⑤	⑥	⑦	⑧	⑨
S	⊖	⓪	①	②	③	④	⑤	⑥	⑦	⑧	⑨
T	⊖	⓪	①	②	③	④	⑤	⑥	⑦	⑧	⑨
U	⊖	⓪	①	②	③	④	⑤	⑥	⑦	⑧	⑨
V	⊖	⓪	①	②	③	④	⑤	⑥	⑦	⑧	⑨
W	⊖	⓪	①	②	③	④	⑤	⑥	⑦	⑧	⑨
X	⊖	⓪	①	②	③	④	⑤	⑥	⑦	⑧	⑨
Y	⊖	⓪	①	②	③	④	⑤	⑥	⑦	⑧	⑨
Z	⊖	⓪	①	②	③	④	⑤	⑥	⑦	⑧	⑨

Ⅱ

解答記号	解答欄 Answer										
	−	0	1	2	3	4	5	6	7	8	9
A	⊖	⓪	①	②	③	④	⑤	⑥	⑦	⑧	⑨
B	⊖	⓪	①	②	③	④	⑤	⑥	⑦	⑧	⑨
C	⊖	⓪	①	②	③	④	⑤	⑥	⑦	⑧	⑨
D	⊖	⓪	①	②	③	④	⑤	⑥	⑦	⑧	⑨
E	⊖	⓪	①	②	③	④	⑤	⑥	⑦	⑧	⑨
F	⊖	⓪	①	②	③	④	⑤	⑥	⑦	⑧	⑨
G	⊖	⓪	①	②	③	④	⑤	⑥	⑦	⑧	⑨
H	⊖	⓪	①	②	③	④	⑤	⑥	⑦	⑧	⑨
I	⊖	⓪	①	②	③	④	⑤	⑥	⑦	⑧	⑨
J	⊖	⓪	①	②	③	④	⑤	⑥	⑦	⑧	⑨
K	⊖	⓪	①	②	③	④	⑤	⑥	⑦	⑧	⑨
L	⊖	⓪	①	②	③	④	⑤	⑥	⑦	⑧	⑨
M	⊖	⓪	①	②	③	④	⑤	⑥	⑦	⑧	⑨
N	⊖	⓪	①	②	③	④	⑤	⑥	⑦	⑧	⑨
O	⊖	⓪	①	②	③	④	⑤	⑥	⑦	⑧	⑨
P	⊖	⓪	①	②	③	④	⑤	⑥	⑦	⑧	⑨
Q	⊖	⓪	①	②	③	④	⑤	⑥	⑦	⑧	⑨
R	⊖	⓪	①	②	③	④	⑤	⑥	⑦	⑧	⑨
S	⊖	⓪	①	②	③	④	⑤	⑥	⑦	⑧	⑨
T	⊖	⓪	①	②	③	④	⑤	⑥	⑦	⑧	⑨
U	⊖	⓪	①	②	③	④	⑤	⑥	⑦	⑧	⑨
V	⊖	⓪	①	②	③	④	⑤	⑥	⑦	⑧	⑨
W	⊖	⓪	①	②	③	④	⑤	⑥	⑦	⑧	⑨
X	⊖	⓪	①	②	③	④	⑤	⑥	⑦	⑧	⑨
Y	⊖	⓪	①	②	③	④	⑤	⑥	⑦	⑧	⑨
Z	⊖	⓪	①	②	③	④	⑤	⑥	⑦	⑧	⑨

数　学　MATHEMATICS　　【裏　REVERSE SIDE】

2023年度日本留学試験

2023 Examination for Japanese University Admission for International Students (EJU)

数　学　解　答　用　紙

MATHEMATICS ANSWER SHEET

Ⅲ

解答記号	解答欄 Answer										
	−	0	1	2	3	4	5	6	7	8	9
A	⊖	⓪	①	②	③	④	⑤	⑥	⑦	⑧	⑨
B	⊖	⓪	①	②	③	④	⑤	⑥	⑦	⑧	⑨
C	⊖	⓪	①	②	③	④	⑤	⑥	⑦	⑧	⑨
D	⊖	⓪	①	②	③	④	⑤	⑥	⑦	⑧	⑨
E	⊖	⓪	①	②	③	④	⑤	⑥	⑦	⑧	⑨
F	⊖	⓪	①	②	③	④	⑤	⑥	⑦	⑧	⑨
G	⊖	⓪	①	②	③	④	⑤	⑥	⑦	⑧	⑨
H	⊖	⓪	①	②	③	④	⑤	⑥	⑦	⑧	⑨
I	⊖	⓪	①	②	③	④	⑤	⑥	⑦	⑧	⑨
J	⊖	⓪	①	②	③	④	⑤	⑥	⑦	⑧	⑨
K	⊖	⓪	①	②	③	④	⑤	⑥	⑦	⑧	⑨
L	⊖	⓪	①	②	③	④	⑤	⑥	⑦	⑧	⑨
M	⊖	⓪	①	②	③	④	⑤	⑥	⑦	⑧	⑨
N	⊖	⓪	①	②	③	④	⑤	⑥	⑦	⑧	⑨
O	⊖	⓪	①	②	③	④	⑤	⑥	⑦	⑧	⑨
P	⊖	⓪	①	②	③	④	⑤	⑥	⑦	⑧	⑨
Q	⊖	⓪	①	②	③	④	⑤	⑥	⑦	⑧	⑨
R	⊖	⓪	①	②	③	④	⑤	⑥	⑦	⑧	⑨
S	⊖	⓪	①	②	③	④	⑤	⑥	⑦	⑧	⑨
T	⊖	⓪	①	②	③	④	⑤	⑥	⑦	⑧	⑨
U	⊖	⓪	①	②	③	④	⑤	⑥	⑦	⑧	⑨
V	⊖	⓪	①	②	③	④	⑤	⑥	⑦	⑧	⑨
W	⊖	⓪	①	②	③	④	⑤	⑥	⑦	⑧	⑨
X	⊖	⓪	①	②	③	④	⑤	⑥	⑦	⑧	⑨
Y	⊖	⓪	①	②	③	④	⑤	⑥	⑦	⑧	⑨
Z	⊖	⓪	①	②	③	④	⑤	⑥	⑦	⑧	⑨

Ⅳ

解答記号	解答欄 Answer										
	−	0	1	2	3	4	5	6	7	8	9
A	⊖	⓪	①	②	③	④	⑤	⑥	⑦	⑧	⑨
B	⊖	⓪	①	②	③	④	⑤	⑥	⑦	⑧	⑨
C	⊖	⓪	①	②	③	④	⑤	⑥	⑦	⑧	⑨
D	⊖	⓪	①	②	③	④	⑤	⑥	⑦	⑧	⑨
E	⊖	⓪	①	②	③	④	⑤	⑥	⑦	⑧	⑨
F	⊖	⓪	①	②	③	④	⑤	⑥	⑦	⑧	⑨
G	⊖	⓪	①	②	③	④	⑤	⑥	⑦	⑧	⑨
H	⊖	⓪	①	②	③	④	⑤	⑥	⑦	⑧	⑨
I	⊖	⓪	①	②	③	④	⑤	⑥	⑦	⑧	⑨
J	⊖	⓪	①	②	③	④	⑤	⑥	⑦	⑧	⑨
K	⊖	⓪	①	②	③	④	⑤	⑥	⑦	⑧	⑨
L	⊖	⓪	①	②	③	④	⑤	⑥	⑦	⑧	⑨
M	⊖	⓪	①	②	③	④	⑤	⑥	⑦	⑧	⑨
N	⊖	⓪	①	②	③	④	⑤	⑥	⑦	⑧	⑨
O	⊖	⓪	①	②	③	④	⑤	⑥	⑦	⑧	⑨
P	⊖	⓪	①	②	③	④	⑤	⑥	⑦	⑧	⑨
Q	⊖	⓪	①	②	③	④	⑤	⑥	⑦	⑧	⑨
R	⊖	⓪	①	②	③	④	⑤	⑥	⑦	⑧	⑨
S	⊖	⓪	①	②	③	④	⑤	⑥	⑦	⑧	⑨
T	⊖	⓪	①	②	③	④	⑤	⑥	⑦	⑧	⑨
U	⊖	⓪	①	②	③	④	⑤	⑥	⑦	⑧	⑨
V	⊖	⓪	①	②	③	④	⑤	⑥	⑦	⑧	⑨
W	⊖	⓪	①	②	③	④	⑤	⑥	⑦	⑧	⑨
X	⊖	⓪	①	②	③	④	⑤	⑥	⑦	⑧	⑨
Y	⊖	⓪	①	②	③	④	⑤	⑥	⑦	⑧	⑨
Z	⊖	⓪	①	②	③	④	⑤	⑥	⑦	⑧	⑨

Ⅴ

解答記号	解答欄 Answer										
	−	0	1	2	3	4	5	6	7	8	9
A	⊖	⓪	①	②	③	④	⑤	⑥	⑦	⑧	⑨
B	⊖	⓪	①	②	③	④	⑤	⑥	⑦	⑧	⑨
C	⊖	⓪	①	②	③	④	⑤	⑥	⑦	⑧	⑨
D	⊖	⓪	①	②	③	④	⑤	⑥	⑦	⑧	⑨
E	⊖	⓪	①	②	③	④	⑤	⑥	⑦	⑧	⑨
F	⊖	⓪	①	②	③	④	⑤	⑥	⑦	⑧	⑨
G	⊖	⓪	①	②	③	④	⑤	⑥	⑦	⑧	⑨
H	⊖	⓪	①	②	③	④	⑤	⑥	⑦	⑧	⑨
I	⊖	⓪	①	②	③	④	⑤	⑥	⑦	⑧	⑨
J	⊖	⓪	①	②	③	④	⑤	⑥	⑦	⑧	⑨
K	⊖	⓪	①	②	③	④	⑤	⑥	⑦	⑧	⑨
L	⊖	⓪	①	②	③	④	⑤	⑥	⑦	⑧	⑨
M	⊖	⓪	①	②	③	④	⑤	⑥	⑦	⑧	⑨
N	⊖	⓪	①	②	③	④	⑤	⑥	⑦	⑧	⑨
O	⊖	⓪	①	②	③	④	⑤	⑥	⑦	⑧	⑨
P	⊖	⓪	①	②	③	④	⑤	⑥	⑦	⑧	⑨
Q	⊖	⓪	①	②	③	④	⑤	⑥	⑦	⑧	⑨
R	⊖	⓪	①	②	③	④	⑤	⑥	⑦	⑧	⑨
S	⊖	⓪	①	②	③	④	⑤	⑥	⑦	⑧	⑨
T	⊖	⓪	①	②	③	④	⑤	⑥	⑦	⑧	⑨
U	⊖	⓪	①	②	③	④	⑤	⑥	⑦	⑧	⑨
V	⊖	⓪	①	②	③	④	⑤	⑥	⑦	⑧	⑨
W	⊖	⓪	①	②	③	④	⑤	⑥	⑦	⑧	⑨
X	⊖	⓪	①	②	③	④	⑤	⑥	⑦	⑧	⑨
Y	⊖	⓪	①	②	③	④	⑤	⑥	⑦	⑧	⑨
Z	⊖	⓪	①	②	③	④	⑤	⑥	⑦	⑧	⑨

2023年度

日本留学試験（第１回）

参考資料

The Reference Data

2023年度(令和5年度)日本留学試験実施要項

1. 目　　的

外国人留学生として，我が国の大学（学部）等に入学を希望する者について，日本語力及び基礎学力の評価を行う。

2. 実 施 者

独立行政法人日本学生支援機構が，文部科学省，外務省，大学及び国内外の関係機関の協力を得て実施する。

3. 試験の方法，内容等

(1) 対　　象：外国人留学生として，我が国の大学等に入学を希望する者

(2) 試 験 日：第１回　2023年(令和５年) ６月18日(日)
第２回　2023年(令和５年)11月12日(日)

(3) 実 施 地：国　内　北海道，宮城県，群馬県，埼玉県，千葉県，東京都，神奈川県，石川県又は富山県，静岡県，愛知県，京都府，大阪府，兵庫県，岡山県又は広島県，高知県，福岡県及び沖縄県

国　外　インド（ニューデリー），インドネシア（ジャカルタ及びスラバヤ），韓国（ソウル及びプサン），シンガポール，スリランカ（コロンボ），タイ（バンコク及びチェンマイ），台湾（台北），フィリピン（マニラ），ベトナム（ハノイ及びホーチミン），香港，マレーシア（クアラルンプール），ミャンマー（ヤンゴン），モンゴル（ウランバートル）

※ウラジオストクにおける 2023年度の実施は現地情勢の影響により中止。

(4) 出題科目等

受験者は，受験希望の大学等の指定に基づき，以下の科目の中から選択して受験する。

科　目	目　　　　的	時　間	得 点 範 囲
日 本 語	日本の大学等での勉学に対応できる日本語力（アカデミック・ジャパニーズ）を測定する。	125分	読解 聴解・聴読解 ０～400点
			記述 ０～50点
理　　科	日本の大学等の理系学部での勉学に必要な理科（物理・化学・生物）の基礎的な学力を測定する。	80分	０～200点
総合科目	日本の大学等での勉学に必要な文系の基礎的な学力，特に思考力，論理的能力を測定する。	80分	０～200点
数　　学	日本の大学等での勉学に必要な数学の基礎的な学力を測定する。	80分	０～200点

［備考］

① 日本語の科目は，記述，読解，聴解・聴読解の３領域から構成される。

② 理科について，受験者は，受験希望の大学等の指定に基づき，物理・化学・生物から２科目を選択する。

③　数学について，受験者は，受験希望の大学等の指定に基づき，文系学部及び数学を必要とする程度が比較的少ない理系学部用のコース１，数学を高度に必要とする学部用のコース２のどちらかを選択する。

④　理科と総合科目を同時に選択することはできない。

⑤　上記の得点範囲は，日本語の科目の記述を除き，素点ではなく，共通の尺度上で表示する。また，記述については基準に基づき採点する。

⑥　出題範囲は，各科目のシラバスを参照のこと。

(5)　出題言語：日本語及び英語により出題するので，受験者は，受験希望の大学等の指定を踏まえて，出願の際にどちらかを申告する（日本語の科目は日本語による出題のみ）。

(6)　解答方式：多肢選択方式（マークシート）（日本語の科目は記述式を含む。）

４．出願の手続き等

(1)　出願手続き

①　願　　書：所定のもの

②　受 験 料：

国　内	（１科目のみの受験者）	10,000 円（税込み）
	（２科目以上の受験者）	18,000 円（税込み）
国　外	インド	1,300 ルピー
	インドネシア	110,000 ルピア
	韓国（１科目のみの受験者）	50,000 ウォン
	（２科目以上の受験者）	80,000 ウォン
	シンガポール	65 シンガポールドル
	スリランカ	1,850 スリランカルピー
	タイ	400 バーツ
	台湾（１科目のみの受験者）	1,500 台湾ドル
	（２科目以上の受験者）	2,000 台湾ドル
	フィリピン	750 ペソ
	ベトナム	275,000 ドン
	香港（１科目のみの受験者）	500 香港ドル
	（２科目以上の受験者）	950 香港ドル
	マレーシア	90 リンギット
	ミャンマー	20 米ドル
	モンゴル	35,000 トゥグルグ
	ロシア	300 ルーブル

③　受付期間：国　内　（第１回）　2023年（令和５年）２月13日（月）から３月10日（金）17時まで

（第２回）　2023年（令和５年）７月３日（月）から７月28日（金）17時まで

国　外　（第１回）　2023年（令和５年）２月13日（月）から３月10日（金）まで

（第２回）　2023年（令和５年）７月３日（月）から７月28日（金）まで

④　出　　願：国　内　独立行政法人日本学生支援機構留学生事業部留学試験課に提出する。

国　外　各国・地域の現地機関に提出する。

(2)　出願方法

国　内：オンラインにより出願を受け付ける。手続き等の細目については，独立行政法人日本学生支援機構のウェブサイトで公表する。

国　外：各国・地域の現地機関と調整のうえ，決定する。

(3)　受験票の送付

国　内：願書を受理したものについて，次に掲げる期日（予定）に発送する。

第１回　2023年（令和５年）５月19日（金）

第２回　2023年（令和５年）10月20日（金）

国　外：各国・地域の現地機関と調整のうえ，決定する。

［備考］国外の受験票，結果の通知の発送料については，受験案内等で公表する。

５．結果の公表等

(1)　受験者への公表

次に掲げる期日（予定）に，オンラインで試験の成績を公表する。

第１回　2023年（令和５年）７月26日（水）

第２回　2023年（令和５年）12月22日（金）

［備考］国外においては，各国・地域の現地機関を通じて成績通知書の発送も行う。

(2)　大学等からの成績照会

別途定める所定の登録手続きを行った大学等に対しては，(1)に掲げる期日より，オンラインでの成績照会を開始する。

照会先：独立行政法人日本学生支援機構　留学生事業部留学試験課
〒153-8503　東京都目黒区駒場４－５－29
電話：03－6407－7457　　FAX：03－6407－7462
E-Mail：jasso_eju@jasso.go.jp

2023年度日本留学試験（第１回）実施地別応募者数・受験者数一覧（国内・国外）

実施国・地域	都道府県・都市	応募者数	受験者数
日　本	北海道	79	74
	宮　城	184	146
	群　馬	46	39
	埼　玉	508	442
	千　葉	392	336
	東　京	13,403	11,781
	神奈川	408	335
	石　川	30	27
	静　岡	263	243
	愛　知	531	497
	京　都	957	866
	大　阪	1,696	1,530
	兵　庫	356	331
	岡　山	206	190
	高　知	98	93
	福　岡	1,441	1,375
	沖　縄	14	12
国内小計		20,612	18,317
インド	ニューデリー	107	47
インドネシア	ジャカルタ	197	175
	スラバヤ	29	25
韓　国	ソウル	2,164	1,831
	プサン	453	386
シンガポール		6	5
スリランカ	コロンボ	5	3
タ　イ	バンコク	83	69
	チェンマイ	9	9
台　湾	台　北	368	315
フィリピン	マニラ	13	10
ベトナム	ハノイ	117	101
	ホーチミン	34	29
香　港		956	851
マレーシア	クアラルンプール	142	135
ミャンマー	ヤンゴン	146	99
モンゴル	ウランバートル	247	195
ロシア	ウラジオストク（※）	0	0
国外小計		5,076	4,285
総合計		25,688	22,602

※ウラジオストクについては、現地情勢の影響により中止。

2023年度日本留学試験（第１回）試験会場一覧

国・地域	都道府県又は都市	試　験　会　場	
日　本	北海道	酪農学園大学	
	宮　城	TKP ガーデンシティ PREMIUM 仙台西口	
	群　馬	高崎白銀ビル	
	埼　玉	駿河台大学	
	千　葉	千葉大学　西千葉キャンパス	
	東　京	慶應義塾大学　三田キャンパス	日本大学文理学部
		國學院大學　渋谷キャンパス	早稲田大学　早稲田キャンパス
		国士舘大学　世田谷キャンパス	東京外国語大学　府中キャンパス
		駒澤大学　駒沢キャンパス	東京農工大学　小金井キャンパス
		大正大学	一橋大学　国立キャンパス
	神奈川	TKP ガーデンシティ PREMIUM みなとみらい	
	石　川	金沢星稜大学	
	静　岡	日本大学国際関係学部	
	愛　知	名古屋大学　東山キャンパス	
	京　都	同志社大学　京田辺キャンパス	立命館大学　衣笠キャンパス
	大　阪	大阪大学　豊中キャンパス	
	兵　庫	神戸学院大学　ポートアイランド第1キャンパス	
	岡　山	岡山大学　津島キャンパス	
	高　知	高知県立青少年センター	
	福　岡	九州産業大学	福岡女子大学
	沖　縄	沖縄国際大学	
イ　ン　ド	ニューデリー	Sri Venkateswara College, Delhi	
インドネシア	ジャカルタ	インドネシア大学日本研究センター	
	スラバヤ	Language Center of Surabaya State University	
韓　国	ソウル	スソ中学校	ザムシル高等学校
		ガウォン中学校	グロ高等学校
	プサン	慶南工業高等学校	
シンガポール		シンガポール日本文化協会	
スリランカ	コロンボ	スリランカ日本文化センター（ササカワホール）	
タ　イ	バンコク	タイ国元日本留学生協会（OJSAT）	
	チェンマイ	チェンマイ大学	
台　湾	台　北	語言訓練測験中心	台湾大学応用力学館
フィリピン	マニラ	デ・ラ・サール大学セント・ベニール校	
ベトナム	ハノイ	ベトナム日本人材協力センター（VJCC）	
	ホーチミン	ホーチミン市社会科学人文大学	
香　港		KITEC　九龍灣國際展貿中心	
マレーシア	クアラルンプール	サンウェイ大学	
ミャンマー	ヤンゴン	Yankin Education College	
モンゴル	ウランバートル	モンゴル日本センター	モンゴル国立大学　２号館
ロ　シ　ア	ウラジオストク	中止	

日本語シラバス

<試験の目的>

この試験は，日本の高等教育機関（特に大学学部）に，外国人留学生として入学を希望する者が，大学等での勉学・生活において必要となる言語活動に，日本語を用いて参加していくための能力をどの程度身につけているか，測定することを目的とする。

日本語シラバス

Ⅰ　試験の構成

この試験は，理解に関わる能力を問う領域（読解，聴解，聴読解）と，産出に関わる能力を問う領域（記述）からなる。

Ⅱ　各領域の概要

1．読解，聴解，聴読解領域

読解は，主として文章によって出題されるが，文章以外の視覚情報（図表や箇条書きなど）が提示されることもある。聴解は，すべて音声によって出題され，聴読解は，音声と視覚情報（図表や文字情報）によって出題される。

(1)　問われる能力

読解，聴解，聴読解領域では，文章や談話音声などによる情報を理解し，それらの情報の関係を把握し，また理解した情報を活用して論理的に妥当な解釈を導く能力が問われる。具体的には以下のような能力が問われる。

①　直接的理解能力：

言語として明確に表現されていることを，そのまま理解することができるかを問う。たとえば，次のようなことが問われる。

- 個々の文・発話内で表現されている内容を，正確に理解することができるか
- 文章・談話全体の主題・主旨を，的確にとらえることができるか

②　関係理解能力：

文章や談話で表現されている情報の関係を理解することができるかを問う。たとえば，次のようなことが問われる。

- 文章・談話に含まれる情報のなかで，重要な部分，そうでない部分を見分けることができるか
- 文章・談話に含まれる情報がどういう関係にあるかを理解することができるか
- 異なる形式・媒体（音声，文字，図表など）で表現されている情報を比較・対照することができるか

③　情報活用能力：

理解した情報を活用して論理的に妥当な解釈が導けるかを問う。たとえば，次のようなことが問われる。

- 文章・談話の内容を踏まえ，その結果や帰結などを導き出すことができるか

- 文章・談話で提示された具体的事例を一般化することができるか
- 文章・談話で提示された一般論を具体的事例に当てはめることができるか
- 異なる形式・媒体（音声，文字，図表など）で表現された情報同士を相補的に組み合わせて妥当な解釈が導けるか

⑵　出題される文章や談話の種類

⑴で挙げられた能力は，大学等での勉学・生活の場において理解が必要となる文章や談話を題材として問われる。具体的には以下のような文章・談話である。

読解

- 説明文
- 論説文
- （大学等での勉学・生活にかかわる）実務的・実用的な文書／文章　など

聴解，聴読解

- 講義，講演
- 演習や調査活動に関わる発表，質疑応答および意見交換
- 学習上または生活上の相談ならびに指導，助言
- 実務的・実用的な談話 など

2．記述領域

⑴　問われる能力

記述領域では，「与えられた課題の指示に従い，自分自身の考えを，根拠を挙げて筋道立てて書く」ための能力が問われる。具体的には以下のようなことが問われる。

- 与えられた課題の内容を正確に理解し，その内容にのっとった主張・結論を提示することができるか
- 主張・結論を支えるための，適切かつ効果的な根拠や実例等を提示することができるか
- 主張・結論を導き出すに当たって，一つの視点からだけでなく，多角的な視点から考察をおこなうことができるか
- 主張・結論とそれを支える根拠や実例等を，適切かつ効果的に，また全体としてバランスのとれた構成をなすように配列することができるか
- 高等教育の場において，文章として論述をおこなう際にふさわしい構文・語彙・表現等を，適切かつ効果的に使用できるか

⑵　出題される課題

- 提示された一つまたは複数の考え方について，自分の意見を論じる
- ある問題について現状を説明し，将来の予想や解決方法について論じる　等

基礎学力（理科）シラバス

＜試験の目的＞

この試験は，外国人留学生として，日本の大学（学部）等に入学を希望する者が，大学等において勉学するに当たり必要とされる理科科目の基礎的な学力を測定することを目的とする。

＜試験の種類＞

試験は，物理・化学・生物で構成され，そのうちから２科目を選択するものとする。

＜出題の範囲＞

出題の範囲は，以下のとおりである。なお，小学校・中学校で学ぶ範囲については既習とし，出題範囲に含まれているものとする。出題の内容は，それぞれの科目において，項目ごとに分類され，それぞれの項目は，当該項目の主題又は主要な術語によって提示されている。

物理シラバス

出題範囲は，日本の高等学校学習指導要領の「物理基礎」及び「物理」の範囲とする。

I　力学

1．運動と力

(1)　運動の表し方

位置，変位，速度，加速度，相対運動，落体の運動，水平投射，斜方投射

(2)　さまざまな力

力，重力，摩擦力，抗力，張力，弾性力，液体や気体から受ける力

(3)　力のつり合い

力の合成・分解，力のつり合い

(4)　剛体にはたらく力のつり合い

力のモーメント，合力，偶力，剛体のつり合い，重心

(5)　運動の法則

ニュートンの運動の3 法則，力の単位と運動方程式，単位系と次元

(6)　摩擦や空気の抵抗を受ける運動

静止摩擦力，動摩擦力，空気の抵抗と終端速度

2．エネルギーと運動量

(1)　仕事と運動エネルギー

仕事の原理，仕事率，運動エネルギー

(2)　位置エネルギー

重力による位置エネルギー，弾性力による位置エネルギー

(3)　力学的エネルギーの保存

(4)　運動量と力積

運動量と力積，運動量保存則，分裂と合体

(5)　衝突

反発係数（はねかえり係数），弾性衝突，非弾性衝突

3．さまざまな力と運動

(1)　等速円運動

速度と角速度，周期と回転数，加速度と向心力，等速でない円運動の向心力

(2)　慣性力

慣性力，遠心力

(3)　単振動

変位，速度，加速度，復元力，振幅，周期，振動数，位相，角振動数，ばね振り子，単振り子，単振動のエネルギー

(4)　万有引力

惑星の運動（ケプラーの法則），万有引力，重力，万有引力の位置エネルギー，力学的エネルギーの保存

Ⅱ　熱

1．熱と温度

⑴　熱と温度

熱運動，熱平衡，温度，絶対温度，熱量，熱容量，比熱，熱量の保存

⑵　物質の状態

物質の三態，融点，沸点，融解熱，蒸発熱，潜熱，熱膨張

⑶　熱と仕事

熱と仕事，内部エネルギー，熱力学第１法則，不可逆変化，熱機関，熱効率，熱力学第２法則

2．気体の性質

⑴　理想気体の状態方程式

ボイルの法則，シャルルの法則，ボイル・シャルルの法則，理想気体の状態方程式

⑵　気体分子の運動

気体分子の運動と圧力・絶対温度，気体の内部エネルギー，単原子分子，二原子分子

⑶　気体の状態変化

定積変化，定圧変化，等温変化，断熱変化，モル比熱

Ⅲ　波

1．波

⑴　波の性質

波動，媒質，波源，横波と縦波

⑵　波の伝わり方とその表し方

波形，振幅，周期，振動数，波長，波の速さ，正弦波，位相，波のエネルギー

⑶　重ね合わせの原理とホイヘンスの原理

重ね合わせの原理，干渉，定常波（定在波），ホイヘンスの原理，反射の法則，屈折の法則，回折

2．音

⑴　音の性質と伝わり方

音の速さ，音の反射・屈折・回折・干渉，うなり

⑵　発音体の振動と共振・共鳴

弦の振動，気柱の振動，共振・共鳴

⑶　ドップラー効果

ドップラー効果，音源が動く場合，観測者が動く場合，音源と観測者が動く場合

3．光

⑴　光の性質

可視光，白色光，単色光，光と色，スペクトル，分散，偏光

⑵　光の伝わり方

光の速さ，光の反射・屈折，全反射，光の散乱，レンズ，球面鏡

⑶　光の回折と干渉

回折，干渉，ヤングの実験，回折格子，薄膜による干渉，空気層による干渉

Ⅳ　電気と磁気

1．電場

(1)　静電気力

物体の帯電，電荷，電気量，電気量保存の法則，クーロンの法則

(2)　電場

電場，点電荷のまわりの電場，電場の重ね合わせ，電気力線

(3)　電位

静電気力による位置エネルギー，電位と電位差，点電荷のまわりの電位，等電位面

(4)　電場の中の物体

電場中の導体，静電誘導，静電遮蔽，接地，電場中の不導体，誘電分極

(5)　コンデンサー

コンデンサー，電気容量，誘電体，コンデンサーに蓄えられる静電エネルギー，コンデンサーの接続

2．電流

(1)　電流

電流，電圧，オームの法則，抵抗と抵抗率，ジュール熱，電力，電力量

(2)　直流回路

抵抗の直列接続と並列接続，電流計，電圧計，キルヒホッフの法則，抵抗率の温度変化，抵抗の測定，電池の起電力と内部抵抗，コンデンサーを含む回路

(3)　半導体

n 型半導体，p 型半導体，pn 接合，ダイオード

3．電流と磁場

(1)　磁場

磁石，磁極，磁気力，磁気量，磁場，磁力線，磁化，磁性体，磁束密度，透磁率，磁束

(2)　電流がつくる磁場

直線電流がつくる磁場，円形電流がつくる磁場，ソレノイドの電流がつくる磁場

(3)　電流が磁場から受ける力

直線電流が磁場から受ける力，平行電流が及ぼし合う力

(4)　ローレンツ力

ローレンツ力，磁場中の荷電粒子の運動，ホール効果

4．電磁誘導と電磁波

(1)　電磁誘導の法則

電磁誘導，レンツの法則，ファラデーの電磁誘導の法則，
導体が磁場を横切るときの誘導起電力，ローレンツ力と誘導起電力，渦電流

(2)　自己誘導，相互誘導

自己誘導，自己インダクタンス，コイルに蓄えられるエネルギー，相互誘導，
相互インダクタンス，変圧器

(3)　交流

交流の発生（交流電圧，交流電流，周波数，位相，角周波数），抵抗を流れる交流，実効値

(4) 交流回路

コイルのリアクタンスと位相差，コンデンサーのリアクタンスと位相差，消費電力，交流回路のインピーダンス，共振回路，振動回路

(5) 電磁波

電磁波，電磁波の発生，電磁波の性質，電磁波の種類

V 原子

1．電子と光

(1) 電子

放電，陰極線，電子，比電荷，電気素量

(2) 粒子性と波動性

光電効果，光子，X線，コンプトン効果，ブラッグ反射，物質波，電子線の干渉と回折

2．原子と原子核

(1) 原子の構造

原子核，水素原子のスペクトル，ボーアの原子模型，エネルギー準位

(2) 原子核

原子核の構成，同位体，原子質量単位，原子量，原子核の崩壊，放射線，放射能，半減期，核反応，核エネルギー

(3) 素粒子

素粒子，４つの基本的力

化学シラバス

出題範囲は，日本の高等学校学習指導要領の「化学基礎」及び「化学」の範囲とする。

I　物質の構成

1．物質の探究

(1) 純物質と混合物
元素，同素体，化合物，混合物，混合物の分離，精製

(2) 物質の状態
物質の三態（気体，液体，固体），状態変化

2．物質の構成粒子

(1) 原子構造
電子，陽子，中性子，質量数，同位体

(2) 電子配置
電子殻，原子の性質，周期律・周期表，価電子

3．物質と化学結合

(1) イオン結合
イオン結合，イオン結晶，イオン化エネルギー，電子親和力

(2) 金属結合
金属結合，自由電子，金属結晶，展性・延性

(3) 共有結合
共有結合，配位結合，共有結合の結晶，分子結晶，結合の極性，電気陰性度

(4) 分子間力
ファンデルワールス力，水素結合

(5) 化学結合と物質の性質
融点・沸点，電気伝導性・熱伝導性，溶解度

4．物質の量的取扱いと化学式

(1) 物質量など
原子量，分子量，式量，物質量，モル濃度，質量%濃度，質量モル濃度

(2) 化学式
分子式，イオン式，電子式，構造式，組成式（実験式）

II　物質の状態と変化

1．物質の変化

(1) 化学反応式
化学反応式の表し方，化学反応の量的関係

(2) 酸・塩基
酸・塩基の定義と強弱，水素イオン濃度，pH，中和反応，中和滴定，塩

(3) 酸化・還元

酸化・還元の定義，酸化数，金属のイオン化傾向，酸化剤・還元剤

2．物質の状態と平衡

(1) 状態の変化

分子の熱運動と物質の三態，気体分子のエネルギー分布，絶対温度，沸点，融点，融解熱，蒸発熱

(2) 気体の性質

理想気体の状態方程式，混合気体，分圧の法則，実在気体と理想気体

(3) 溶液の平衡

希薄溶液，飽和溶液と溶解平衡，過飽和，固体の溶解度，気体の溶解度，ヘンリーの法則

(4) 溶液の性質

蒸気圧降下，沸点上昇，凝固点降下，浸透圧，コロイド溶液，チンダル現象，ブラウン運動，透析，電気泳動

3．物質の変化と平衡

(1) 化学反応とエネルギー

化学反応と熱・光，熱化学方程式，反応熱と結合エネルギー，ヘスの法則

(2) 電気化学

電気分解，電極反応，電気エネルギーと化学エネルギー，電気量と物質の変化量，ファラデーの法則

(3) 電池

ダニエル電池や代表的な実用電池（乾電池，鉛蓄電池，燃料電池など）

(4) 反応速度と化学平衡

反応速度と速度定数，反応速度と濃度・温度・触媒，活性化エネルギー，可逆反応，化学平衡及び化学平衡の移動，平衡定数，ルシャトリエの原理

(5) 電離平衡

酸・塩基の強弱と電離度，水のイオン積，弱酸・弱塩基の電離平衡，塩の加水分解，緩衝液

Ⅲ　無機化学

1．無機物質

(1) 典型元素（主要族元素）

各族の代表的な元素の単体と化合物の性質や反応，及び用途

1 族：水素，リチウム，ナトリウム，カリウム

2 族：マグネシウム，カルシウム，バリウム

12 族：亜鉛，水銀

13 族：アルミニウム

14 族：炭素，ケイ素，スズ，鉛

15 族：窒素，リン

16 族：酸素，硫黄

17 族：フッ素，塩素，臭素，ヨウ素

18 族：ヘリウム，ネオン，アルゴン

(2) 遷移元素

クロム，マンガン，鉄，銅，銀，及びそれらの化合物の性質や反応，及び用途

(3) 無機物質の工業的製法

アルミニウム，ケイ素，鉄，銅，水酸化ナトリウム，アンモニア，硫酸など

(4) 金属イオンの分離・分析

2．無機物質と人間生活

上記の物質のほか，人間生活に広く利用されている金属やセラミックス

- 代表的な金属の例：チタン，タングステン，白金，ステンレス鋼，ニクロム
- 代表的なセラミックスの例：ガラス，ファインセラミックス，酸化チタン（Ⅳ）

Ⅳ　有機化学

1．有機化合物の性質と反応

(1) 炭化水素

アルカン，アルケン，アルキンの代表的な化合物の構造，性質及び反応，石油の成分と利用など

構造異性体・立体異性体（シス-トランス異性体，光学異性体（鏡像異性体））

(2) 官能基をもつ化合物

アルコール，エーテル，カルボニル化合物，カルボン酸，エステルなど代表的化合物の構造，性質及び反応

油脂・セッケンなど

(3) 芳香族化合物

芳香族炭化水素，フェノール類，芳香族カルボン酸，芳香族アミンなど代表的な化合物の構造，性質及び反応

2．有機化合物と人間生活

(1) 上記の物質のほか，単糖類，二糖類，アミノ酸など人間生活に広く利用されている有機化合物

[例] グルコース，フルクトース，マルトース，スクロース，グリシン，アラニン

(2) 代表的な医薬品，染料，洗剤などの主な成分

[例] サリチル酸の誘導体，アゾ化合物，アルキル硫酸エステルナトリウム

(3) 高分子化合物

i　合成高分子化合物：代表的な合成繊維やプラスチックの構造，性質及び合成

[例] ナイロン，ポリエチレン，ポリプロピレン，ポリ塩化ビニル，ポリスチレン，ポリエチレンテレフタラート，フェノール樹脂，尿素樹脂

ii　天然高分子化合物：タンパク質，デンプン，セルロース，天然ゴムなどの構造や性質，DNA などの核酸の構造

iii　人間生活に広く利用されている高分子化合物

（例えば，吸水性高分子，導電性高分子，合成ゴムなど）の用途，資源の再利用など

生物シラバス

出題範囲は，日本の高等学校学習指導要領の「生物基礎」及び「生物」の範囲とする。

Ⅰ　生命現象と物質

1．細胞と分子

(1)　生体物質と細胞
細胞小器官
原核細胞と真核細胞
細胞骨格

(2)　生命現象とタンパク質
タンパク質の構造
タンパク質の働き　［例］酵素

2．代謝

(1)　生命活動とエネルギー
ATP とその役割

(2)　呼吸　［例］解糖系，クエン酸回路，電子伝達系，発酵と解糖

(3)　光合成　［例］光化学系Ⅰ，光化学系Ⅱ，カルビン・ベンソン回路，電子伝達系

(4)　細菌の光合成と化学合成

(5)　窒素同化

3．遺伝情報とその発現

(1)　遺伝情報と DNA
DNA の二重らせん構造
遺伝子と染色体とゲノム

(2)　遺伝情報の分配
体細胞分裂による遺伝情報の分配
細胞周期と DNA の複製
DNA の複製のしくみ

(3)　遺伝情報の発現
遺伝子の発現のしくみ　［例］転写，翻訳，スプライシング
遺伝情報の変化　［例］遺伝子突然変異

(4)　遺伝子の発現調節
転写レベルの調節
選択的遺伝子発現
発現調節による細胞分化

(5)　バイオテクノロジー　［例］遺伝子組換え，遺伝子導入

Ⅱ　生殖と発生

1．有性生殖

(1)　減数分裂と受精
　　減数分裂による遺伝子の分配
　　受精による多様な遺伝的組み合わせ
　　性染色体

(2)　遺伝子と染色体
　　遺伝子の連鎖と組換え
　　染色体の乗換えと遺伝子の組換え

2．動物の発生

(1)　配偶子形成と受精
(2)　初期発生の過程
(3)　細胞の分化と形態形成

3．植物の発生

(1)　配偶子形成と受精，胚発生
(2)　植物の器官の分化　［例］花の形態形成

Ⅲ　生物の体内環境の維持

1．体内環境

(1)　体液の循環系
(2)　体液の成分とその濃度調節
(3)　血液凝固のしくみ

2．体内環境の維持のしくみ

(1)　自律神経やホルモンによる調節　［例］血糖濃度の調節

3．免疫

(1)　免疫で働く細胞
(2)　免疫のしくみ

Ⅳ　生物の環境応答

1．動物の反応と行動

(1)　刺激の受容と反応
　　受容器とその働き
　　効果器とその働き
　　神経系とその働き

(2)　動物の行動

2．植物の環境応答

(1)　植物ホルモンの働き　［例］オーキシンの働き，ジベレリンの働き
(2)　植物の光受容体の働き　［例］フィトクロムの働き

V　生態と環境

1．個体群と生物群集

(1)　個体群

個体群とその構造

個体群内の相互作用

個体群間の相互作用

(2)　生物群集

生物群集とその構造

2．生態系

(1)　生態系の物質生産と物質循環

［例］食物網と栄養段階，炭素循環とエネルギーの流れ，窒素循環

(2)　生態系と生物多様性

遺伝的多様性

種多様性

生態系の多様性

生態系のバランスと保全

(3)　植生の多様性と分布　［例］植生の遷移

(4)　気候とバイオーム

VI　生物の進化と系統

1．生物進化のしくみ

(1)　生命の起源と生物の変遷

生命の誕生

生物の進化

ヒトの進化

(2)　進化のしくみ

個体間の変異（突然変異）

遺伝子頻度の変化とそのしくみ

分子進化と中立進化

種分化

共進化

2．生物の系統

(1)　生物の系統による分類　［例］DNA 塩基配列の比較

(2)　高次の分類群と系統

基礎学力（総合科目）シラバス

<試験の目的>

試験科目「総合科目」は，多文化理解の視野からみた現代の世界と日本についてのテーマが中心となる。その目的は，留学生が日本の大学での勉学に必要と考えられる現代日本についての基本的知識をもち，あわせて，近現代の国際社会の基本的問題について論理的に考え，判断する能力があるかを判定することにある。

具体的には，政治・経済・社会を中心として地理，歴史の各分野から総合的に出題される。出題の範囲は，以下の各分野における項目からなり，それぞれの項目は関連する主要な用語で示されている。

総合科目シラバス

Ⅰ　政治・経済・社会

1．現代の社会
情報社会，少子高齢社会，多文化理解，生命倫理，社会保障と社会福祉，地域社会の変貌，不平等の是正，食料問題，エネルギー問題，環境問題，持続可能な社会

2．現代の経済
経済体制，市場経済，価格メカニズム，消費者，景気変動，政府の役割と経済政策，労働問題，経済成長，国民経済，貿易，為替相場，国際収支

3．現代の政治
民主主義の原理，日本国憲法，基本的人権と法の支配，国会，内閣，裁判所，議会制民主主義，地方自治，選挙と政治参加，新しい人権

4．現代の国際社会
国際関係と国際法，グローバリゼーション，地域統合，国連と国際機構，南北問題，人種・エスニシティ・民族問題，地球環境問題，国際平和と国際協力，日本の国際貢献

Ⅱ　地理

現代世界の特色と諸課題の地理的考察
地球儀と地図，距離と方位，空中写真と衛星画像，標準時と時差，地理情報，気候，地形，植生，世界の生活・文化・宗教，資源と産業，人口，都市・村落，交通と通信，自然環境と災害・防災，日本の国土と環境

Ⅲ　歴史

1．近代の成立と世界の一体化
産業革命，アメリカ独立革命，フランス革命，国民国家の形成，帝国主義と植民地化，日本の近代化とアジア

2．20世紀の世界と日本
第一次世界大戦とロシア革命，世界恐慌，第二次世界大戦と冷戦，アジア・アフリカ諸国の独立，日本の戦後史，石油危機，冷戦体制の崩壊

基礎学力（数学）シラバス

＜試験の目的＞

この試験は，外国人留学生として，日本の大学（学部）等に入学を希望する者が，大学等において勉学するに当たり必要とされる数学の基礎的な学力を測定することを目的とする。

＜試験の種類＞

数学の試験には，コース１とコース２がある。コース１は，数学をそれほど必要としない学部・学科のための試験であり，コース２は，数学を高度に必要とする学部・学科のための試験である。受験者は，各自の志望する大学の学部・学科の指定に従い，コース１かコース２のどちらか一方を選択する。

＜記号・用語＞

記号は日本の高等学校の標準的な教科書に準拠する。

日本語で出題される試験問題では，日本の高等学校の教科書で通常用いられている用語を使用し，英語で出題される試験問題では，英語の標準的な用語を使用する。

＜出題範囲＞

出題範囲は以下のとおりである。なお，小学校・中学校で学ぶ範囲については既習とし，出題範囲に含まれているものとする。

- コース１の出題範囲は，以下の出題項目のうち１，２，３，４，５，６を範囲とする。
- コース２の出題範囲は，以下の出題項目の１から18までのすべてを範囲とする。

数学シラバス （高等学校学習指導要領との対照つき）

＜出題項目＞

1．数と式…数学Ⅰ

⑴ 数と集合

① 実数

② 集合と命題

⑵ 式の計算

① 式の展開と因数分解

② １次不等式

③ 絶対値と方程式・不等式

2．２次関数…数学Ⅰ

⑴ ２次関数とそのグラフ

① ２次関数の値の変化

② ２次関数の最大・最小

③ ２次関数の決定

⑵ ２次方程式・２次不等式

① ２次方程式の解

② ２次関数のグラフと２次方程式

③ ２次関数のグラフと２次不等式

3．図形と計量…数学Ⅰ

⑴ 三角比

① 正弦，余弦，正接

② 三角比の相互関係

⑵ 三角比と図形

① 正弦定理，余弦定理

② 図形の計量（空間図形への応用を含む）

4．場合の数と確率…数学Ａ

⑴ 場合の数

① 数え上げの原則（集合の要素の個数，和の法則，積の法則を含む）

② 順列・組合せ

⑵ 確率とその基本的な性質

⑶ 独立な試行と確率

⑷ 条件付き確率

5．整数の性質…数学Ａ

⑴ 約数と倍数

⑵ ユークリッドの互除法

⑶ 整数の性質の応用

6．図形の性質…数学Ａ

(1) 平面図形

① 三角形の性質

② 円の性質

(2) 空間図形

① 直線と平面

② 多面体

7．いろいろな式…数学Ⅱ

(1) 式と証明

① 整式の除法，分数式，二項定理，恒等式

② 等式と不等式の証明

(2) 高次方程式

① 複素数と２次方程式の解

② 因数定理

③ 高次方程式の解法と性質

8．図形と方程式…数学Ⅱ

(1) 直線と円

① 点の座標

② 直線の方程式

③ 円の方程式

④ 円と直線の関係

(2) 軌跡と領域

① 軌跡と方程式

② 不等式の表す領域

9．指数関数・対数関数…数学Ⅱ

(1) 指数関数

① 指数の拡張

② 指数関数とそのグラフ

(2) 対数関数

① 対数の性質

② 対数関数とそのグラフ

③ 常用対数

10．三角関数…数学Ⅱ

(1) 一般角

(2) 三角関数とその基本的な性質

(3) 三角関数とそのグラフ

(4) 三角関数の加法定理

(5) 加法定理の応用

11. 微分・積分の考え…数学Ⅱ
(1) 微分の考え
① 微分係数と導関数
② 導関数の応用
接線，関数値の増減（関数の値の変化，最大・最小，極大・極小）
(2) 積分の考え
① 不定積分と定積分
② 面積

12. 数列…数学B
(1) 数列とその和
① 等差数列と等比数列
② いろいろな数列
(2) 漸化式と数学的帰納法
① 漸化式と数列
② 数学的帰納法

13. ベクトル…数学B
(1) 平面上のベクトル
① ベクトルとその演算
② ベクトルの内積
(2) 空間座標とベクトル
① 空間座標
② 空間におけるベクトル

14. 複素数平面…数学Ⅲ
(1) 複素数平面
① 複素数の図表示
② 複素数の極形式
(2) ド・モアブルの定理
(3) 複素数と図形

15. 平面上の曲線…数学Ⅲ
(1) 2次曲線
放物線，楕円，双曲線
(2) 媒介変数による表示
(3) 極座標による表示

16. 極限…数学Ⅲ
(1) 数列とその極限
① 数列の極限
② 無限級数の和
(2) 関数とその極限

① 分数関数と無理関数
② 合成関数と逆関数
③ 関数の極限
④ 関数の連続性

17. 微分法…数学Ⅲ
(1) 導関数
① 関数の和・差・積・商の導関数
② 合成関数の導関数，逆関数の導関数
③ 三角関数・指数関数・対数関数の導関数
(2) 導関数の応用
接線，関数値の増減，速度，加速度

18. 積分法…数学Ⅲ
(1) 不定積分と定積分
① 積分とその基本的な性質
② 置換積分法・部分積分法
③ いろいろな関数の積分
(2) 積分の応用
面積，体積，長さ

EJU Syllabus for Japanese as a Foreign Language

<Purpose of the Examination>

This examination is designed for foreign students who plan to study at Japanese universities and colleges. The purpose of this examination is to measure their ability to communicate in the Japanese language that is required for higher education as well as daily life in Japan.

EJU Syllabus for Japanese as a Foreign Language

I Contents of the Examination

This examination consists of two major parts: production (writing) and comprehension (reading comprehension, listening comprehension, and listening & reading comprehension).

II Description of each Section

1. Reading comprehension, listening comprehension, and listening & reading comprehension

The questions set for the reading comprehension are mainly written texts, and some visual information (graph, chart, list, etc.) may be presented. The questions set for the listening comprehension use only sounds, and the listening & reading comprehension use sounds and visual information (graph, chart, and textual information).

(1) Abilities tested

In the sections of reading comprehension, listening comprehension, and listening & reading comprehension, the examination will assess the abilities to understand information in written or spoken text, to comprehend relationships between information, and to infer a logically valid interpretation. The examination include following questions.

(i) Ability to understand details and the main idea of the text

This type of question will require the abilities to understand information explicitly expressed in the text. For example, the following abilities will be tested.

- Understand details of the text.
- Understand main ideas of the text.

(ii) Ability to comprehend relationships between information

This type of question will require the abilities to comprehend the relationships between information expressed in the text. For example, the following abilities will be tested.

- Distinguish an important part of the text from the rest.
- Recognize relationships between the information.
- Compare or contrast information expressed in various forms such as sound, text, graphic, etc.

(iii) Ability to utilize information

This type of question will require the abilities to utilize comprehended information in order to infer a logically valid interpretation. For example, the following abilities will be tested.

- Draw a conclusion using information given in the text.

- Generalize cases given in the text.
- Apply general explanation/ideas to particular cases.
- Infer a valid interpretation complementarily combining the information given in various forms, such as sound, text or graphic, etc.

(2) Written and spoken texts used

The abilities listed in (1) will be examined based on written or spoken texts that need to be understood on the occasion of studying and campus life. Examples of written or spoken texts are as follows.

Reading comprehension

- Explanatory text
- Editorial text
- Practical document/text (regarding studying, campus life, etc.), and others

Listening comprehension, listening & reading comprehension

- Lecture or speech
- Presentation and discussion regarding exercise or survey
- Consultation, instruction and advice about study and life
- Practical conversation, and others

2. Writing

(1) Abilities tested

In the area of writing, the examination will evaluate the ability to follow the instructions and to write one's own ideas with convincing reasons. For example, the following abilities will be evaluated.

- Understand what is required in a given task and present an argument or conclusion based on what is understood.
- Present appropriate and effective evidence or examples that support the argument or conclusion.
- Review the argument or conclusion from multiple perspectives.
- Organize an essay by arranging an argument or conclusion, and its supporting evidence or example appropriately and effectively.
- Use appropriate sentence structure, vocabulary, expressions, etc. to write a dissertation in a place of higher education.

(2) Tasks required

- To argue about one or several suggested concepts.
- To explain the current status of a specific issue, and to predict its outcome or to find a solution.

EJU Syllabus for Basic Academic Abilities(Science)

<Purpose of the Examination>

The purpose of this examination is to test whether international students have the basic academic ability in science necessary for studying at universities or other such higher educational institutions in Japan.

<Classification of Examination>

The examination consists of three subjects, i.e. physics, chemistry, and biology; examinees will select two of these subjects.

<Scope of Questions>

The scope of questions is as follows. What is taught in elementary and junior high schools is regarded to have been already learned and therefore is to be included in the scope of the EJU. What questions consists of in each subject is classified into categories, each of which is presented by topics and scientific terms.

Physics

The scope of questions will follow the scope of "Basic Physics" and "Advanced Physics" of the Course of Study for high schools in Japan.

I Mechanics

1. Motion and force

(1) Description of motion

Position, displacement, velocity, acceleration, relative motion, free fall, projectile motion

(2) Various forces

Force, gravity, frictional force, normal force, tension, elastic force, force exerted by liquid or gas

(3) Equilibrium of forces

Resultant and resolution of forces, equilibrium of forces

(4) Equilibrium of forces acting on rigid bodies

Torque, resultant force, couple of forces, equilibrium of rigid bodies, center of mass

(5) Laws of motion

Newton's laws of motion, unit of force and equation of motion, system of units and dimension

(6) Motion in the presence of friction and/or air resistance

Static friction force, kinetic friction force, air resistance and terminal velocity

2. Energy and momentum

(1) Work and kinetic energy

Principle of work, power, kinetic energy

(2) Potential energy

Potential energy due to gravity, potential energy due to elastic force

(3) Conservation of mechanical energy

(4) Momentum and impulse

Momentum and impulse, law of conservation of momentum, fission and coalescence

(5) Collision

Coefficient of restitution, elastic collision, inelastic collision

3. Various forces and motion

(1) Uniform circular motion

Velocity and angular velocity, period and rotational frequency, acceleration and centripetal force, centripetal force in non-uniform circular motion

(2) Inertial force

Inertial force, centrifugal force

(3) Simple harmonic motion

Displacement, velocity, acceleration, restoring force, amplitude, period, frequency, phase, angular frequency, spring pendulum, simple pendulum, energy of simple harmonic motion

(4) Universal gravitation

Planetary motion (Kepler's laws), universal gravitation, gravity, potential energy of universal gravitation, conservation of mechanical energy

Ⅱ Thermodynamics

1. Heat and temperature

(1) Heat and temperature

Thermal motion, thermal equilibrium, temperature, absolute temperature, heat quantity, heat capacity,specific heat, conservation of heat quantity

(2) States of matter

Three states of matter (gas, liquid, solid), melting point, boiling point, heat of fusion, heat of evaporation, latent heat, heat expansion

(3) Heat and work

Heat and work, internal energy, the first law of thermodynamics, irreversible change, heat engine, thermal efficiency, the second law of thermodynamics

2. Properties of gas

(1) Equation of state of ideal gas

Boyle's law, Charles' law, Boyle-Charles' law, equation of state of ideal gas

(2) Motion of gas molecules

Motion of gas molecules and pressure/absolute temperature, internal energy of gas, monatomic molecule, diatomic molecule

(3) Change of state of gases

Isochoric change, isobaric change, isothermal change, adiabatic change, molar specific heat

Ⅲ Waves

1. Waves

(1) Properties of waves

Wave motion, medium, wave source, transverse and longitudinal waves

(2) Propagation of waves and how to express it

Wave form, amplitude, period, frequency, wave length, wave velocity, sinusoidal wave, phase, energy of wave

(3) Superposition principle and Huygens' principle

Superposition principle, interference, standing wave, Huygens' principle, law of reflection, law of refraction, diffraction

2. Sound

(1) Properties and propagation of sound

Velocity of sound, reflection, refraction, diffraction and interference of sound, beat

(2) Vibrations of sounding body and resonance

Vibration of string, vibration of air column, resonance

(3) Doppler effect

Doppler effect, case of moving sound source, case of moving observer, case of moving sound source and moving observer

3. Light

(1) Properties of light

Visible light, white light, monochromatic light, light and color, spectrum, dispersion, polarization

(2) Propagation of light

Velocity of light, reflection and refraction of light, total reflection, scattering of light, lenses, spherical mirror

(3) Diffraction and interference of light

Diffraction, interference, Young's experiment, diffraction grating, thin-film interference, air wedge interference

Ⅳ Electricity and Magnetism

1. Electric field

(1) Electrostatic force

Charged object, electric charge, electric quantity, principle of conservation of charge, Coulomb's law

(2) Electric field

Electric field, electric field of a point charge, principle of superposition of electric field, lines of electric force

(3) Electric potential

Potential energy by electrostatic force, electric potential and potential difference, electric potential of a point charge, equipotential surfaces

(4) Matter in electric fields

Conductor in an electric field, electrostatic induction, electrostatic shielding, ground, insulator in an electric field, dielectric polarization

(5) Capacitor

Capacitor, electric capacitance, dielectrics, electrostatic energy stored in a capacitor, connection of capacitors

2. Electric current

(1) Electric current

Electric current, voltage, Ohm's law, resistance and resistivity, Joule's heat, electric power, electric energy

(2) Direct current circuits

Series and parallel connections of resistors, ammeter, voltmeter, Kirchhoff's rules, temperature dependence of resistivity, measurement of resistance, electromotive force and internal resistance of battery, circuit with capacitors

(3) Semiconductor

n-type semiconductor, *p*-type semiconductor, *p-n* junction, diode

3. Current and magnetic field

(1) Magnetic field

Magnets, magnetic poles, magnetic force, magnetic charge, magnetic field, lines of magnetic force, magnetization, magnetic materials, density of magnetic flux, permeability, magnetic flux

(2) Magnetic fields generated by currents

Magnetic fields generated by straight currents, magnetic fields generated by circular currents, magnetic fields generated by solenoid currents

(3) Magnetic forces on currents

Magnetic force on a straight current, force between parallel currents

(4) Lorentz force

Lorentz force, motion of charged particles in a magnetic field, Hall effect

4. Electromagnetic induction and electromagnetic wave

(1) Laws of electromagnetic induction

Electromagnetic induction, Lenz's law, Faraday's law of electromagnetic induction, induced electromotive force in a conductor crossing a magnetic field, Lorentz force and induced electromotive force, eddy current

(2) Self-induction, mutual induction

Self-induction, self-inductances, energy stored in a coil, mutual induction, mutual inductances, transformer

(3) Alternating current (AC)

Generation of AC (AC voltage, AC, frequency, phase, angular frequency), AC flowing through a resistor, effective values

(4) AC circuits

Reactance of coil and phase difference, reactance of capacitor and phase difference, electric power consumption, impedance of AC circuits, resonant circuit, oscillation circuit

(5) Electromagnetic waves

Electromagnetic wave, generation of electromagnetic wave, properties of electromagnetic waves, classification of electromagnetic waves

V Atoms

1. Electrons and light

(1) Electrons

Discharge, cathode ray, electrons, specific charge, elementary electric charge

(2) Wave-particle duality

Photoelectric effect, photon, X-ray, Compton effect, Bragg reflection, matter wave, interference and diffraction of electron beam

2. Atoms and nuclei

(1) Structure of atoms

Nucleus, spectrum of hydrogen atom, Bohr's model of atoms, energy level

(2) Nuclei

Compositions of nuclei, isotope, atomic mass unit, atomic weight, nuclear decay, radiation, radioactivity, half-life, nuclear reaction, nuclear energy

(3) Elementary particles

Elementary particles, four fundamental types of forces

Chemistry

The scope of questions will follow the scope of "Basic Chemistry" and "Advanced Chemistry" of the Course of Study for high schools in Japan.

I Structure of Matter

1. Study of matter
   - (1) Pure substances and mixtures
     Elements, allotropes, compounds, mixtures, separation of mixture, purification
   - (2) States of matter
     Three states of matter (gas, liquid, and solid), changes of state
2. Particles constituting substances
   - (1) Structure of the atom
     Electron, proton, neutron, mass number, isotope
   - (2) Electron configuration
     Electron shell, properties of atoms, the periodic law, periodic table, valence electrons
3. Substances and chemical bonds
   - (1) Ionic bonds
     Ionic bond, ionic crystal, ionization energy, electron affinity
   - (2) Metallic bonds
     Metallic bond, free electron, metallic crystal, malleability
   - (3) Covalent bonds
     Covalent bond, coordinate bond, crystal of covalent bond, molecular crystals, polar nature of bond, electronegativity
   - (4) Intermolecular force
     van der Waals force, hydrogen bond
   - (5) Chemical bonds and properties of substances
     Melting point and boiling point, electric conductivity and thermal conductivity, solubility
4. Quantitative treatment of substances and chemical formula
   - (1) Amount of substance
     Atomic weight, molecular weight, formula weight, amount of substance, molar concentration, mass percent concentration, molarity
   - (2) Chemical formulas
     Molecular formula, ion formula, electron formula (Lewis structures), structural formula, compositional formula (empirical formula)

II State and Change of Substances

1. Change of substances
   - (1) Reaction formula
     Expression of reaction formula, quantitative relation of chemical reaction
   - (2) Acids and bases
     Definition and strength of acids and bases, hydrogen ion concentration, pH, neutralization

reaction, neutralization titration, salt

(3) Oxidation and reduction

Definition of oxidation and reduction, oxidation number, ionization tendency of metal, oxidizing agent and reducing agent

2. State and equilibrium of substances

(1) Change of state

Thermal motion of molecules and the three states of substance, thermal energy distribution of gas molecule, absolute temperature, boiling point, melting point, heat of fusion, heat of vaporization

(2) Properties of gases

State equation of ideal gas, mixed gas, law of partial pressure, real gas and ideal gas

(3) Equilibrium of solutions

Dilute solution, saturated solution and solubility equilibrium, supersaturation, solubility of solid, solubility of gas, Henry's law

(4) Nature of solutions

Depression of vapor pressure, elevation of boiling point, depression of freezing point, osmotic pressure, colloidal solution, Tyndall effect, Brownian motion, dialysis, electrophoresis

3. Change and equilibrium of substances

(1) Chemical reaction and energy

Heat and light in chemical reaction, thermochemical equation, heat of reaction and bond energy, Hess's law

(2) Electrochemistry

Electrolysis, electrode reaction, electrical energy and chemical energy, quantity of electricity and amount of change in substance, Faradey's law

(3) Electric cell

Daniell cell and typical practical batteries (dry cell, lead storage battery, fuel cell, etc.)

(4) Rate of reaction and chemical equilibrium

Rate of reaction and rate constant, rate of reaction and concentration, temperature, and catalyst, activation energy, reversible reaction, chemical equilibrium and its shift, equilibrium constant, Le Chatelier's principle

(5) Eletrolytic dissociation equilibrium

Strength and degree of electrolytic dissociation of acid and base, ionic product of water, electrolytic dissociation equilibrium of weak acid and weak base, hydrolysis of salt, buffer solution

Ⅲ Inorganic Chemistry

1. Inorganic substances

(1) Typical elements (main group elements)

Properties, reactions and uses of representative elements of each group and their compounds

Group 1 : hydrogen, lithium, sodium, potassium

Group 2 : magnesium, calcium, barium

Group 12 : zinc, mercury

Group 13 : aluminum

Group 14 : carbon, silicon, tin, lead

Group 15 : nitrogen, phosphorus

Group 16 : oxygen, sulfur

Group 17 : fluorine, chlorine, bromine, iodine

Group 18 : helium, neon, argon

(2) Transition elements

Properties, reactions and uses of chromium, manganese, iron, copper, siiver, and their compounds

(3) Industrial manufacturing methods of inorganic substances

Aluminum, silicon, iron, copper, sodium hydroxide, ammonia, sulfuric acid, etc.

(4) Separation and analysis of metallic ions

2. Inorganic substances and our daily life

In addition to the substances mentioned Ⅲ-1, metals and ceramics widely utilized in human life.

[Examples of typical metal] titanium, tungsten, platinum, stainless steel, nichrome

[Examples of typical ceramics] glass, fine ceramics, titanium (Ⅳ) oxide

Ⅳ Organic Chemistry

1. Properties and reactions of organic compound

(1) Hydrocarbons

Structures, properties and reactions of representative alkanes, alkenes, alkynes, composition and uses of petroleum

Structural isomers and stereoisomers (cis-*trans* isomers, optical isomers (enantiomers))

(2) Compounds with functional groups

Structures, properties and reactions of representative compounds such as alcohols, ethers, carbonyl compounds, carboxylic acids, ester, etc.

Oils and soaps, etc.

(3) Aromatic compounds

Structures, properties and reaction of representative compounds such as aromatic hydrocarbons, phenols, aromatic carboxylic acids, and aromatic amines

2. Organic compounds and our daily life

(1) In addition to the substances listed in Ⅳ-1, organic compounds widely utilized in human life such as monosaccharides, disaccharides, and amino acids

[Examples] glucose, fructose, maltose, sucrose, glycine, alanine

(2) Main ingredients of typical drugs, dyes, and detergents

[Examples] derivatives of salicylic acid, azo compounds, sodium alkyl sulfate

(3) Polymeric compounds

i Synthetic polymers: structures, properties and syntheses of typical synthetic fibers and plastics

[Examples] nylon, polyethylene, polypropylene, poly (vinyl chloride), polystyrene, polyethylene terephthalate, phenol resin, urea resin

ii Natural polymers

Structures and properties of proteins, starch, cellulose, natural rubber, structures and properties of nucleic acid such as DNA

iii Applications of polymers widely utilized in human life (e.g. water-absorbent polymer, conductive polymers, synthetic rubber), recycling of resources, etc.

Biology

The scope of questions will follow the scope of "Basic Biology" and "Advanced Biology" of the Course of Study for high schools in Japan.

I Biological Phenomena and Substances

1. Cells and molecules
   - (1) Biological substances and cells
     - Organelle
     - Prokaryotic and eukaryotic cells
     - Cytoskeleton
   - (2) Biological phenomena and proteins
     - Protein structure
     - Protein function [Example] enzyme
2. Metabolism
   - (1) Life activities and energy
     - ATP and its role
   - (2) Respiration [Example] glycolytic pathway, citric acid cycle, electron transport system, fermentation and glycolysis
   - (3) Photosynthesis [Example] photosystem I, photosystem Ⅱ, Caivin-Benson cycle, electron transport system
   - (4) Bacterial photosynthesis and chemosynthesis
   - (5) Nitrogen assimilation
3. Genetic information and its expression
   - (1) Genetic information and DNA
     - Double-helix structure of DNA
     - Gene, chromosome and genome
   - (2) Segregation of genetic information
     - Segregation of genetic information by somatic cell division
     - Cell cycle and DNA replication
     - Mechanism of DNA replication
   - (3) Expression of genetic information
     - Mechanism of gene expression [Example] transcription, translation, splicing,
     - Changes in genetic information [Example] gene mutation
   - (4) Control of gene expression
     - Regulation of transcriptional level
     - Selective gene expression
     - Cell differentiation by gene expression control
   - (5) Biotechnology [Example] genetic transformation, gene transfer

Ⅱ Reproduction and Generation

1. Sexual reproduction

(1) Meiosis and fertilization

Gene segregation by meiosis

Genetically diverse combination by fertilization

Sex chromosomes

(2) Genes and chromosomes

Genetic linkage and gene recombination

Chromosomal crossing-over and gene recombination

2. Animal development

(1) Animal gametogenesis and fertilization

(2) Early developmental process in animals

(3) Cell differentiation and morphogenesis in animals

3. Plant development

(1) Plant gametogenesis, fertilization and embryogenesis

(2) Organ differentiation in plant [Example] floral morphogenesis

Ⅲ Homeostasis of the internal environment in living organisms

1. The internal environment in living organisms

(1) Fluid movement in the circulatory system

(2) The composition of body fluid and its concentration control

(3) Mechanism of blood coagulation

2. Homeostatic mechanism of the internal environment in living organisms

(1) Internal regulation by autonomic nerves and hormones

[Example] control of blood glucose level

3. Immunity

(1) Cells in immune system

(2) Mechanism of immune system

Ⅳ Organisms' response to external signals

1. Reactions and actions of animals to external signals

(1) Perception and response to stimulus

Sensory receptors and their functions

Effectors and their functions

Nervous systems and their functions

(2) Animal behavior

2. Plant responses to external signals

(1) Functions of plant hormones

[Example] functions of auxins, functions of gibberellins

(2) Functions of plant photoreceptors

[Example] functions of phytochrome

V Ecology and Environment

1. Populations and communities

(1) Populations

Populations and their structures

Interaction within populations

Interaction among populations

(2) Communities

Communities and their structures

2. Ecosystems

(1) Matter production and cycle of matter in ecosystems

[Example] food web and trophic level, carbon cycle and flow of energy, nitrogen cycle

(2) Ecosystems and biodiversity

Genetic diversity

Species diversity

Diversity of ecosystems

Ecological balance and conservation

(3) Diversity and distribution of vegetation [Example: succession of vegetation]

(4) Climates and biomes

VI Biological Evolution and Phylogeny

1. Mechanism of biological evolution

(1) Origin of life and transition of organisms

Beginning of life

Evolution of organisms

Human evolution

(2) Mechanism of evolution

Variation between individuals (mutation)

Changes in gene frequency and its mechanism

Molecular evolution and neutral evolution

Species differentiation

Coevolution

2. Phylogeny of organisms

(1) Phylogenetic classification of organisms [Example] Comparison of DNA base sequence

(2) Higher taxa and phylogeny

EJU Syllabus for Basic Academic Abilities (Japan and the World)

<Aims and Nature of the Examination>

Japan and the World takes up themes centered mainly on the contemporary world and Japan as seen from the perspective of multicultural understanding. It is aimed at measuring international students' mastery of the basic knowledge of contemporary Japan deemed necessary to study at the college level in Japan, as well as their capacity to think logically and critically about basic issues in modern international society.

<Syllabus>

The topics of the questions are selected mainly from the fields of Politics, Economy, and Society, as well as from Geography and History. The syllabus below lists the major thematic groups of each field, and the topical areas from which questions may be drawn.

Japan and the World

I Politics, Economy and Society

1. Contemporary Society

Information society, Aging society with fewer children,Multicultural understanding, Bio-ethics, Social security and social welfare, Transformation of local communities, Redress of inequality, Food issues, Energy issues, Environmental issues, Sustainable society

2. Economy

Economic systems, Market economy, Price mechanism, Consumers, Business cycle, Government roles and economic policy, Labor issues, Economic growth, National economy, International trade, Foreign exchange, Balance of payments

3. Politics

Principle of democracy, the Constitution of Japan, Fundamental human rights and the rule of law, Diet, Cabinets, Courts, Parliamentary democracy, Local government, Elections and political participation,New human rights

4. International Society

International relations and international law, Globalization, Regional integration, United Nations and other international organizations, North-South problem, Race/ethnicity and ethnic issues, Global environment issues, International peace and international cooperation, Japan's international contributions

Ⅱ Geography

Geographical examination of features and issues of the modern world

Globes and maps, Distance and direction, Aerial photography and satellite pictures, Standard time and time differences, Geographical information, Climate, Natural features, Vegetation, Lifestyles/cultures/religions around the world, Resources and industries, Population, Urban and rural settlement, Traffic and communication, Natural environment and disasters/disaster prevention, Land and environment of Japan

Ⅲ History

1. Development of modern society and interdependence of the world

The Industrial Revolution, The American Revolution, The French Revolution, Formation of the nation-state, Imperialism and colonialization, Modernization of Japan and Asia

2. Japan and the world in the 20th century

World War I and the Russian Revolution, The Great Depression, World War II and the Cold War, Independence of Asian and African nations, Postwar Japanese history, Oil Crisis, The end of the Cold War

EJU Syllabus for Basic Academic Abilities(Mathematics)

<Purpose of the Examination>

The purpose of this examination is to test whether international students have the basic academic ability in mathematics necessary for studying at universities or other such higher educational institutions in Japan.

<Classification of Examination>

There are two courses. Course 1 is for undergraduate faculties and departments for which a basic knowledge of mathematics is considered sufficient. Course 2 is for undergraduate faculties and departments for which math is very important.

At the time of taking the examination the examinee must choose whether to take Course 1 or Course 2 ; the examinees should follow the instructions given by the university or the department to which they are applying.

<Symbols and Terminologies>

The symbols are the ones used in Japanese high school text books; the English version of the test uses standard English terms, and the Japanese version of the test uses terms used in Japanese high school text books.

<Scope of Questions>

The topics covered by the examination are as follows.

- The Course 1 examination covers only topics 1 to 6.
- The Course 2 examination covers all 18 topics.

The topics are covered by the standard text books used in Japanese high schools.

In addition, it is assumed that material covered in Japanese elementary and junior high schools has been mastered.

Mathematics

(the correspondence with the Course of Study for high schools is attached)

<Topics>

1. Numbers and expressions··· Mathematics Ⅰ
  (1) Numbers and sets
    ① Real numbers
    ② Sets and propositions
  (2) Calculation of expressions
    ① Expansion and factorization of polynomials
    ② Linear inequalities
    ③ Equations and inequalities containing absolute values

2. Quadratic functions··· Mathematics Ⅰ
  (1) Quadratic functions and their graphs
    ① Variation in values of quadratic functions
    ② Maximum and minimum values of quadratic functions
    ③ Determining quadratic functions
  (2) Quadratic equations and inequalities
    ① Solutions of quadratic equations
    ② Quadratic equations and the graphs of quadratic functions
    ③ Quadratic inequalities and the graphs of quadratic functions

3. Figures and measurements··· Mathematics Ⅰ
  (1) Trigonometric ratios
    ① Sine, cosine, tangent
    ② Relations between trigonometric ratios
  (2) Trigonometric ratios and figures
    ① Sine formulas, cosine formulas
    ② Measurement of figures (including application to solid figures)

4. The number of possible outcomes and probability··· Mathematics A
  (1) The number of possible outcomes
    ① Principles of counting (including the number of elements of a set, the law of sums, the law of products)
    ② Permutations, combinations
  (2) Probability and its fundamental properties
  (3) Independent trials and probability
  (4) Conditional probability

5. Properties of integers… Mathematics A

(1) Divisors and multiples

(2) Euclidean algorithm

(3) Applications of the properties of integers

6. Properties of figures… Mathematics A

(1) Plane figures

① Properties of triangles

② Properties of circles

(2) Solid figures

① Lines and planes

② Polyhedrons

7. Miscellaneous Expressions… Mathematics Ⅱ

(1) Expressions and proofs

① Division of polynomials, fractional expressions, binomial theorem, identities

② Proofs of equalities and inequalities

(2) Equations of higher degree

① Complex numbers and solutions of quadratic equations

② Factor theorem

③ Properties of equations of higher degree and methods of soiving them

8. Figures and equations… Mathematics Ⅱ

(1) Lines and circles

① Coordinates of a point

② Equations of (straight) lines

③ Equations of circles

④ Relative positions of a circle and a line

(2) Locus and region

① Locus defined by an equality

② Region defined by inequalities

9. Exponential and logarithmic functions… Mathematics Ⅱ

(1) Exponential functions

① Expansion of exponents

② Exponential functions and their graphs

(2) Logarithmic functions

① Properties of logarithms

② Logarithmic functions and their graphs

③ Common logarithms

10. Trigonometric functions… Mathematics Ⅱ
(1) General angles
(2) Trigonometric functions and their basic properties
(3) Trigonometric functions and their graphs
(4) Addition theorems for trigonometric functions
(5) Applications of the addition theorems

11. The concepts of differentiation and integration.… Mathematics Ⅱ
(1) The concept of differentiation
① Differential coefficients and derivatives
② Applications of the derivative
Tangent lines, increase/decrease in function value (variation in the value of functions, maximums and minimums, local maximums and minimums)
(2) The concept of integration
① Indefinite integrals and definite integrals
② Areas

12. Sequences of numbers… Mathematics B
(1) Sequences and their sums
① Arithmetic progressions and geometric progressions
② Various sequences
(2) Recurrence formulae and mathematical induction
① Recurrence formulae and sequences
② Mathematical induction

13. Vectors… Mathematics B
(1) Vectors on a plane
① Vectors and their operations
② Scalar products (inner products) of vectors
(2) Space coordinates and vectors
① Space coordinates
② Vectors in a space

14. Complex plane… Mathematics Ⅲ
(1) Complex plane
① Geometric representation of complex numbers
② Trigonometric form (polar form) of complex numbers
(2) De Moivre's theorem
(3) Complex numbers and figures

15. Curves on a plane··· Mathematics Ⅲ

(1) Quadratic curves

Parabolas, ellipses, hyperbolas

(2) Parametric representations

(3) Representation in polar coordinates

16. Limits··· Mathematics Ⅲ

(1) Sequences and their limits

① Limits of sequences

② Sums of infinite series

(2) Functions and their limits

① Fractional functions and irrational functions

② Composite functions and inverse functions

③ Limits of functions

④ Continuity of functions

17. Differential calculus··· Mathematics Ⅲ

(1) Derivatives

① Derivatives of the sum/difference/product/quotient of two functions

② Derivatives of composite functions, derivatives of inverse functions

③ Derivatives of trigonometric functions, exponential functions, logarithmic functions

(2) Applications of the derivative

Tangent lines, increase/decrease in value of functions, velocity, acceleration

18. Integral calculus··· Mathematics Ⅲ

(1) Indefinite and definite integrals

① Integrals and their basic properties

② Integration by substitution, integration by parts

③ Integrals of various functions

(2) Applications of the integral

Area, volume, length

◎聴読解問題スクリプト

Track 4

練習　学生がコンピュータの画面を見ながら先生の説明を聞いています。学生は今，画面のどの項目を選べばいいですか。

えー，これから，この大学のコンピュータの使い方について説明します。今日は，大まかな説明しかしませんが，もっと詳しいことを知りたい人は，右上の「利用の仕方」などを見ておいてください。ああ，今じゃなくて，あとで見ておいてください。今日はまず，利用者の登録をします。では，画面の左下の項目を選んでください。

Track 6

1番　先生が，公衆衛生学の授業で，設備の殺菌方法について話しています。この先生が最後にする質問の答えはどれですか。

住宅や施設の設備を消毒する際には，その設備がどんな素材でできているのかを確認した上で殺菌剤を選ぶことが重要です。表に挙げた素材のうち，上から三番目まではいずれも金属ですが，特に銅には使えない殺菌剤があるので注意が必要ですね。また，ポリエチレンという素材にはどの殺菌剤も使うことができますが，主にポリエチレンでできていても，部品の一部に金属を使っているなど，複数の素材が組み合わされている場合もあるので，気をつけましょう。

では，例えばある設備が主にステンレスでできていて，部品の一部に銅と天然ゴムが使われているとしたら，使用できる殺菌剤はどれでしょうか。

Track 7

2番　先生が授業で，人間の子どもとチンパンジーを対象にした実験について話しています。透明な箱Bを用いた実験で，人間の子どもとチンパンジーがそれぞれ最初に行った動作はどれですか。

AとBの箱の中は，全く同じ構造をしていますが，Aは，箱の外側が黒く，中は見えません。一方Bは，外側が透明で，中身が透けて見えます。これらの箱の上部には丸い穴があります。手前の面には四角い穴があって，その奥には，お菓子が置いてあります。

まず，Aの箱を用いた実験では，最初に，大人である実験者が棒を使い，図の動作1から動作3を順番にしたあと，動作4のように手前の面の四角い穴に棒を入れ，棒の先端にお菓子をくっつけて取り出します。この一連の動作を人間の子どもとチンパンジーに見せたあと，棒を渡すと，どちらも，大人をまねて，動作1から3をしてからお菓子を取り出しました。

次に，透明な箱Bを使って，黒いAの箱を使った実験と同じく，動作1から4をして見せました。それから棒を渡すと，人間の子どもは，大人と同じ動作を繰り返してから，お菓子を取り出しました。ところがチンパンジーは，いきなり手前の面の四角い穴に棒を突っ込んでお菓子を得る傾向が見られました。このことから，人間の子どもは，お菓子を得るのに関係がない動作であると分かったとしても，それ以上に，大人の行動をまねるということを重視していると考えられます。

Track 8

3番 気象学の授業で，先生が図を見ながら話しています。この先生が最後にする質問の答えはどれですか。

この図は，地上の気温が摂氏０度から８度のとき，湿度によって雪，みぞれ，雨のどれになるか，その目安を表したものです。みぞれは，雨に雪が混じったものです。この図を見ると，気温と湿度から雨が雪やみぞれになる可能性を予想することができます。

例えば，今，午後５時で雨が降っているとします。気温は６度，湿度は60％で，上空の雲は，明日までとどまり続ける見込みです。さて，午後９時には気温は３度，湿度は60％になると予想されています。さらに午後11時の予想は気温が１度，湿度が70％である場合，午後９時，午後11時の天候はどうなると考えられますか。

Track 9

4番 児童心理学の先生が，子供のストレスへの対処の仕方について説明しています。この先生が特に重要だと言っているのは，資料のどの部分ですか。

子供は，幼ければ幼いほど自分自身でストレスの存在に気づくことができないので，親や周りの大人たちが，子供のストレスに早めに気づく必要があります。そして，ストレスを軽減するには，親が話を聞いてあげることが大切です。

子供との話し方には，さまざまな注意点や方法がありますが，中でも重要なのは，子供と意見が食い違った時です。周りの大人は，子供に必ずしも同意する必要はありませんが，子供の気持ちを理解していることを伝える必要があります。例えば，「あなたの気持ちはとってもよくわかるけど，私はこう思うよ」というような言い方です。すると，子供は親にわかってもらえたことに満足し，ストレスが軽減されるのです。

Track 10

5番 先生が授業で，認識の三つの領域について話しています。この先生が重要だと言っているのは，どうすることですか。

これは，自分が「知っている」ことか，「知らない」ことかという認識の三つの領域を示したイメージ図です。まずもっとも内側の（1）は，自分が知識として知っていることを認識している領域のことで，生活の中で覚えたことや学校で習ったことなどが相当します。その外側の（2）は，例えば外国のことだからよく知らないといった場合で，これはその国の人に聞いたり本で調べたりすることで，もっとも内側の領域に変えることができます。さらに一番外側の（3）については，この領域があるということがわかっていないと，調べて知識に変えることは不可能となります。つまり，自分がまだ知らないということを発見することこそが，まずは重要なのです。

Track 11

6番 先生が授業で，プラスチックについて話しています。この先生が，このあと詳しく取り上げることは，資料のどの部分と関係がありますか。

プラスチックは，多くの用途があって便利ですよね。しかし，従来のプラスチックの場合，原料の石油に限りがありますし，製品は自然界ではいつまでも分解されず，燃やすと大気中の二酸化炭素濃度を上昇させるなど，環境や生態系へ悪影響をもたらします。

そこで，こういった問題を解決する次世代のプラスチックが開発されました。一つ目は，生分解性プラスチックで，土の中に放置すると，微生物によって分解され，自然界に残らないという利点があります。二つ目は，バイオマスプラスチックで，原料がトウモロコシなどの植物であるため，原料を石油に依存していません。しかし，次世代のプラスチックはどちらも熱や衝撃に弱いという問題点があります。

そこで今日は，植物を原料とするプラスチックを車の中の座席などに使用している企業を取り上げ，製品に求められる丈夫さを備えたものを作るという課題にどのように取り組んでいるのか，具体的に見ていきたいと思います。

Track 12

7番 先生が，コミュニケーション・ツールについて話しています。この先生が最後に話している新しいツールは，図のどの部分に位置しますか。

この図は，デジタル技術の発達がもたらしたさまざまなコミュニケーション・ツールについて，それぞれの特徴を比較するためのものです。横軸は心理的負担が重いか軽いか，縦軸は感情を伝えやすいかどうかを表しています。一般に，実際の声や顔がそのまま伝えられるツールは，心理的負担が重いと考えられます。例えばテレビ電話の場合は心理的負担が重く，メールの場合は軽いということです。一方，感情については，メールなど，文字だけのツールは感情が伝わりにくく，テレビ電話のように表情が見え，声が聞こえるツールは感情が伝わりやすいと考えられます。

さて，最近，インターネット上のコミュニケーションで，自分の姿の代わりに，動物やアニメのキャラクターを画面に映しながら，相手と会話できるようになりました。声や姿が本人と違っていても，声の調子や顔の表情は伝わります。そして，実際の顔を出さずに済むというメリットもあります。

Track 13

8番　先生が，労働時間について話しています。この先生が最後に挙げる例についてする質問の答えはどれですか。

日本では法律で労働時間を決めています。これを「法定労働時間」といい，原則として一日８時間，週40時間までと決まっています。また，この法定労働時間の範囲内で，各職場でより細かいルールを定めることがあります。これを「所定労働時間」と言います。資料の会社の例では，所定労働時間を午前９時から午後５時までとしています。途中で１時間の休憩を取らなければなりませんから，実際の労働時間は７時間です。もし，決められた労働時間を超えて働いた場合は割増賃金，つまり普通より高い賃金が払われるのですが，法定労働時間と所定労働時間が異なる場合，どちらを基準にするかは，会社によって異なります。それでは，例として，この資料の会社では，法定労働時間を超えた場合に割増賃金を支払うことになっているとしましょう。この会社で，午前９時から午後８時まで，休憩を１時間とって働いた場合，割増賃金が支払われる対象となるのは，何時間ですか。

Track 14

9番　先生が授業で，モモンガという動物を使った実験について話しています。この先生が話す実験結果の①から④について，正しく表した組合せはどれですか。

大人のモモンガは，天敵であるフクロウの鳴き声が聞こえる方向を避けようとします。モモンガは生後どのくらいでフクロウの声を聞き分けるようになるのでしょうか。

実験では同じお母さんから生まれ，フクロウの声を１度も聞いたことがない４匹の子どものモモンガを用意し，左右のスピーカーからシジュウカラと，フクロウの鳴き声を同時に聞かせて，進む方向を観察しました。まず，生後１か月のときに４匹のうちの２匹を使って実験が行われました。結果として２匹ともフクロウの声の方向を避けませんでした。２回目の実験はその１週間後の，まだ巣から外へ出ていない時期に，１回目と同じモモンガを使って行われました。結果は１回目と同じでした。

３回目の実験は，２回目から１週間後の，巣から外に出て辺りを歩き回るようになる時期に行いました。この時，１回目と２回目で使った２匹と，初めて使う２匹を加えて実験を行いました。その結果，４匹ともフクロウの声を避ける行動をとりました。一連の実験から，天敵の声を聞き分ける能力がいつ発達するかが明らかになったのです。

(Track 15)

10番　先生が，コミュニケーションの授業で異文化適応について話しています。この先生の説明にしたがって心理的な適応度の変化を図にすると，どうなりますか。

一般的に，外国に行って生活をする場合，その国に到着したばかりの頃は興奮状態にあり，すべてが新鮮に感じられます。そのため，生活習慣や考え方などの違いも積極的に受け入れようとするので，心理的適応度は高い状態です。しかし，人々とのコミュニケーションを通じて文化や考え方の違いに直面すると，しだいに期待や興奮が薄れ，気分が沈みがちになることがあります。この時期を抜け出すと，文化の違いに慣れ，徐々に適応できるようになり，少しずつ気分も上向きになります。そして，異文化への理解が深まるとともに，違いを受け入れて，心理的適応度は再び高い状態に戻ります。このような過程を経て異文化によく適応している人が母国に帰ると，外国で経験したのと同じようなストレスや違和感を覚え，母国の文化に適応できないことがあると言われています。この場合も，時間が過ぎていくと，外国へ行った時と同様の経過をたどります。

(Track 16)

11番　先生が，アンケート調査の質問文について解説しています。この先生が最後にする質問の答えは，どれですか。

今日は，アンケートの質問として不適切な例を見ながら，質問作成のポイントを確認しましょう。まず例１ですが，この「ECサイト」のように，専門用語や略された言葉，一般には知られていない言葉などには，簡単な解説をつけたほうがよいです。例２の問題点は，「最近」という表現です。どの程度の時間の幅を「最近」とするかは，人によって異なります。「この１か月間に見ましたか」のように具体的な数字を提示しましょう。続いて例３のような質問には，最後に「その他」という項目を加えて，全ての人が回答できるようにするべきです。例４の質問は，サイトの内容と使いやすさという二つの満足度を一緒に聞いてしまっています。質問の内容は，一つに絞りましょう。

では，練習問題です。これは，どの項目にも当てはまらない人もいるという点で不適切なのですが，これまで挙げた中の，どの例と同じですか。

Track 17

12番 女子学生と男子学生が，ある実験の結果について話しています。この男子学生が意外だと言っているのは，グラフのどの期間についてですか。

女子学生：今日の講義，「罰金の効果」についての話だったんだけど，おもしろかったよ。

男子学生：へえ，どんな話？

女子学生：ある保育園で，子どもを迎えに来る時間に遅刻する保護者が多くて困っててね，それで，遅刻したら罰金を払う制度を導入したらどうなるか調査したんだって。

男子学生：結果は？

女子学生：見てこのグラフ。罰金を取るようにしたのは5週目から16週目までで，17週目に罰金を取るのをやめた結果がこれ。

男子学生：へえ……意外だね。罰金を取られるようになったのに，そのあと遅刻が4週間増え続けてる……。

女子学生：保護者たちは罰金と考えずに，「遅れてもお金を払えばいいんだ」と受け取ったってことだね。

男子学生：ああ，そうか。時間を守るように努力するんじゃなくて，お金で解決する方を選んだってことか。

女子学生：でも，罰金が廃止されても遅刻率が高いままって皮肉だよね。

男子学生：身についた習慣は，急にもどらないってことかもね。

◎聴解問題スクリプト

(Track20)

練習　女子学生と男子学生が，待ち合わせの場所で話しています。この二人は，これからどうしますか。

女子学生：あ，お待たせ。山田さんはまだ？
男子学生：うん。さっき連絡があって，ちょっと遅れるって。待ってるって言ったんだけど，先に行ってくれって。
女子学生：でも，山田さん，研究会の場所，知ってるのかな？
男子学生：大丈夫だよ。先にどうぞって言ったんだから。
女子学生：そう言ってるのなら，大丈夫ね。

この二人はこれからどうしますか。
1．山田さんを待ってから行く。
2．山田さんに先に行ってもらう。
3．山田さんに連絡をする。
4．山田さんより先に行く。

(Track22)

13番　女子学生と男子学生が，部活動で使っている部屋のごみの片付け方について話しています。この女子学生は，新しい案について，どのように言っていますか。

女子学生：ねえ，この部屋，まだごみが散らかったままだね。この前，せっかく「ごみはごみ箱に」って，壁に張り紙をしたのに…。もっと大きい字で書こうかな。
男子学生：いや，張り紙をして片付くのなら，とっくに片付いてると思うよ。
女子学生：じゃ，どうしよう…。
男子学生：こういうのはどう？前に本で読んだんだけど，ごみ箱の上にバスケットボールのゴールを置くんだ。みんながごみをシュートして捨てたくなるから，自然とごみが片付くんだって。
女子学生：へえ。遊んでいるように見えて，実は片付けてるってわけね。
男子学生：うん。ごみを投げるって，ちょっと行儀が悪いと思われるかもしれないけど…。
女子学生：でも，みんな積極的にごみ箱に入れようっていう気持ちになりそうよ！
男子学生：じゃあ，僕の友だちが，使わなくなったゴールを持ってるはずだから，もらえるか聞いてみるよ。
女子学生：すごい！ぜひお願いね。

男子学生：張り紙はどうする？
女子学生：あんまり効果がなさそうだから，はがすことにするよ。

この女子学生は，新しい案について，どのように言っていますか。

1．楽しんで取り組めそうだから，やってみたい。
2．マナーが悪いから，やらないほうがよい。
3．張り紙と合わせて行うならば，やってもよい。
4．効果がなさそうだから，やらなくてよい。

Track 23

14番 先生が，電話の声の聞こえ方について話しています。この先生は，電話では相手がだれかわかりにくい理由は何だと言っていますか。

昔，友だちの家に電話をかけたとき，電話に出た相手の声で友だちだと思って話し始めたら，実は友だちのお兄さんだったということがありました。

人の声は様々な高さの音が混ざってできていますが，一人ひとりの声の特徴は，高い音の部分に表れることが多いと言われています。しかし，電話のシステムは伝達の効率化のために，高い音は取り除かれています。電話というのは用件を伝える道具なので，何を言っているかが伝われば役目を果たします。内容が伝われば，それほど正確な音でなくても問題ないというわけです。

このように，電話では声を特徴づける部分が取り除かれているのですから，相手の声を聞き間違えても不思議ではありません。電話を利用した詐欺などが広まっているのは，このためなのかもしれません。

この先生は，電話では相手がだれかわかりにくい理由は何だと言っていますか。

1．電話で話すと，声が高くなってしまうから
2．電話の声は，音の一部が削られているから
3．電話では，単純な内容の用件しか話さないから
4．詐欺の電話かもしれないと疑う気持ちがあるから

Track 24

15番 ある町の職員が，町にあるダムについて話しています。この職員が最後に話す「予想外のできごと」とは，どのようなことですか。

私たちの町にあるダムでは，近年，ホテイアオイという水草が大量発生して，ダムの水面を覆い尽くすという問題が起きていました。ホテイアオイは，一度大量発生すると取り除くのが難しく，ダムの水質が悪くなる恐れがありました。そこで，私たちは，ホテイアオイを取り除く計画

を考え始めていました。

ちょうどそのころ，このダムの下流にある川で，台風による被害の修復工事が行われることになりました。その工事のためにダムの水を減らしたところ，ホテイアオイが発生していた場所が乾燥し，その結果，なんとホテイアオイが枯れてほぼ全滅したのです。

専用の機材を使って取り除くには，多額の予算が必要だと見込んでいただけに，この予想外のできごとに，私たち職員は喜びました。

この職員が最後に話した「予想外のできごと」とは，どのようなことですか。

1．ダムで枯れかけていた水草が，元気になったこと
2．台風の影響で，ダムの水が増えたこと
3．ダムに生えていた水草が枯れたこと
4．ダムの水草のおかげで，台風の被害が少なかったこと

Track25

16番　女子学生が先輩の男子学生とスピーチについて話しています。この先輩は，スピーチで一番大切なことは何だと言っていますか。

女子学生：先輩，私，新入生歓迎会でスピーチをすることになっちゃったんです。
男子学生：へえー，そうなんだ。
女子学生：で，もう今から緊張しちゃって。
男子学生：緊張か…。緊張しているのは，心がスピーチの準備をしているってことだからいいことだよ。
女子学生：でも，緊張して方言とか出てきちゃったらどうしよう。
男子学生：別に方言が出てもいいんじゃない。場が和むかもよ。
女子学生：そうですか？
男子学生：ゆっくり話すように心がければ，落ち着いて話せるよ。
女子学生：はい。
男子学生：それよりも，大切なことは歓迎の気持ちを素直に言葉にするっていうことだよ。
女子学生：はい。
男子学生：どんなにきちんと話したって，心がこもっていなかったらね。
女子学生：わかりました。頑張ります。

この先輩は，スピーチで一番大切なことは何だと言っていますか。

1．歓迎の気持ちを表すこと
2．緊張しないこと
3．ゆっくり話すこと
4．礼儀正しく話すこと

Track 26

17番　先生が，生物学の授業で，虫の生活について説明しています。この先生は，虫が都会でも棲(す)める理由は何だと言っていますか。

最近は都市化が進み，動物が棲(す)める環境は少なくなってきていると言われています。しかし，虫などは，都会でもその姿が見られますね。実は，地球で最も繁栄しているのは虫だと言われています。これはどうしてなのでしょうか。

動物が生きていくための条件は二つあります。それは「食べ物」が確保できることと「繁殖の場所」が確保できることです。虫は体が小さいため，都会でも十分な食料を得ることができますし，卵を産んだり，幼虫が育ったりするのに必要な場所もごく狭い空間で済むので，広大な自然がなくても繁殖できるのです。

この先生は，虫が都会でも棲(す)める理由は何だと言っていますか。

1．危険なときに，建物の中にすばやく逃げられるから
2．明かりが多く，夜でも活動しやすいから
3．虫をたくさん食べる大きな動物がいないから
4．食料も，子孫を残すのに必要な場所も，十分にあるから

Track 27

18番　先生が，新しく作られた車いすについて話しています。この先生は，これまでの車いすにはない，この車いすの特徴は，どのようなものだと言っていますか。

車いすというのは，歩くのが困難な人のために作られた車輪が付いたいすです。利用者自身が手で車輪を操作したり，補助をする人が押したりして動かします。利用者の利便性を高めるため，これまでにも衝突を回避する装置をつけたり，楽に動かせるように電気の力を使うなど，様々な工夫が加えられてきました。

しかし，最近開発された新しい車いすは，少し違います。利用者が両足をペダルに固定して，自分の足でこいで進むのです。車いすの利用者は，足が動かない人ばかりだと思われがちですが，実は片足だけが動かない人や，足の力が弱くてバランスがとりにくいために歩けないという人もいます。利用者にとって，この車いすは決して楽ではありませんが，自分の力で移動することが

自信になると同時に，リハビリにもなるのです。

この先生は，これまでの車いすにはない，この車いすの特徴は，どのようなものだと言っていますか。

1．衝突を回避するための装置がついている。
2．電気を使って移動を補助する機能がある。
3．自分の足で動かすためのペダルがついている。
4．手だけで簡単に車輪を操作することができる。

Track 28

19番　ガラス細工の職人が，自分の仕事についてインタビューを受けています。この人が，仕事で心がけているのはどのようなことですか。

司会：田中さんは，ガラス細工の職人とのことですが，どのようなお仕事をなさっているのでしょうか。
職人：私は，「江戸切子」と呼ばれるガラス細工を作っています。ガラスの表面を削って，美しい模様を描く技術を用いて，作品を作ります。元々は海外の技術を取り入れたものですが，日本で独自に発展し，技術も進化し続けているんです。
司会：やはり，高い技術を必要とする芸術作品の制作が多いのでしょうか。
職人：いえ，ガラス細工というと「これは一体どうやって作ったんだろう」と思われるような凝った作品ばかりが注目されがちですが，私の仕事はそうではないんです。
司会：…と言いますと？
職人：基本的には「注文通りのものを作る」というのが，私の仕事なんですよ。
司会：なんだか意外な感じがしますが。
職人：職人は芸術家とは違うので，依頼されたデザインに忠実なものを作る技術，そしてそれを決められた時間内で作りあげることが大事なんです。芸術家なら，時間に関係なく好きなものを作ってもいいかもしれませんが，職人はそういうわけにはいかないんですよ。

この人が，仕事で心がけているのはどのようなことですか。

1．高い技術が必要な芸術性に優れたものを作ること
2．海外の新しい技術を取り入れたものを作ること
3．注文された通りのものを期限を守って作ること
4．今までにないものを時間をかけて作ること

Track29

20番 先生が，山で遭難する原因について話しています。この先生は，道に迷って遭難することが多いのは，どのような山だと言っていますか。

登山中に遭難する原因の一つに，道に迷うということがあります。皆さんは登山と聞くと，専門的な道具を使って険しい雪山を登るようなことを想像するかもしれませんね。しかし，そうした険しい山の場合，道に迷ったために起きる遭難は，ごくわずかしかありません。本格的な訓練を重ねなければ登れないような険しい山は，登山コースが限定されていますし，コースを外れた場所にわざわざ入り込む人は少ないからです。道に迷ったことによる遭難というのは，むしろ市民が気軽にハイキングなどに訪れる，都市近郊の低い山で多数起きます。登山コース以外の作業道や生活道が入り組んでいて，どの道を行けばいいのかが意外とわかりにくいからです。

この先生は，道に迷って遭難することが多いのは，どのような山だと言っていますか。

1．訓練を重ねないと登れないような険しい山
2．専門的な道具が必要な雪山
3．だれでも気軽に行ける低い山
4．登山コースがわかりやすい山

Track30

21番 幼児教育の先生が，「子供への読み聞かせ」について話しています。この先生は，読み聞かせをする人に，どのようなことを勧めていますか。

読み聞かせというのは，大人が子供に本を読んであげることを言います。子供は，大人が読んでくれた物語を自分の頭の中でイメージします。そうすることで，子供の想像力や表現力が養われていきます。

読み聞かせの方法は様々ですが，その中の一つに，挿絵が描かれている本でも，子供には絵を見せずに読むという方法があります。聞いた言葉だけで想像することは，子供自身がイメージを膨らませる力を伸ばし，それと同時に，しっかり話を聞こうとする姿勢や集中力を養うことにつながります。みなさんも，ぜひこのやり方を実践してみてください。

この先生は，読み聞かせをする人に，どのようなことを勧めていますか。

1．子供に読み手自身が作った物語を聞かせること
2．子供が自分で本を読めるように指導すること
3．子供に本の挿絵を見せて，子供の想像力を養うこと
4．子供に絵を見せないで，本を読んで聞かせること

(Track31)

22番　先生が，レポートの参考文献について話しています。この先生が大切だと言っているのは，どのようなことですか。

あるテーマについて，自分の考えを述べるレポートの課題を出すと，適当な本を一冊読んで，その内容をまとめて提出する人がいます。これでは，たとえ，その文献を自分なりにまとめ，自分の意見を添えたとしても十分ではありません。そもそも本は，その著者の視点で書かれているわけですから，同じテーマでも，別の著者の視点から見ればまた違った内容になるかもしれません。ですから，テーマについての異なった見解を比べて，その内容について十分検討してから，自分の考えをまとめてほしいのです。その意味で，参考文献が一冊しかないというのは，問題があるということを覚えておいてください。

この先生が大切だと言っているのは，どのようなことですか。

1．参考文献とは別の視点を持つこと
2．いくつかの参考文献を比較，分析すること
3．参考文献の見解を明確に示すこと
4．自分の考えに合った参考文献を選ぶこと

(Track32)

23番　ある町の職員が，新しい取り組みについてインタビューを受けています。この職員は，この取り組みを始めた目的は，どのようなことだと言っていますか。

司会：最近，町で新しい取り組みを始められたそうですね。
職員：はい，道路に設置されている電灯，つまり照明灯の交換を進めているんです。
司会：どういった照明灯なんでしょうか。
職員：従来の照明灯は，白く強い光で，周囲全体を照らしていましたが，新しいものは落ち着きのあるオレンジ色なんです。
司会：あー，オレンジ色の光は，あたたかみがあって，落ち着いた街並みにぴったりですね。
職員：ええ。さらに，照明灯の上のほうを黒いシートで覆って，上空に光が漏れないようにしているんです。
司会：照明灯を覆うんですか？
職員：はい。夜空が明るくなりすぎないので，星がよく見えるんです。これが，今回の取り組みの狙いでもあります。町には天文台もありますし，たくさんの人に星を見に来てもらえる町になることを願っています。
司会：なるほど。ところで，照明灯が変わったことで，防犯の面での心配はないのでしょうか。
職員：必要な明るさを維持しているので，心配はありません。

この職員は，この取り組みを始めた目的は，どのようなことだと言っていますか。

1．冬でも暖かく感じられるようにするため
2．犯罪を起こりにくくするため
3．車が道路を走行しやすくするため
4．星空がきれいに見えるようにするため

Track 33

24番　先生が，最近の町工場について話しています。この先生は，最近の町工場はどのように変化していると言っていますか。

みなさんは，町工場と聞くと，どんなイメージを持つでしょうか。大企業の注文を受けて，その要求に合った部品などを作る小さな工場，というのが一般的でしょうか。

しかし，最近の町工場は変わりつつあるのです。自分たちの技術を生かして作った新しい製品を大きなメーカーに持ち込み，こんな製品はどうだろうか，と積極的に働きかけるところが増えているのです。これまでに蓄積された技術と知識をさまざまに応用し，より高品質なものを低コストで作り出していくことは，まさに町工場の得意とするところです。

この先生は，最近の町工場はどのように変化していると言っていますか。

1．製品を開発して企業に売り込むようになってきた。
2．消費者に直接商品を販売するようになってきた。
3．大企業からの注文品の生産が主力となってきた。
4．価格の高い製品を中心に扱うようになってきた。

Track 34

25番　先生が，自分のこれまでの人生について話しています。この先生は，若いころの夢がどのような形で実現されたと言っていますか。

私は，若いころから国際的な組織で活躍することを夢見ていました。

結局，私は国際機関ではなく大学で教育に携わることになるのですが，そのきっかけは留学先のアメリカの大学院で得た教育奨学金でした。それは，大学で教えると，その手当として奨学金が提供されるというもので，そのとき私は，アメリカの学生たちに日本語と日本文化を教えました。その後，別の国の大学で日本語学科の設立に携わる機会を得ました。そして，そこで学んでいる学生たちが，日本の企業や行政機関などで研修を受けるプログラムも立ちあげました。

その当時の教え子たちは，今，世界で活躍しています。そうした姿を見ると，国際的に活躍するという私自身の夢が，教育を通して実現できた，と感じるのです。

この先生は，若いころの夢がどのような形で実現されたと言っていますか。

1．世の中に「国際的」という概念が広まった。
2．自分の教え子たちが国際的な人間に育った。
3．あこがれていた国際機関で仕事を得た。
4．国際教育に関する奨学金を得ることができた。

Track35

26番　先生が，情報技術について話しています。この先生が正しく理解してほしいと考えているのは，どのようなことですか。

コンピュータの動作には，命令が必要です。この命令の集まりを，プログラムと言います。プログラムは，コンピュータに行わせたい処理を，どう命令すればうまく実現できるのかを考えて設計します。みなさんも，プログラムの設計が創造的な仕事だということは，理解できるでしょう。

しかし，実際にプログラムを完成させるには，設計だけではなく，期待する処理が正しく行われるかを試し，うまくいかない部分を修正する作業が必要です。この作業は，実はプログラムを設計する以上に時間のかかる作業です。なぜなら，問題や間違いというのは予期せぬところにあるもので，それを見つけ出すためには想像力や洞察力が必要だからです。この作業は非常に根気のいる作業であり，プログラムの動作を保証する上で不可欠なものです。みなさんには，この点を正しく理解してほしいと思います。

この先生が正しく理解してほしいと考えているのは，どのようなことですか。

1．コンピュータを動かすには，プログラムが欠かせないこと
2．コンピュータが正確に動かないのは，プログラムが原因ではないこと
3．プログラムを設計する作業は，極めて創造的な仕事であること
4．プログラムの完成には，動作の確認と修正が重要であること

Track36

27番　先生が，あるセミについて話しています。この先生は，このセミが一定の周期で大量発生する理由について，どのように考えていますか。

セミは，幼虫の間，木の根から栄養を取りながら地中で過ごし，成長すると，地上に姿を現して羽化します。セミの種類の一つに，17年もの長い間，地中で過ごすものがあります。17年ゼミと呼ばれるこのセミが，長期間地中にいるのは，かつて氷河期に，寒さで木の成長が遅くなり，幼虫の成長スピードもそれに合わせて遅くなったためだと考えられています。

この17年ゼミは，地域ごとに一定の周期で大量発生することが知られています。この現象の理

由についてはいろいろな説がありますが，私は，たとえ天敵の鳥に襲われても，数が多ければ生存するチャンスが高くなるということが大きいと考えています。

この先生は，このセミが一定の周期で大量発生する理由について，どのように考えていますか。

1．セミが栄養をとるための木が成長するのに17年かかるから
2．天敵に食べられたとしても，生き残るセミがいるから
3．17年ごとに，セミの羽化に適した気候になるから
4．大量のセミが一斉に鳴くことで，天敵を追い払うことができるから

2023年度

日本留学試験（第１回）

正 解 表

The Correct Answers

2023年度日本留学試験（第1回）試験問題 正解表 The Correct Answers

〈日本語〉 Japanese as a Foreign Language

記　述…解答例を375，376ページに掲載

読解			
問		解答番号	正解
Ⅰ		1	**2**
Ⅱ		2	**2**
Ⅲ		3	**1**
Ⅳ		4	**2**
Ⅴ		5	**3**
Ⅵ		6	**4**
Ⅶ		7	**4**
Ⅷ		8	**2**
Ⅸ		9	**2**
Ⅹ		10	**1**
ⅩⅠ	問1	11	**3**
	問2	12	**1**
ⅩⅡ	問1	13	**4**
	問2	14	**1**
ⅩⅢ	問1	15	**4**
	問2	16	**2**
ⅩⅣ	問1	17	**3**
	問2	18	**1**
ⅩⅤ	問1	19	**4**
	問2	20	**3**
ⅩⅥ	問1	21	**3**
	問2	22	**1**
ⅩⅦ	問1	23	**1**
	問2	24	**2**
	問3	25	**4**

聴読解			聴解		
問	解答番号	正解	問	解答番号	正解
1番	1	**1**	13番	13	**1**
2番	2	**2**	14番	14	**2**
3番	3	**1**	15番	15	**3**
4番	4	**4**	16番	16	**1**
5番	5	**4**	17番	17	**4**
6番	6	**4**	18番	18	**3**
7番	7	**1**	19番	19	**3**
8番	8	**2**	20番	20	**3**
9番	9	**2**	21番	21	**4**
10番	10	**3**	22番	22	**2**
11番	11	**3**	23番	23	**4**
12番	12	**2**	24番	24	**1**
			25番	25	**2**
			26番	26	**4**
			27番	27	**2**

〈理　科〉Science

物理 Physics

問Q.		解答番号 row	正解 A.
I	問1	1	**2**
	問2	2	**5**
	問3	3	**3**
	問4	4	**4**
	問5	5	**4**
	問6	6	**1**
II	問1	7	**4**
	問2	8	**3**
	問3	9	**2**
III	問1	10	**4**
	問2	11	**2**
	問3	12	**5**
IV	問1	13	**1**
	問2	14	**6**
	問3	15	**6**
	問4	16	**2**
	問5	17	**1**
	問6	18	**4**
V	問1	19	**1**

化学 Chemistry

問Q.	解答番号 row	正解 A.
問1	1	**5**
問2	2	**4**
問3	3	**6**
問4	4	**6**
問5	5	**2**
問6	6	**4**
問7	7	**3**
問8	8	**5**
問9	9	**2**
問10	10	**3**
問11	11	**5**
問12	12	**1**
問13	13	**1**
問14	14	**3**
問15	15	**6**
問16	16	**4**
問17	17	**3**
問18	18	**5**
問19	19	**6**
問20	20	**4**

生物 Biology

問Q.	解答番号 row	正解 A.
問1	1	**3**
問2	2	**3**
	3	**3**
問3	4	**5**
問4	5	**5**
問5	6	**5**
問6	7	**3**
問7	8	**4**
問8	9	**4**
問9	10	**6**
問10	11	**3**
問11	12	**2**
問12	13	**4**
問13	14	**6**
問14	15	**4**
問15	16	**1**
問16	17	**5**
問17	18	**1**

〈総合科目〉Japan and the World

問Q.	解答番号 row	正解 A.
問1	1	**2**
	2	**4**
	3	**3**
	4	**4**
問2	5	**3**
	6	**1**
	7	**1**
	8	**3**
問3	9	**3**
問4	10	**3**
問5	11	**2**
問6	12	**4**
問7	13	**4**
問8	14	**1**
問9	15	**1**
問10	16	**2**
問11	17	**2**
問12	18	**1**
問13	19	**4**
問14	20	**3**
問15	21	**2**

問Q.	解答番号 row	正解 A.
問16	22	**1**
問17	23	**4**
問18	24	**3**
問19	25	**1**
問20	26	**2**
問21	27	**3**
問22	28	**1**
問23	29	**3**
問24	30	**4**
問25	31	**3**
問26	32	**2**
問27	33	**2**
問28	34	**2**
問29	35	**4**
問30	36	**4**
問31	37	**2**
問32	38	**1**

〈数　学〉Mathematics

コース1　Course1			
問Q.		解答番号 row	正解 A.
I	問1	ABC	634
		DE	33
		F	2
		GHI	916
		JK	23
		L	2
	問2	M	0
		N	2
		OP	24
		Q	9
		R	4
		S	7
II	問1	ABC	432
		D	1
		E	6
		FG	25
		HIJ	624
		KL	43
	問2	M	1
		N	7
		O	3
		P	8
		Q	1
		R	9
		S	3
		T	7
		U	4
		V	5
		W	9
		X	2
		Y	4
III		ABC	342
		DEF	124
		GHI	218
		JKL	316
		MNO	418
		PQR	855
		STU	144
IV		A	7
		B	7
		CD	30
		EFG	120
		HI	21
		JK	60
		LM	45
		N	5
		OP	73

コース2　Course2			
問Q.		解答番号 row	正解 A.
I	問1	ABC	634
		DE	33
		F	2
		GHI	916
		JK	23
		L	2
	問2	M	0
		N	2
		OP	24
		Q	9
		R	4
		S	7
II	問1	AB	32
		C	4
		D	2
		EFG	838
		HI	34
		J	2
		K	0
		L	5
	問2	M	0
		N	3
		OP	−8
		Q	0
		RS	−1
		TU	23
		V	2
		W	2
		X	3
		Y	6
III		A	2
		BCD	103
		E	0
		F	0
		GHIJK	−1322
		LMN	103
		OP	42
		QR	22
		ST	22
		UVWX	2423
IV		A	4
		BCD	512
		EFG	124
		HI	12
		JKL	124
		MNO	184
		PQ	18
		RST	972
		UVW	382

記述問題１　解答例

　留学後に働く場所について、故郷と留学先、二つの場所を比較して考えてみる。

　故郷で働く場合、文化や商習慣によるとまどいは少なくて済むし、古くからの人間関係を活かした仕事が可能だ。例えば、故郷で建築業を営む知人は、親の代から続く仕事の他、地元の人からの紹介で新しい取引が始まることもあると言う。

　では留学先はどうか。故郷を離れれば、文化や商習慣が異なり、頼れる人も少ないため、大変なことも多い。しかし、そうした経験から多くのことを学べ、人として成長できる。また、古くからのつきあいや習慣に縛られることなく、自分で築いた環境の中で、試行錯誤しながら新しい挑戦ができると思う。

　以上のことから、留学後に働く場所を選ぶ場合、故郷と留学先、どちらにもよい点があることがわかる。古くからの地縁、血縁を大切にしたい人は、故郷で仕事をすればよい。一方、新しい挑戦をしたい人は留学先を選ぶとよい。

　自分にとって大切にしたいものは何かということを考えて、働く場所を選ぶのがよいと思う。

記述問題２　解答例

　現在、私たちの食生活はバラエティに富んでいる。スーパーに行けば近くで生産されたものだけでなく、世界中の食料品を手軽に買うことができる。

　近くで生産された食料品は新鮮で、季節の味が楽しめる。また、地域の食文化を守ることにもつながっている。

　一方、遠い外国から運ばれてくる食料品は好奇心を刺激する。新しい味を知ることは面白いし、それをきっかけに生産地である国や地域に関心をもつことになるかもしれない。

　ところで、自分の地域の食料品でも、実は原材料を外国に依存しているものがある。例えば日本食に不可欠な味噌や醤油である。これらの原材料である大豆はほとんどを輸入に頼っている。もし、何らかの理由で輸入ができなくなったら、味噌も醤油もつくれなくなってしまう。こう考えると、地域の基本的な食生活を支える食料品の原材料は、最低限必要な量を国内で生産するべきだろう。

　たしかに、外国産の食料品は刺激的で楽しい。とはいえ、古くから食べてきたものの代わりにはならない。自分たちの食生活の基本となるものは、原材料を含め、国内で生産し、確実に手に入るようにしておいたほうがよい。

「記述」採点基準

「記述」の採点にあたっては，以下の基準に基づき採点し，得点を表示します。

<table>
<tr><th>得点</th><th>基準</th></tr>
<tr><td>５０点</td><td>（レベルＳ）
課題に沿って，書き手の主張が，説得力のある根拠とともに明確に述べられている。かつ，効果的な構成と洗練された表現が認められる。</td></tr>
<tr><td>４５点</td><td rowspan="2">（レベルＡ）
課題に沿って，書き手の主張が，妥当な根拠とともに明確に述べられている。かつ，効果的な構成と適切な表現が認められる。</td></tr>
<tr><td>４０点</td></tr>
<tr><td>３５点</td><td rowspan="2">（レベルＢ）
課題にほぼ沿って，書き手の主張が，おおむね妥当な根拠とともに述べられている。かつ，妥当な構成を持ち，表現に情報伝達上の支障が認められない。</td></tr>
<tr><td>３０点</td></tr>
<tr><td>２５点</td><td rowspan="2">（レベルＣ）
課題を無視せず，書き手の主張が，根拠とともに述べられている。しかし，その根拠の妥当性，構成，表現などに不適切な点が認められる。</td></tr>
<tr><td>２０点</td></tr>
<tr><td>１０点</td><td>（レベルＤ）
書き手の主張や構成が認められない。あるいは，主張や構成が認められても，課題との関連性が薄い。また，表現にかなり不適切な点が認められる。</td></tr>
<tr><td>０点</td><td>（ＮＡ）＊
採点がなされるための条件を満たさない。</td></tr>
</table>

レベルＡ，Ｂ，Ｃについては，同一水準内で上位の者と下位の者を区別して得点を表示する。

＊０点（ＮＡ）に該当する答案は以下のとおりである。

- 白紙である。
- 課題と関連のない記述である。
- 課題文をそのまま書いているだけである。
- 課題に関連する日本語の記述（課題文をそのまま書いた部分を除く）が 40 字に満たない。
- 問題冊子の表紙等を引き写している部分がある。
- その他，委員会の議を経て，０点とするに至当な理由があると判断されたもの。

Score Rating of "Writing" Section

We will score the "Writing" section according to the following rating standard and indicate the respective scores.

Score	Rating
50	(Level S) An essay at this level ・ clearly addresses the topic with persuasive reasons ・ is well organized and developed ・ uses refined expressions in language
45	(Level A) An essay at this level ・ clearly addresses the topic with appropriate reasons ・ is well organized and developed ・ uses appropriate expressions in language
40	
35	(Level B) An essay at this level ・ addresses the topic with mostly appropriate reasons ・ is generally well organized, though it may have occasional problems ・ may use inappropriate expressions in language
30	
25	(Level C) An essay at this level ・ roughly addresses the topic with reasons, which may be inappropriate ・ may have problems in its organization ・ uses inappropriate expressions in language
20	
10	(Level D) An essay at this level ・ does not address the topic ・ is disorganized and underdeveloped ・ has serious errors in usage
0	(NA) * An essay does not meet the rating conditions.

Each of Levels A, B and C has two grades: higher and lower.

* An essay is given a score of 0 (NA) if:

- It is blank.
- It is not relevant to the topic.
- It only repeats the topic statement.
- Its Japanese text relevant to the topic is less than 40 characters in length, excluding the part repeating the topic statement.
- It contains text copied from the question booklet cover or elsewhere.
- It is judged by the committee after deliberation as having another proper reason to be considered NA.

2023年度　日本留学試験（第１回）試験問題
（聴解・聴読解問題CD付）

発行日…………　2023 年 8 月 31 日　初版第 1 刷

編著者…………　独立行政法人　日本学生支援機構
〒 153-8503　東京都目黒区駒場 4-5-29
電話　03-6407-7457
ホームページ　https://www.jasso.go.jp/

印刷所…………　倉敷印刷株式会社

発行所…………　株式会社　凡　人　社
〒 102-0093　東京都千代田区平河町 1-3-13
電話 03-3263-3959
ホームページ https://www.bonjinsha.com/

ISBN978-4-86746-008-5

CD トラック番号一覧

トラック番号	問題番号等	トラック番号	問題番号等
1	音量調節	19	聴解の説明
2	試験全体の説明	20	聴解練習
3	聴読解の説明	21	聴解練習の解説
4	聴読解練習	22	聴解13番
5	聴読解練習の解説	23	聴解14番
6	聴読解１番	24	聴解15番
7	聴読解２番	25	聴解16番
8	聴読解３番	26	聴解17番
9	聴読解４番	27	聴解18番
10	聴読解５番	28	聴解19番
11	聴読解６番	29	聴解20番
12	聴読解７番	30	聴解21番
13	聴読解８番	31	聴解22番
14	聴読解９番	32	聴解23番
15	聴読解10番	33	聴解24番
16	聴読解11番	34	聴解25番
17	聴読解12番	35	聴解26番
18	聴読解終了の合図	36	聴解27番
		37	聴解終了及び 解答終了の合図